Knaur.

Knaur.

Über den Autor:

Thomas Kausch, Jahrgang 1963, ist Journalist und moderiert in der ARD das Politmagazin *Fakt* sowie die gesellschaftspolitischen Themenabende auf Arte. Zuvor war er Nachrichtenchef und Moderator bei Sat.1. Im ZDF war er Anchor der Late News *heute nacht* und arbeitete viele Jahre als Kriegs- und Krisenreporter und Auslandskorrespondent. Drei Jahre lang war er unter anderem für ARD und ZDF in New York. Er lebt mit seiner Familie in Berlin.

Thomas Kausch

Dear Americans

Schön, dass wir euch wiederhaben

Knaur Taschenbuch Verlag

Besuchen Sie uns im Internet:
www.knaur.de

Originalausgabe Februar 2010

Ein Unternehmen der Droemerschen Verlagsanstalt
Th. Knaur Nachf. GmbH & Co. KG, München

Fotos Innenteil: Thomas Kausch
Redaktion: Julia Sommerfeld
Umschlaggestaltung: ZERO Werbeagentur, München
Umschlagabbildung: MDR/Martin Jehnichen
Satz: Adobe InDesign im Verlag
Druck und Bindung: GGP Media GmbH, Pößneck
Printed in Germany
ISBN 978-3-426-78339-9

2 4 5 3 1

Inhalt

Dear Americans **9**

1. Man geht wieder aufrecht – in Washington **17**
Ein Concierge weiß alles 18
Obama mixt die Barszene auf 24
Die Vorgeschichte 29
Schickt nicht immer nur Ecki von Kläden 41
Frische Croissants für Apachen 50
Erst entscheiden, dann handeln, dann fragen 59
Danke, dass du an Leonardo gedacht hast 65

2. Barack'n'Roll – in Chicago **71**
Von Pommern bis zum Little Big Horn 73
Mit einem 600-Gramm-Fleischklops kommt der Körper nicht klar 77
Die rechten Gehirnhälften werden wieder trainiert 80
Amerikanische Verabschiedung in der Sauna 83

3. George Bush lebt nicht in einem Outlet – in Dallas **87**
Wenn der Ölbohrer abbricht, kommt Paul 87
Wie damals bei Tony Blair 92
Mr. Hagman fühlt sich sehr geehrt 95
Ron kann aus der Hüfte schießen 97
Dear Mr. President 104

4. Scharfe Stanford-Badehosen – in San Francisco **112**
Grüße in den Grunewald 113
Casper im Nirwana 116
Ein Onkel in Amerika 130

Fred Irwin war Baby des Jahres 141
School of Rock 145

5. Puh, ganz schön weiß hier – in Santa Barbara 148
23 und Single und politisch korrekt 149
Hochzeitsreise nach Tahiti fast geplatzt 158
Wie viele Millionen sind in einer Billion? 163
Edward hasst grobe Düsseldorfer und Franzosen 169
Frau Meyer braucht jetzt Ruhe 170
Bruce Kennedys Speer ist niemals olympisch geflogen .. 179

6. Ein Leben ohne Tüten ist sinnlos – in Los Angeles 186
Der Japaner hätte gerne einen Militärhund zum Mitnehmen 188
Attentat auf Obama, Nordkorea befreit, schwerer Rennunfall 193
Nazis sind einfach großartige Bösewichte 202
Johnny Depp ist in Wirklichkeit sehr klein und normal 207
Alle wollen einen über den Tisch ziehen 212

7. Die Nummer von Sotheby's ist 659-3555 – in Palm Beach 216
Ponce. James Ponce 220
Twilight – ImBis(s) zum Schluss 229

Für Weltbürger deutscher Sprache

»Um einen Liebesbrief zu schreiben, musst du anfangen,
ohne zu wissen, was du sagen willst, und endigen,
ohne zu wissen, was du gesagt hast.«

Jean-Jacques Rousseau

Dear Americans

Darf ich euch duzen? Das schreibt sich einfach leichter weg. Als ihr Barack Obama zum Präsidenten gewählt habt, war es bei uns Nacht, aber trotzdem haben wir natürlich so lange wie möglich vor dem Fernseher ausgeharrt – es war ja auch eine Sternstunde. Am nächsten Morgen schrieb ich euch dann einen Brief, so wie ich das jeden Tag während des letzten Monats des Wahlkampfs für meinen Arte-Blog gemacht hatte, egal wo ich war. Natürlich nur fiktiv, so als Tagebuch, ich hatte ja eure Adresse nicht. Diesmal schrieb ich aus Straßburg in Frankreich und ich gebe zu, ich war ziemlich begeistert:

Straßburg, 5. November 2008

Yes, you did it! Wie konnte ich daran zweifeln. Wenn sich jemand neu erfinden kann, dann seid Ihr es. Amerika. Wenn jemand den Mut zur Hoffnung hat, dann seid Ihr es. Amerika. Und wenn jemand seine Träume leben kann, dann seid Ihr es. Amerika. Yes, you did it. Ich gratuliere Euch von ganzem Herzen zu Eurer Wahl. Ihr habt Geschichte geschrieben. Ihr habt in einer Nacht die Herzen der Welt zurückerobert. Den Glauben an Eure Kraft. Meine Briefe waren nicht umsonst. Na gut, vielleicht lag es nicht nur an meinen Briefen. Ich stehe immer noch unter dem Eindruck der Rede, die Obama heute Nacht gehalten hat. Ich hab sie mir erst heute Morgen angesehen und ich schäme mich nicht, zuzugeben, dass ich eine Gänsehaut hatte und Tränen in den Augen. Und selbst als die Menschen sein »Yes, we can« wiederholten wie das »Herr, erbarme dich« in der Kirche, wirkte das mehr ergreifend als befremdend.

Eigentlich hatte ich mir vorgenommen, die ganze Nacht aufzubleiben und alles live im Fernsehen zu verfolgen. Aber irgendwann bin ich dann doch vor Aufregungserschöpfung eingeschlafen. Vorher sah ich mir die Wahlübertragung mit einer alten Dame zusammen im Hotel an. Das war eine lustige Konstellation. Wir saßen allein im Salon des Hotels, eines dieser kleinen windschiefen Häuser in Straßburgs altem Viertel Petite France. Das Hotel gehört Mojgan, einer temperamentvollen Französin, die ursprünglich aus dem Iran kommt, und die Dame war ihre Mutter, Pouri Joon. Mit ihr schaute ich also die halbe Nacht CNN auf dem einzigen Fernseher, der darauf programmiert war.
Sie war deshalb so an den Wahlen interessiert, weil sie seit Jahrzehnten in den USA lebt und gerade bei ihrer Tochter zu Besuch war. Sie hatte den Iran vor der Revolution verlassen, zusammen mit ihrem Mann, der im Schah-Regime ein hoher Militär war, wie sie mir nicht stolz, aber mit Selbstbewusstsein erzählte, während wir erwartungsvoll auf den Fernseher starrten. Dazu hätte man natürlich spontan einige Fragen stellen können, aber das war jetzt nicht der richtige Zeitpunkt. Außerdem war der persische Diktator von Präsident Johnson, von Nixon und selbst von Carter immer unterstützt worden. Deshalb würde sie vermutlich gar nicht verstehen, was ich am Schah und seinen Schergen rumzunörgeln hätte. Und mit dem jetzigen Regime läuft es ja nun auch nicht viel besser für die Iraner und für die Welt.
Sie flohen jedenfalls erst nach Straßburg und dann weiter nach Los Angeles. Ihre Tochter, meine Hotelbesitzerin also, wollte aber lieber in Frankreich bleiben, und so kam es also, dass wir gestern Nacht zusammensaßen. Pouri Joon hat inzwischen die amerikanische Staatsbürgerschaft, und natürlich fragte ich sie, ob sie denn schon gewählt habe, per Brief-

wahl. »Obama«, rief sie sofort, »ich habe Obama gewählt.« McCain sei ein alter Mann, sagte sie, und das war etwas amüsant angesichts ihres eigenen Alters. Natürlich habe ich nicht gefragt, wie alt sie ist, und ich will es hier auch gar nicht schätzen. »Außerdem muss sich dringend etwas ändern, und für einen wirklichen Wechsel steht glaubwürdig nur Obama«, das fügte sie noch hinzu, und dann starrten wir wieder auf den Fernseher und warteten auf die ersten Ergebnisse. Als Pennsylvania dann an Obama ging, waren wir zum ersten Mal etwas beruhigt.

Das Ermüdende trotz aller Spannung war, dass man wegen der verschiedenen Zeitzonen immer wieder eine Stunde warten musste, bis die nächsten Wahllokale schlossen. Und da wir ja in Frankreich schauten, wo man währenddessen natürlich einen guten Wein trinkt, fiel es doppelt schwer, sich wach zu halten. Jedenfalls ging ich irgendwann nach drei Uhr ins Bett, während die alte Dame weiter CNN schaute. Und als ich mich heute Morgen nach dem Aufwachen vergewisserte, ob Obama denn nun auch wirklich gewonnen hatte – yes, he did –, wäre ich am liebsten sofort ins Zimmer meiner neuen Freundin gestürzt, um sie zu umarmen. Aber das ging natürlich nicht. Dear Americans, wir danken Euch, jetzt beginnt eine neue Zeit.

Beste Grüße
Thomas

Ja, ein wenig pathetisch, ich weiß. Inzwischen sind wir nicht mehr ganz so berauscht. Aber genau so habe ich mich damals gefühlt und ihr ja auch – und überhaupt alle Menschen außerhalb Nordkoreas. Natürlich können Tagebucheinträge im Nachhinein ganz schön peinlich sein, aber dafür sind sie im Idealfall ehrlich – jedenfalls wenn man emotional drauflosschreibt und seine Gefühle nicht schon im Hinblick auf posthume Veröffentlichung des Nachlasses inhaltlich und sprachlich verdrechselt. Außerdem kann man daran messen, wie sich die Dinge entwickelt haben. Es muss sich etwas ändern, hatte meine iranisch-amerikanische Freundin gesagt, und das ginge nur mit Obama. Jetzt beginne eine neue Zeit, hatte ich natürlich noch einen draufsetzen müssen.

Aber war dem so? Kann *ein* Mann bei euch tatsächlich eine spürbare Veränderung in Gang bringen? Diese Frage hat mich seit der Wahl nicht mehr losgelassen, also habe ich mich auf den Weg gemacht, um kreuz und quer durch euer Land zu reisen, auf der Suche nach dem »neuen« Amerika. Und damit auch nach dem »guten, alten«, nach meinem Amerika.

Kurz bevor ich aufbrach, schrieb ich noch schnell eine euphorische Mail an Glenn Lowry, den Direktor des *Museum of Modern Art* in New York. Von wegen, welche Auswirkungen der Wandel, den Obama bringt, auch auf die amerikanische Kultur hat. Damit ich die coolen Ausstellungen bei den Reiseplanungen berücksichtigen konnte. Seine Antwort war ziemlich ernüchternd:

Lieber Herr Kausch,
ich denke, es ist viel zu früh, um sagen zu können, ob Obama irgendeine Wirkung von Bedeutung auf die amerikanische Kultur haben wird, und ich bin nicht sicher, ob Sie wirklich »Ihr Amerika« zurückhaben. Ich möchte nicht wie ein Skeptiker klingen, aber ich fürchte, die Eile, Obamas Wahl und die vermeintlichen Veränderungen, die sie bringen wird, zu feiern, ist wahnsinnig verfrüht. Natürlich hoffe ich, dass seine Präsidentschaft viel des Schadens wiedergutmacht, den die vorherige Führung angerichtet hat, und dass er eine neue

Zielstrebigkeit einleiten wird, aber diese Dinge brauchen Zeit, und ich fürchte, schon den Beginn seiner Präsidentschaft zu feiern, ist doch ein unvernünftiger Überschwang – wir wollen den Wandel so sehr, dass wir uns einbilden, er sei schon da, lange bevor das wirklich der Fall ist.

Mit freundlichen Grüßen G.

Hm. Ja, das klingt einleuchtend, sehr vernünftig. Aber es wird Obama trotzdem nicht gerecht, denke ich. Kein amerikanischer Präsident und auch kein deutscher Bundeskanzler oder sonst irgendein demokratisch gewählter Regierungschef hat sich je in solch atemberaubendem Tempo an die Veränderung seines Landes und dessen Stellung in der Welt gemacht wie Barack Obama. In seinem ersten Amtsjahr hat er jedes heiße Eisen angepackt und versucht, es umzuschmieden. Es waren viele Eisen, und sie lagen oft gleichzeitig im Feuer. Natürlich wusste er auch, dass er sie schmieden musste, solange sie heiß waren. Solange er heiß war. Man kann es also auch anders sehen als Glenn Lowry, so wie das norwegische Nobelpreis-Komitee zum Beispiel, das beschloss, den Friedensnobelpreis 2009 an Präsident Barack Obama zu vergeben für seine außergewöhnlichen Bemühungen zur Stärkung der internationalen Diplomatie und zur Zusammenarbeit zwischen den Völkern. Und zu den Bedenkenträgern sagte der Vorsitzende des Komitees, Thorbjörn Jagland, noch: »Die Frage, die wir uns stellen müssen, ist, ob irgendwer im Jahr 2009 mehr für den Frieden in der Welt getan hat als Barack Obama.«

Ich meine, was hat die deutsche Regierung in dem Jahr gemacht? Nur mal so zum Vergleich. Hier wurde auch mit der Wirtschaftskrise gekämpft. Stimmt. Und dann waren da noch die Wahlen im September, genau, »Wir haben die Kraft«, Yes, we can, selbst den Slogan noch von Obama geklaut, und dann gab es eine neue Regierung, EINE NEUE REGIERUNG!, aber hat einen das berührt? Ungefähr so viel wie der Wechsel von Sommer- auf Winterreifen. Seltsam, oder? Was gab es denn noch? Die Abwrackprämie, stimmt auch, die habt ihr sogar von uns übernommen. Leider war sie ja ökonomisch und ökologisch nicht so sinnvoll. Dann gab es bei uns noch die Landtagswahlen, die waren auch faszinierend, aber sonst? Was wurde angestoßen? Was wurde auf den Weg gebracht? Was womöglich umgesetzt? Visionen? Pläne? Ideen? Menschen inspiriert? Menschen wenigstens interessiert? Nichts? Nada? Niente? Obwohl doch sogar Wahlkampf war? Das ganze Jahr über, irgendwo. Da wirbt man doch mit Ideen? Hm. Schon bemerkenswert, oder?

Ich habe mit Aberdutzenden von euch gesprochen, im Norden, Süden, Westen und Osten, mal intensiv, mal nur ein Pläuschchen, mal zufällig, mal geplant, mit Armen und Reichen, Schwarzen und Weißen, Jungen und Alten, Dicken und Dünnen, und wohin ich auch kam und mit wem ich auch sprach, mit jedem, mit wirklich jedem konnte ich über Obamas Visionen, Ideen und Pläne reden. Nicht jeder fand sie gut, natürlich, aber jeder war informiert und jeder hatte eine Meinung. Alle waren von diesem einen Mann inspiriert worden, überhaupt mal wieder politisch zu denken. Alle waren interessiert an dem, was jetzt passiert. Und wirklich alle – meinen Respekt – wussten Bescheid. Die Concierge in Washington, die Herrenrunde in der Sauna in Chicago, Paul, der Ölbohrer, auf dem Weg nach Dallas, Uwe Sponholz in San Francisco, der es vom Lagerjungen zum Millionär gebracht hat, Bruce, der mal Speerwerfer in Rhodesien war und jetzt in Santa Barbara lebt, Beau St. Clair in Los Angeles, die alle Pierce-Brosnan-Filme produziert, oder Ponce, James Ponce, in Palm Beach, Florida, der früher die reichen Frauen als »Walker« zu den Galas begleitete. Und viele, viele mehr, mit denen ich gesprochen habe. Ein paar Briefe und

E-Mails habe ich auch geschrieben an Promis und Präsidenten, und was man da so als Antwort bekommt, ist auch sehr interessant. Also, gehen wir auf die Reise durch das »neue« Amerika.

Herzlich, Thomas

1. Man geht wieder aufrecht – in Washington

Bei der Passkontrolle läuft alles ganz glatt. Ms. Crookstone von der Homeland Security (Fräulein Ganovenstein – witziger Name für eine Sicherheitsbeamtin, aber das hab ich natürlich nicht gesagt, man will ja nicht gleich wieder nach Hause geschickt werden) fragt einfach nur, ob ich vor der Einreise auf einer Farm war, und das kann ich verneinen, das war ich wirklich nicht. Außerdem gibt es in Amerika mehr Schweinegrippefälle als in Deutschland, wenn sich also einer Sorgen machen müsste, dann ja wohl eher ich, aber das hab ich natürlich auch nicht gesagt. Mein erster Eindruck ist jedenfalls, dass sie bei der Einreise jetzt freundlicher sind, und allein dafür hätte sich Obamas Wahl ja schon gelohnt.

Der Taxifahrer ist Afroamerikaner. Er hält auf meinen ausdrücklichen Wunsch einen angemessenen Abstand zum Wagen vor uns, und wir zuckeln langsam Richtung Hauptstadt in der exklusiven Flughafenspur auf der staufreien Autobahn. Alles ist super, und es ist so gemütlich, dass der Fahrer langsam mit dem Kopf auf das Lenkrad zu sinken scheint. So sieht es wirklich aus, weshalb ich ihn lieber frage, ob er denn noch wach sei. Doch dann ist es plötzlich nicht mehr gemütlich, denn er wird sehr, sehr sauer. Ob seine Fahrweise irgendeinen Anlass zur Beschwerde gebe, will er wissen, und das tut sie ja nicht, das muss ich verneinen, es war ja nur so ein Eindruck. Aber das Kind liegt jetzt ganz unten im Brunnen. Das würde ihn sehr verletzen, dass ich so eine Frage gestellt habe. Es gehe hier nicht nur um mich, er sei Familienvater. Ob ich wirklich glauben würde, dass er sein Leben aufs Spiel setzen wolle, für wen ich ihn halte, für dumm vielleicht? (Für einen dummen Schwarzen?) Und dann sagt er gar nichts mehr für den Rest der Fahrt. Ich habe natürlich ein schlechtes Gewissen, finde aber andererseits, dass er sich da jetzt auch ein bisschen reingesteigert hat. Na, was will man machen. Dafür, dass es das erste Gespräch in Washington war, ist es im Großen und Ganzen ja so schlecht wieder auch nicht gelaufen. Man hat schon mal einen Eindruck bekommen. Man hat gespürt, dass da ganz schnell so ein Schwarz-Weiß-Ding entstehen kann, wenn man nicht aufpasst. Trotz Obama. Man muss aufpassen, das hat man schon mal gelernt.

Ein Concierge weiß alles

Am nächsten Tag bin ich um neun Uhr früh mit Julie Saunders verabredet, sie ist Concierge im *Four Seasons Hotel* in Washington. Das hier ist ein Handyfoto von ihr. Hab ich von den meisten meiner Gesprächspartner gemacht. Seit ich Reporter bin und unterwegs in der Welt, gehe ich immer auch zu den Concierges in die Grandhotels, wenn ich mal hören will, was gerade los ist in einer Stadt: wer da ist, worüber geredet wird – auch in den Hinterzimmern, wie die Geschäfte gehen, was angesagt ist, eben wie die Stadt gerade so tickt. In Wien bin ich beispielsweise während meiner Zeit als dortiger Korrespondent immer mal wieder auf einen Plausch zum Concierge vom *Hotel Sacher* gegangen. Es gab nichts, was der nicht gewusst hätte. Ein guter Concierge in einem Grandhotel weiß nicht nur alles, er kann auch alles organisieren. Das ist sehr rätselhaft, und praktisch und kann nur zum Teil gelernt werden. Denn ein Concierge ist nicht nur freundlich, er hat Persönlichkeit und Autorität und meist auch schon die Welt gesehen. Und er kennt sich mit den Merkwürdigkeiten der Menschen aus. Denn obwohl der Gast beim Einchecken seine Adresse und Kreditkartennummer angibt, fühlt er sich im Hotel paradoxerweise irgendwie anonym und glaubt, dort Dinge tun zu können, die ein bisschen verboten sind. Pornos gucken, Drogen nehmen, Zwangsprostituierte aufs Zimmer bestellen, Bademäntel klauen. Ein guter Concierge ist also immer ein guter und weiser Gesprächspartner. Ich kann das jedenfalls nur empfehlen. Übrigens fahre ich auch durch jede neue Stadt einmal mit dem Doppeldecker-Touri-Bus – ebenfalls sehr zu empfehlen. Ich weiß, man will kein Touri sein, aber für den groben Überblick und ein erstes Gefühl ist das wirklich praktisch. Vorsicht nur in San Francisco: Dort gibt es mehrere Betreiber, die alle nebeneinander am Union Square sind. Auf keinen Fall den blauen Bus von den *Super Sightseeing Tours* nehmen! Die Fahrzeuge sind zwar tipptopp, aber die Tourguides sind furchtbar, und die Busse halten an den ganz falschen Stellen.

Julie ist um die 40. Sie hat sehr schöne grünblaue Augen, die hinter einer mit Strass besetzten Sekretärinnenbrille glänzen, die man wiederum gar nicht vermisst, wenn sie sie abnimmt. Sie hat aber eine ganz unamerikanisch angenehme Frauenstimme. Denn bei vielen ihrer Landsmänninnen gehen die Stimmen am Schluss des Satzes immer hoch, so als sei da ein Fragezeichen am Ende? Julie klingt vielmehr ein wenig verschwörerisch, so dass jede Information eine große Aura von Exklusivität umgibt. In Amerika gibt es übrigens inzwischen vermutlich mehr weibliche als männliche Concierge weil sie bessere Teamplayer sind. Die männlichen Concierges in europäischen Grandhotels sind dagegen oft kleine Ich-AGs hinter ihrem Schalter. Zum Beispiel auch im *Hotel Atlantik,* wo sich Udo Lindenberg sein ganzes chaotisches Leben organisieren lässt.

Julie ist seit 1983 in Washington. Die erste Inauguration, die sie miterlebt hat, war die zu Ronald Reagans zweiter Amtszeit 1984.

»Dieses Mal war es anders, als alles, was ich erlebt habe. Das ganze Ambiente war anders, die Menschen waren so aufgeregt, ich habe nie so eine freudige Erwartung gesehen, so eine positive Einstellung, so eine großzügige Stimmung, so eine Freundlichkeit. Es war großartig, großartig! Man spürte, da hat sich gewaltig etwas verändert. Und auch wenn die Dinge inzwischen wirtschaftlich schwierig geworden sind, nicht nur hier, weltweit, in Washington wird das doch ein bisschen abgefedert, weil Washington eben ist, was es ist, eine politische Stadt, an der kein Weg vorbeiführt. Die Leute müssen nach Washington kommen, die Regierung um Geld bitten und ihr Lobbying hier betreiben. Neulich sagte ein Gast: Washington ist die neue Wall Street, das Geld kommt nicht mehr aus New York, sondern aus Washington, all die Subventionen …«

»Kommen auch mehr Touristen?«

»Ja, es ist alles anders als in den vergangenen acht Jahren. Obama isst einen Hot Dog in *Ben's Chili Bowle,* das sich seit 50 Jahren in der U-Street befindet und niemanden interessiert hat, bis eben Obama da einen Hot Dog gegessen hat und nun jeder dorthin will. Neulich kam ein Gast aus Singapur und fragte mich, wo *Ben's Chili Bowle* sei, er wollte da hin, einen Hot Dog essen. Viele Eltern kommen mit ihren Kindern, weil sie wollen, dass die Washington sehen, vielleicht Obama. Und es kommen viele Afroamerikaner zu Besuch, weil sie stolz sind.«

Und Julie ist ganz offensichtlich auch selbst sehr stolz, denn sie redet sich in Begeisterung: »Man hat den Eindruck, als ginge jetzt jeder in Washington aufrechter, stolzer eben. Und das können wir ja auch. Ich meine, Obama, das ist ein sehr intelligenter Mann, der sich ausdrücken kann, der eine Familie hat, um die er sich sorgt – und das, während er sich um die Nation kümmern muss. Er hat so eine Präsenz, die sehr positiv ist und viele Menschen über die ganze politische Bandbreite hinweg inspiriert. Selbst wenn man nicht für ihn gestimmt haben sollte, spürt man die positiven Erwartungen. Okay, er hat etwas an Beliebtheit verloren wegen der Wirtschaft und der Gesundheitsreform, aber das war ja zu erwarten. Der Mann steht voll in der Schusslinie, und er kann schließlich nicht alles alleine machen. Aber wenn wir über den Wandel reden: Ja, da ist eine positive Stimmung. Die Leute übernehmen auch wieder selbst Verantwortung, sie engagieren sich, sie beteiligen sich. Die Intensität dieser Zeit pusht die Leute, pusht Kreativität. Man kann so viel mehr ausprobieren in dieser neuen Stimmung der Toleranz.«

»Wow, und ist das alles ein Obama-Effekt?«

»Nein, Obama ist eine Inspiration. Der Biogarten zum Beispiel, den Michelle im Weißen Haus angelegt hat, das ist eine Inspiration für viele, vielleicht gesünder zu essen, vielleicht mehr lokale Produkte zu nutzen, vielleicht mehr selberzumachen. Obama ist nur das Symbol für den Wandel. Menschen können ihre Vorstellungen projizieren. Jeder kennt zwar einen, der entlassen wurde, aber auch jemanden, der Erfolg hat. Es gibt ein Gefühl, dass Dinge möglich sind oder bald wieder möglich sein werden. Wie sehen Sie das denn als Journalist?«

»Na, wir sind ja die größten Obama-Fans in Deutschland. Nur Kenia liegt vor uns.«

Tatsächlich hat sich die Zustimmung zu Amerika in Obamas erstem Regierungsjahr in ganz Europa vervierfacht. Von 18 Prozent unter Bush auf 79 Prozent unter Obama. 92 Prozent der Deutschen finden es gut, wie Obama Politik macht, hat der German Marshall Fund ermitteln lassen.

»Aber nicht nur die Bürger«, antworte ich Julie, »auch die Regierungschefs, wenn man die auf den Gipfeln sieht, benehmen die sich wie Teenie-Fans: Alle wollen bei Obama stehen, vor allem die Kleinen, Berlusconi, Sarkozy.«

Das ist doch wirklich lächerlich, oder? Wenn ich an das Foto beim 60-jährigen NATO-Geburtstag in Straßburg denke, muss ich mich immer wieder totlachen. Sarkozy wollte die Obamas unbedingt auch mal allein für sich haben, nur deshalb fand der Gipfel nicht nur in Deutschland statt, wie ursprünglich mal geplant, sondern auch auf der französischen Seite, in Straßburg eben, da konnte Sarko Obama noch mal mit allem Pomp als Staatsgast empfangen, und es gab natürlich das entsprechende Foto. Wie die Orgelpfeifen stehen da von links nach rechts Barack Obama, Michelle, Carla Bruni, und die kleinste Pfeife ist Sarkozy und das, obwohl er sich nicht nur extrahohe Absätze an die Schuhe genagelt hat, sondern sogar noch auf Zehenspitzen steht. Was in den Zeitungen natürlich genüsslich in Großaufnahme gezeigt wird. Ich meine, die stehen vor Hunderten Fotografen auf dem roten Teppich, und Sarko glaubt, das merkt keiner, wenn er fröhlich grinsend winkt wie Louis de Funès und dabei auf Zehenspitzen steht? Oder er kann einfach nicht anders, ein Reflex. Der arme kleine Mann. Und seine arme große Frau, die zu ihren tollen Kleidern nur noch diese Ballerinaschläppchen tragen kann.

Oder Brown, auch so ein Fall, der britische Premierminister. Zu Hause steht ihm das Wasser bis zum Hals, weil ständig irgendwo ein politisches Rohr platzt, und deshalb pusht er gewaltig dafür, dass er als erster europäischer Regierungschef ins Weiße Haus kommen darf, also der Wichtigste ist, wow, und er schafft es tatsächlich und dann dankt er Obama untertänig für die »Inspiration«, die der der Welt »in diesen sehr schwierigen Zeiten« gebe. Was man da wohl denkt, wenn man sich als ausgewachsener Premierminister so anschleimt und zugleich weiß, dass niemand das Gleiche über einen selbst denkt. Obamas Willkommensgeschenk für Brown ist jedenfalls eine DVD-Kollektion amerikanischer Filme, inklusive »Psycho«!

»Also in Europa finden wir Obama jedenfalls toll«, sage ich.

»Ja, das habe ich auch bemerkt«, sagt Julie, »aber es gibt natürlich auch andere, auch hier bei uns. Mein Mann und ich sind neulich durch Virginia gefahren, über Land. Wir kamen an einem Waffengeschäft und einer Schießanlage vorbei, und der Parkplatz war überfüllt. Ein Bekannter arbeitet in einem Laden, der auch Waffen verkauft, und er hat erzählt, dass die Leute zurzeit extrem viele Waffen kaufen – darüber hört man nicht viel in den Nachrichten. Sie bereiten sich vor, auf was immer da kommen mag in diesen Zeiten. Dass sind also die, die nicht so wahnsinnig überzeugt sind, dass alles besser wird.«

»Aber diese Leute haben ja weniger Angst, dass sie von Arbeitslosen überfallen werden, wenn die Zeiten schlechter werden, sondern, dass Obama die Waffengesetze wieder verschärft. Deshalb decken sie sich ein. Gibt es eigentlich weniger Lobbying als früher?«

»So wie ich das beobachte, sind unter den Gästen, die in den Hotels absteigen, genau so viele Lobbyisten wie früher, denn die Interessen der verschiedenen Gruppen sind ja immer noch da. Manche Strukturen brechen ein, das ist gut, manche sterben aus, und das ist auch gut, dann können Neue nachrücken. Manche Abgeordnete und Senatoren sind schon zu lange in Washington. Viele lesen die ganzen Gesetzesanträge und Änderungen doch gar nicht mehr persönlich. Sie lassen das lesen, dann lassen sie sich Empfehlungen geben und entscheiden schließlich etwas, ohne daran zu denken, welche Bedeutung es für die einzelnen Menschen hat.«

Das Gespräch, das so euphorisch begonnen hat, endet nachdenklich. Julie empfiehlt mir zur Aufmunterung den neuen Hot Spot in der Stadt, die Dachterrasse des *W Hotels*, das im Sommer im alten Washington-Hotel gleich neben dem Weißen Haus aufgemacht hat.

Obama mixt die Barszene auf

Wie gesagt, ich nehme in jeder neuen, großen Stadt den roten Doppeldecker. Hop on, Hop off, kann man auch oft als Taxi benutzen, wie jetzt zum *W Hotel.* Die Fahrerin des Busses fährt allerdings wie der Henker. Wir kommen auch am berühmten Arlington-Friedhof vorbei – der mit den vielen weißen Grabsteinen. 300 000 Menschen sind hier beerdigt. Jetzt auch Senator Ted Kennedy neben seinen Brüdern John und Robert. Vor uns fährt noch so ein Bus, und auf dessen Rückseite ist ein großes Obama-Plakat: Obama aus Wachs, Werbung für *Madame Tussauds,* das es ja mittlerweile überall zwischen Olpe und Ohio gibt, aber ich empfehle das Original in London. Dort steht Obama in der Oval-Office-Deko neben dem Präsidenten-Schreibtisch, auf dem wiederum ein Telefon steht. Als Besucher kann man sich dann dahin setzen und durchs Telefon Befehle geben wie ›Abzug aus dem Irak, und zwar dalli!‹, und Obama steht daneben und lächelt dazu. Schönes Foto. Hab ich natürlich auch von mir machen lassen, als ich dort war. Melia und Sasha, die Töchter der Obamas, waren auch bei *Madame Tussauds,* als sie ihre Eltern zum G20-Gipfel nach London begleitet haben. Muss ein merkwürdiges Gefühl sein, den Papa da in Wachs zu sehen, und alle wollen danebensitzen und sich fotografieren lassen.

Na, jedenfalls frage ich den schwarzen Schaffner im Bus mal, was er denkt, wenn Obama so vor ihm herfährt. Ja, blöde Frage, weiß ich, aber man muss ja auch erst mal warmwerden. Man muss da ein Gefühl entwickeln, wenn man die Leute einfach so anspricht. Man muss langsam eine Aura aufbauen, und dann strahlt man das auch aus, dass die Leute einem vertrauen können. Jetzt will der junge Mann aber erst mal meinen Presseausweis oder so was sehen, und wenn ich was wissen will, muss ich sowieso das Management fragen, er kann da gar keine Auskunft geben. Ich gebe ihm meine Karte und beruhige ihn, keine Sorge, kein Interview, was Offizielles schon gar nicht, nur mal so gefragt, was ihm denn da durch den Kopf geht, wenn Obama vor ihm herfährt. Er heißt Luther, ist Anfang 20, hat einen Ehering am Finger und die gleiche Frisur wie Obama.

»Ja, er macht einen guten Job, Mann, aber es wird mehr als vier Jahre dauern, alles zu erledigen. Es braucht Zeit, Mann.«

»Und, haben Sie so viel Geduld?«

»Ja, ich bin positiv, ich hab Geduld.«

Na also, das war's doch schon, Luther. Nächster Stopp: Hauptbahnhof. Jede Menge Obdachlose liegen auf den Bänken. Ja, es wird mehr als vier Jahre dauern. Immerhin fahren die Stadtbusse klimafreundlicher mit Gas – steht groß an ihnen dran –, und da fällt mir auf, dass ich in ganz Washington erst einen einzigen Smart gesehen habe. Und dabei soll es übrigens auch bleiben. Ein einziger Smart in ganz Amerika. Gut, das Land ist groß, und ein Smart ist klein, vielleicht gibt's noch einen, und ich hab ihn übersehen. Aber da ist auf jeden Fall noch Potenzial, jetzt wo Amerika doch grün wird. Man hört übrigens auch fast keine Polizeisirenen in Washington. Kein Vergleich zu New York, wo ständig irgendwo eine heult. Und die Parkscheinautomaten sind in Washington fast exakt genauso wie in Berlin. Ist doch ein Ding, oder? Was einem so auffällt.

Wir fahren am *Ford-Theater* vorbei, wo Lincoln erschossen wurde. Das würde heute nicht mehr passieren, denn gleich nebenan ist jetzt das FBI-Gebäude. Ein hässlicher Klotz und nicht der einzige in Washington. Lincolns Mörder war übrigens ein berühmter Schauspieler, der die Tat natürlich vor großem Publikum im Theater begehen musste. Nach dem Attentat stürzte er sogar noch versehentlich aus der Loge des sterbenden Präsidenten und floh mit gebrochenem Bein über die Bühne. Was für ein Stoff! Kein Wunder, dass mehr als 150 Filme und Dokus darüber gemacht wurden. Lincoln wurde quer über die Straße getragen, auf der wir jetzt mit dem Bus fahren, und starb Stunden später in einem kleinen Haus direkt auf der anderen Straßenseite an seinen Verletzungen, weshalb das Haus jetzt berühmt ist. Auf dem Schild davor steht: »Haus, in dem Lincoln starb«. Das sagt ja auch alles.

Am Haus, in dem Obama lebt, steige ich aus. 1600 Pennsylvania Avenue, den Anblick kennt man aus zahllosen Reporter-Schaltgesprächen: der Reporter links im Bild, brustgroß, schwarzer Zaun und dahinter in einiger Entfernung die Rückseite des Weißen Hauses mit schönen Balkonen, auf denen die Präsidentenfamilie nie sitzen darf, damit sie nicht erschossen werden kann. Vor dem Zaun drängen sich schwitzende Menschen aus aller Welt, die alle so fotografiert werden wollen wie sonst die Reporter. Man berührt sich gegenseitig, denkt kurz an die Schweinegrippe, stellt fest, eigentlich ist das Bild so spannend auch nicht, und beschließt, man zieht dann besser mal weiter.

Julie hat nicht übertrieben. Der Blick von der Terrasse des *W Hotels* ist so spektakulär wie exklusiv. Schon unten am Fahrstuhl wird die Reservierung gecheckt, ohne kommt man gar nicht erst rauf. Oben ist dann alles super loungig, unter einem das altehrwürdige Gebäude des Finanzministeriums und direkt dahinter das Weiße Haus. Seitenblick auf den Ostflügel. So habe ich es noch nie gesehen. Das ist wirklich eine ungewöhnliche Perspektive. Das Weiße Haus ist eingebettet in eine Kakophonie verschiedenster Architekturen: von klassizistisch über 60er Jahre bis modern. Ein normales Kamerateleobjektiv reicht, um fast in die Fenster schauen zu können. Die Obamas dürfen wirklich nie am Fenster stehen. Wie leben die da eigentlich? Sie können nicht auf die Balkone und nicht ans Fenster. Wie soll man da Kinder großziehen? Wie soll man überhaupt Kinder großziehen im Weißen Haus? Es gibt ein Kino, eine Bowling-Bahn, ein halbes Dutzend Köche und Dutzende Haushaltshilfen, die jederzeit bereit sind, alle Wünsche zu erfüllen. Es gibt Reisen in ferne Länder, Abendessen mit Königen und Prominenten, Blitzlichtgewitter, wo immer man auftaucht, und rasante Blaulichtfahrten in schweren Limousinen. Wie soll man seinen Kindern erklären, dass das alles nichts bedeutet, sie bitte ganz normal und auf dem Teppich bleiben sollen, und zwar nicht auf dem roten? Einer Zehn- und einer Siebenjährigen. »Nun«, erklärt Michelle Obama, »das Erste, was ich dem Personal gesagt habe, war: Machen Sie nicht ihre Betten. Machen Sie meine. Vergessen Sie die Kinder. Die müssen das selbst lernen.« Im Weißen Haus gelten angeblich die gleichen Regeln wie zuvor in Chicago. Um 20 Uhr ist Bettgehzeit, der Wecker muss selbst gestellt werden, und die Mädchen müssen selbständig aufstehen und sich für die Schule fertig machen. Sie müssen die Betten selbst machen und ihre Zimmer aufräumen. Also, da kenne ich Mädchen, die dann vielleicht doch lieber keine Präsidententöchter sein würden.

Oben auf dem Dach des Weißen Hauses – sozusagen auf Augenhöhe mit mir – stehen zwei Sicherheitsmänner, die sich in meine Richtung drehen, und plötzlich schauen sie mit ihren Ferngläsern direkt in mein Teleobjektiv! Unwillkürlich zucke ich zusammen, drehe mich um und rechne damit, dass jeden Moment die Terrasse gestürmt wird und ich verhaftet werde. Aber als ich micht traue, wieder rüberzuschauen, haben sich die Männer auf dem Dach schon weitergedreht und blicken woanders hin. Puh, das war haarscharf. Man muss auch mal Glück haben im Leben.

Ich hatte Julie noch gefragt, wo ich mir eine amerikanische Prepaidkarte für mein deutsches Handy besorgen könne – da spart man ja enorm, es ist gar kein Problem und völlig legal. Sie wollte mir noch Bescheid sagen, aber plötzlich kommt der Concierge des *W Hotels* auf die Terrasse und überbringt mir einen Umschlag, in dem sich die Wegbeschreibung zum nächstgelegenen T-Mobile-Shop befindet. Ich habe das nicht so dahingesagt: Concierges sind rätselhafte, wunderbare und schützenswerte Wesen, die man vorm Aussterben bewahren muss. Außerdem hat Julie auf diese Weise den *W-Hotel*-Concierge auf den Deutschen da oben aufmerksam gemacht, was wiederum dazu führt, dass kurz darauf Logan Skidmore, der Food&Beverage Manager, vor mir steht mit einem kleinen Potpourri aus Vorspeisen, zu dem er mich gerne einladen möchte. Er wurde nämlich in Nürnberg geboren und lebte dort bis zu seinem zwölften Lebensjahr. Das ist dann schätzungsweise das erste Drittel seines Lebens gewesen und so lange her, dass er sich nicht mehr traut, auch nur ein einziges Wort Deutsch zu sprechen. Seine Eltern sind allerdings auch beide Amerikaner, sie waren damals beim Militär und in Deutschland stationiert.

Logan sieht gut aus, cool, er könnte auch Schauspieler sein: durcheinandergegelte blonde Haare, lässiger schwarzer Anzug, weißes Hemd, weit aufgeknöpft. Wie man hier eben so aussieht. Logan meint, es sei kein Zufall, dass die hippen Hotels jetzt auch nach Washington kommen. Ganz klarer Obama-Effekt. Washington sei wieder cool. Auch neue coole Bars würden aufmachen, für die nächsten zwei Jahre hätten viele Berühmtheiten aus der Bartenderszene ihren Umzug nach Washington geplant. Sasha Petraske zum Beispiel.

Sasha wer?

Sasha Petraske, das ist *der* Cocktail-Star, und er hat sich jetzt für Washington entschieden. Sein erstes Lokal in New York war das berühmte *Milk & Honey*, 134 Eldridge Street in der Lower East Side, in alter Speak-Easy-Tradition, aber die Cocktails sind Pre-Prohibition.

Pre?

Pre-Prohibition, das steht sogar in der *New York Times*, ist eine Philosophie:

»Diese Schule wurde vom späten 19. und frühen 20. Jahrhundert inspiriert, als Bartending eine öffentliche und extravagante Kunst war. Gemeinhin – wenn auch nicht ganz korrekt – als Pre-Prohibition bezeichnet (denn manche großartigen Drinks wurden erst während der trockenen Jahre erfunden), repräsentiert dieser Stil eine konsequente Ästhetik von Kleidung (Ärmelhalter und Westen) über Dekor (Mahagoni und Gaslichter) und Sprache (Speisekarten, die sich wie Flugblätter lesen) bis hin zur Körperpflege (der gewichste Schnurrbart). Sasha Petraske vom *Whitestar* und *Milk & Honey* in New York hat dem Speak-Easy-Ethos eine trendige Downtown-Coolness gegeben.«

Die Homepage vom *Milk & Honey* ist auch cool: »Mehr als 15-minütige Verspätung führt zum Verlust der Reservierung. Bei Nichterscheinen: 50 Dollar. Cash only«, steht da. Diese New Yorker.

Ach ja, New York. New York, New York. Das waren noch Zeiten …

Die Vorgeschichte

»Fuck – fuck, fuck, fuck.« Das war das Erste, das ich dachte, als mir die Taxitür abgefahren wurde. Anfang der 90er. Tür auf – Tür ab, das ging ganz schnell. Keine Komplikationen. Ich war gerade erst vier Wochen in New York, und mein Wortschatz war in Krisensituationen noch wenig differenziert, was übrigens ein

Unding ist. Ich meine, ich hatte Englisch studiert, aber ich konnte es kaum sprechen, als ich nach Amerika kam. Das muss man sich mal vorstellen, fast das ganze Englischstudium lief auf Deutsch ab. Nur die Prüfung, die war dann auf Englisch. Thank you very much. Irgendwie hab ich's geschafft, aber wie ich die drohende Auseinandersetzung mit dem Taxifahrer jetzt führen sollte, war mir schleierhaft.

Eingestiegen in dieses Taxi war ich in der Upper East Side, der feinsten Gegend von Manhattan, da wohnte ich. Leider ein bisschen zu weit oben, 88. Straße, zwischen Lexington und 3rd, ich wohnte im Kolpinghaus. Dort zu wohnen ist auf eine eher subtile Art cool. Kennt man auch gar nicht in Amerika, Kolpinghaus. Kennt man bei uns ja auch nur noch als kleinbürgerliche Großkneipe mit Veranstaltungssaal hintendran und im Idealfall noch mit Kegelbahn. Dabei war Adolf Kolping ein Großer. Er starb 1865, im gleichen Jahr wie der große Abraham Lincoln, und lebte auch seinen Traum: vom Schuhmacher zum katholischen Priester und Hoteltycoon. Nein, das ist übertrieben und albern, Hoteltycoon. Kolping hatte ein christliches Anliegen, und in den Herbergen des Kolpingwerks sollten sich die wandernden Handwerker wohl fühlen können wie bei Muttern. Das Haus in New York gibt es schon seit 1914, und es schien nur auf mich zu warten: Ich war katholisch, ich war auf Wanderschaft, ich kannte keinen Menschen, voilà, ich zog ins Kolpinghaus. Yorktown. Das war ja auch mal das Viertel der deutschen Einwanderer, die 86. Straße war der Sauerkraut-Boulevard.

Es gibt übrigens mehr Amerikaner mit deutschen Wurzeln als jeder anderen Herkunft. Rund 43 Millionen Amerikaner – jeder sechste Einwohner – gaben bei der letzten Volkszählung im Jahr 2000 an, deutsche Vorfahren zu haben. Steht jedenfalls auf der Homepage der amerikanischen Botschaft in Berlin. Vielleicht wollen die sich auch nur bei uns einschleimen, aber das glaube ich nicht. Damals gab es jedenfalls in der Gegend oben in Manhattan nur noch ein deutsches Café, das *Edelweiß* – muss man nicht reingehen –, und die Traditionsfleischerei *Schaller & Weber*, wo auch Marlene Dietrich gekauft haben soll. Man muss allerdings schon ein ganz feines Näschen haben, um den Hauch von Glamour da noch zu riechen zwischen all den deutschen Würsten.

Im Kolpinghaus kann man immer noch billig wohnen. Das Zimmer – man könnte auch Zelle sagen – kostet rund 200 Dollar die Woche, Mittagessen inklusive, wahlweise auch abends warm. Waschräume und Klos separat. Ein echter Geheimtipp. Und was man wohl auch wissen sollte: Im Kolpinghaus wohnen nur Männer. In der Zelle rechts von mir zum Beispiel damals ein Vietnamveteran, und als der mir glaubhaft versicherte, ich müsse keine Angst in New York haben, er würde ab jetzt für immer und ewig auf mich aufpassen, wusste ich, dass es Zeit war, zu gehen. Zusammen mit einem Schweizer Journalisten, der in der Zelle links von mir wohnte, suchte ich mir eine kleine Wohnung in der Charles Street im Greenwich Village und war somit auch weiterhin hauptsächlich von Männern umgeben, denn gleich um die Ecke ist die Christopher Street. »Hi, I like your hair cut! I'm Michael. Where do you live?« Keine Missverständnisse hier, schwule Freunde sind die besten, auch wenn man selber nicht schwul ist, aber das hier war ständige Anmache. Einfach nervig auf die Dauer. So fühlen sich also Frauen. Ich zog dann später ins East Village rüber.

Möbel besorgten wir uns schick vom Sperrmüll, nur eine Matratze kaufte ich neu. Um die zu transportieren, bestellte ich mir ein Gypsy-Taxi. Das sind die, die nicht gelb sind und auch schwierige Aufträge übernehmen. Zum Beispiel eine Matratze notdürftig auf dem Dach festbinden und einen Deutschen damit quer durch Manhattan chauffieren. Aber nicht deshalb war

Gypsy-Cab-Driver einer der gefährlichsten Berufe in New York, sondern wegen der hohen Mordrate. Gypsy Cabs fuhren nämlich auch dahin, wo die Gelben sich nicht hintrauten. Meinen Fahrer kostete die Tour allerdings nicht das Leben, sondern nur die rechte Tür. Weil ich da noch nicht wusste, dass man nie zur Straßenseite hin aussteigen darf in New York, sondern immer nur zum Bürgersteig. Obwohl es groß im Taxi steht: Exit curbside only! Das sollte man in Deutschland auch tun. Ich machte also die Tür auf, und zack!, schon war sie weg. Von hinten aus der Hand gefahren. Der Fahrer hält 50 Meter weiter, checkt seinen Wagen – keine Beule –, schüttelt den Kopf und macht sich davon. Der Gypsy-Cab-Driver holt sich die Tür, fragt mich, was ich übrig habe, ich biete 20 Dollar extra, und wir haben einen Deal. Die Tür kommt in den Kofferraum, den Mann seh ich nie wieder – willkommen in New York. Das wäre in Deutschland etwas anders gelaufen, und so begann meine Amerika-Liebe.

Die ersten Jahre arbeitete ich bei der New Yorker Staatszeitung. Das ist die älteste deutschsprachige Zeitung in den USA. Sie ist weit über 100 Jahre alt. Gemacht für die deutschen Einwanderer, oder wie es im Zeitungskopf heißt: »Für Weltbürger deutscher Sprache«. Na, das war ich ja wohl, wer denn sonst? Ein Weltbürger aus Westfalen. Ich war vorher noch nie in den USA gewesen, hatte keine Kontakte und kannte dort niemanden. Und als ich nachts in Manhattan ankam – es war im Frühjahr, kalt und dunkel –, da fühlte ich mich so allein, wie noch nie in meinem Leben. Nicht verlassen, nur allein. Das war kein schlechtes Gefühl. Allein auf mich selbst gestellt. Eine Herausforderung. Erwachsen werden. Starkes Herz, weiche Knie, so was. Es war genauso wie in den Filmen: Aus den Kanaldeckeln stiegen Dampfsäulen in den leeren Straßen auf. Und ich war Marlowe nur ohne Hut, obwohl ich Bob Woodward sein wollte, nur in New York statt in Washington. Verwirrung der Gefühle.

So stand ich da in meinem Trenchcoat, den ich kurz vor der Abreise noch bei *C&A* in Dortmund besorgt hatte. Im Koffer zwei Anzüge, die aus westfälischer Sicht New Yorker Journalisten trugen, aus New Yorker Perspektive dagegen eher was für westfälische Sparkassenangestellte waren.

Die Redaktion der Zeitung war in einer Fabriketage in der 23. Straße, zwischen Avenue 6 und 7, dem Flower und Fashion District. Heute finden da die hippen Modenschauen statt, aber damals war da gar nix hip. Es war eine Fabriketage im wörtlichen Sinn, hatte nichts mit Loft zu tun, und nach zwei Wochen kam ich mir in dem furnierlosen Sperrholzambiente in meinen Spießeranzügen genauso lächerlich vor, wie ich aussah. Ich stieg wieder auf Jeans um. Marlowe und Woodward hatte ich sowieso nicht getroffen, Bernstein auch nicht und auch keinen von der *New York Times.* Irgendwie hatte ich mich in der Liga vertan. Die mussten ihre Artikel sicher auch nicht erst schreiben, dann selbst ausschneiden, selbst aufkleben und schließlich alles selbst zum chinesischen Drucker nach Queens rüberbringen, nachts um drei im Taxi über die stählerne Queensborrow Bridge. Kalong, kalong, Geräusche wie beim Zug auf den Gleisen, wenn das Auto sich unaufhaltsam dem anderen Ufer nähert, der furchtbaren Finsternis jenseits Manhattans. Allenfalls Marlowe hätte sich noch in solche Gegenden getraut. Aber dafür habe ich Brecht gespürt, unentfremdete Arbeit, alles selbst verwirklicht, mich selbst und die Zeitung. Und zur Belohnung ging es dann direkt vom Drucker zurück ins East Village, wo der Whiskey schon auf dem Tresen wartete, als der knallharte Reporter die Bar betrat.

1000 Dollar hab ich im Monat verdient. Kann man sich das vorstellen? Nur 1000 Dollar – in New York. Gut, inzwischen kann man sich das wieder vorstellen, und es geht ja auch. Die Stadt gehörte mir. New York ist eine Hure, heißt es. Du kannst alles von ihr haben, wenn du sie bezahlen kannst. So gesehen, hat sie's für mich dann nahezu umsonst gemacht. Eine Handvoll Dollar, ein Glas voll Whiskey und eine alte Schreibmaschine, so in etwa jedenfalls, ich war Hemingway. Einmal im Monat fuhr ich nach New Jersey rüber, wo ein altes Ehepaar wochenlang an Artikeln für die *Steuben-News* gearbeitet hatte, die ich dann in ein Layout brachte. Steuben war der preußische Offizier, der Amerika an der Seite Washingtons in die Unabhängigkeit führte. Davon übrig geblieben sind die *Steuben-News*, ein Blättchen mit kleinen Artikeln und Todesanzeigen aus der deutschen Community, und die Steuben-Parade, die einmal im Jahr in New York stattfindet. Muss man nicht gesehen haben. Wenn schon Parade, dann die irische St. Patrick's Day Parade. Da wird dann wenigstens richtig getrunken. Mein betagtes Chefredakteur-Ehepaar bei den *Steuben-News* sah das natürlich anders. Die beiden waren gleich nach dem Krieg nach Amerika gekommen, lebten ein ganz und gar amerikanisches Leben, pflegten aber ihre deutschen Traditionen. Alte Identität behalten, neue Identität gewonnen, doppelte Kultur gelebt. Integration ist eigentlich eine Win-win-Situation.

Viel zahlen konnten sie natürlich nicht, deshalb musste ich dann auch mal branchenübergreifend tätig werden. Irgendjemand hatte mir erzählt, dass man als Butler in New York ganz gutes Geld verdienen könnte. Ich ging also zu so einer Agentur, die allerdings nur aus einem Typen bestand, der seine Wohnung in der Bleeker Street komplett in Plüsch gehalten hatte. War aber nett und harmlos, der König der Butler, nicht halb so bedrohlich wie sein kleiner Pudel. Ja, er müsse dann also mal ein paar Polaroids von mir machen für seinen Katalog, so in Butleruniform und natürlich auch in Badeshorts, weil sein Servicepersonal gerne auch zu Poolpartys bestellt werde. Die Shorts würde ich dann im Bad finden. Bitte? Ich glaub, es geht los. Der denkt doch nicht ernsthaft, dass ich hier eine Bademodenschau hinlege. Andererseits, na ja, ich war in New York, um was Neues zu erleben, und so ein Badehosenfoto in einer Plüschwohnung mit Pudel, das kannte ich noch nicht. Recherche ja auch in gewissem Sinne. Und Poolpartys, mein Gott, man muss helfen, wo man kann. Gott sei Dank gab es damals noch kein Internet, in dem solche Momente unvergesslich werden, sondern nur das Polaroid – längst vernichtet und nicht in der Lage, mich mein Leben lang zu verfolgen. Zumal es auch noch völlig umsonst war. Ich wurde nie als Poolbutler gebucht. Keine Rooftopparty, kein Champagner, keine schönen Frauen. Ich versteh das bis heute nicht. Das Foto war eigentlich gar nicht so schlecht.

Stattdessen war mein einziger Auftrag, verwöhnte Kinder zu bedienen. In voller Butlermontur mit roter Schärpe wurden zehn von uns in einem grauen Van rüber nach New Jersey gebracht. Muss ein gutes Bild gewesen sein, als wir da rausgekletttert sind. Ein rotbeschärpter Butler nach dem anderen steigt aus so einem verbeulten Banküberfall-Van. Es ging um eine Bar-Mizwa-Feier. Jede Menge Teenies und solche, die es werden wollen. Bar-Mizwa ist im Jüdischen, so wie im Katholischen die Kommunion und bei den Protestanten die Konfirmation: ein klassisches Familienfest. Und wer zu so einer Party zehn Butler anrollen lässt, der lässt es auch sonst mal krachen, selbst in New Jersey. Die Kinder sind nicht zwingend zu Bescheidenheit erzogen worden. Dort habe ich auch zum ersten Mal Karaoke gesehen. Die Kids haben Michael-Jackson-Songs gesungen und wurden dabei gefilmt. Am Ende bekam jeder sein eigenes Video. Jeder war ein Star. Es gab Geschenke für Tausende Dollar, nur kein Pony, das wunderte mich. Immerhin, als Butler war man nicht irgendwer, man war der gehobene Ansprechpartner in der gehobenen Gesellschaft, der dann die Wünsche der Gäste an das eigentliche Personal weitergab. Jeder Butler war nur für fünf

Gäste zuständig. Für fünf Kinder zum Beispiel. Man stand immer in ihrer Nähe und las einfach die Wünsche von ihren Lippen ab. Noch eine Cola? Natürlich! Und noch eine Cola? Natürlich! Und sonst noch was, du kleiner Scheißer? Und wenn du noch ein einziges Mal mit den Fingern nach mir schnippst, dann schütte ich dir die klebrige Cola auf dein bescheuertes Rüschenhemd, du kleiner – noch eine Cola? Natürlich! Was soll ich sagen, das Butler-Business war im Großen und Ganzen nichts für mich. Es blieb nur eine Episode. Die Polaroids bekam ich zurück, es gibt also keine Beweise, und den einzigen Zeugen, den Pudel, hab ich umgebracht.

Ich flog für eine Woche nach Deutschland und stellte mich in einer Tour de force bei so vielen Radiosendern der ARD vor wie in einer Woche möglich. Radio und Fernsehen hatte ich ja beim WDR gelernt. Dann flog ich zurück und begann zu berichten. Und die Radios sendeten diese Berichte tatsächlich. Ich hatte es geschafft. Für die Weltbürger deutscher Sprache in Amerika schrieb ich über Deutschland Kolumnen in der Staatszeitung, und für die Deutschen in Deutschland berichtete ich aus Amerika im Radio. Ich war Auslandskorrespondent, ich war am Ziel! Und dabei lebte ich auch noch in der aufregendsten Stadt der Welt. If you can make it there, you don't have to go anywhere.

Bis eines Abends das Schicksal seinen Lauf nahm. Ich war jetzt zwei Jahre in New York, als ich wieder mal eine Einladung zu so einer »Deutschen-Getto-Party« bekam. Sorry, aber ich war längst New Yorker, ich war Weltbürger, okay, deutscher Sprache, aber mein Englisch war inzwischen nicht schlecht. Meine Freunde kamen von überall. Das Letzte, wohin ich ging, waren Partys von deutschen Frischlingen, die gerade mal ein paar Monate hier waren. Werbefuzzis, Traumtänzer, Art Directors, Schauspielschüler, Journalisten, die ganze Mischpoke. Ich stand in meinem

Zimmer und dachte: Pah, was soll ich da? Und dann: Ach, was soll's, drinks for free, nach einer Stunde geh ich eben wieder. Ich habe den Moment genau vor Augen, als ich dastehe und zaudere. Danach passierte Folgendes: Auf der Party erfuhr ich, dass der New Yorker ZDF-Korrespondent Joachim Holtz einen Producer suchte, am nächsten Tag bekam ich den Job, ein Jahr später schloss das Büro, Joachim Holtz wurde nach Deutschland versetzt, er holte mich als Reporter nach Deutschland, ich berichtete für das ZDF aus aller Welt, lernte bei einem ZDF-Betriebsfest eine schöne Frau kennen, die dort auch Journalistin war, zwei Monate später heirateten wir, ein Jahr und drei Monate später kam unsere Tochter zur Welt, ich wurde Auslandskorrespondent in Wien, wurde zurück nach Mainz versetzt und dort *heute nacht*-Moderator, ich wurde von Sat.1 abgeworben und Nachrichtenchef in Berlin, ich ging zu ARD und Arte, und jetzt schreibe ich genau diesen Satz. All dies passierte, weil ich mich spontan und völlig willkürlich in meinem kleinen Zimmer in New York in letzter Sekunde doch noch entschlossen hatte, zu dieser vermeintlich blöden Party zu gehen. Ich stand an einer Gabelung meines Lebens, ohne es gewusst, es gesehen zu haben. Da war kein Schicksal, das gewinkt hat, nur die Lust auf einen Drink. Kann das sein? Ich sitze heute hier wegen der Lust auf einen Drink? Vielleicht – weil das Schicksal doch nicht so profan sein kann –, vielleicht war die Grundvoraussetzung aber, dass ich in den Jahren in New York eine mir vorher fremde Neugier auf alles Unbekannte entwickelt hatte, Bereitschaft für das Ungewöhnliche, Lust, auf Menschen zuzugehen, Mut, alte Pfade zu verlassen, Spaß an jeder Herausforderung, keine Angst vor Fehlern. Alles ziemlich amerikanisch, jedenfalls nicht westfälisch. Vielleicht also alles doch nicht nur Zufall oder übersehenes Schicksal. Eher eine Art proaktives Schicksalsmanagement. Das kann man heutzutage bestimmt auch in Wochenendseminaren lernen. Vielleicht aber auch nicht.

Danach war ich jedenfalls dabei, als ein Bill who?, Bill Clinton, aus dem Nichts, sprich Arkansas, in den Wahlkampf zog und wirklich Präsident wurde. Mit Joachim kam ich sogar bis Somalia, als Clinton dann dort helfen wollte, was ja ziemlich schiefging. Kann man nicht nur in *Black Hawk Down* sehen, sondern auch heute noch regelmäßig in den Zeitungen, wenn über die Piraten vor Somalia berichtet wird und den Bürgerkrieg, der immer noch andauert in diesem geschundenen Land. Weil damals schon alles schiefging.

Damals habe ich dann endlich auch die großen Journalisten getroffen, die ich vorher nicht gefunden hatte. Wir standen am Strand der Half Moon Bay in Mogadischu, und oben auf der Düne waren die Nachrichtenstars aufgereiht wie die Apachen auf dem Bergkamm in den Westernfilmen. Ein Newsanchor neben dem anderen: Dan Rather, Tom Brakow, Peter Jennings selig. Ich stand neben Ted Koppel und fragte mich noch, woher die wohl wussten, dass gleich etwas passieren würde, als es halb sieben abends schlug und Tausende Kilometer entfernt in den amerikanischen Ostküstenwohnzimmern die Abendnachrichten begannen. Und wie's der Zufall will, beginnt auch genau in diesem Moment die Invasion. Die Spotlights gehen an, alle Indianer beginnen gleichzeitig zu sprechen und zeigen ohne hinzuschauen lässig hinter sich: »As you can see behind me, the invasion has just begun …« Kameraleute stürzen sich auf die heranrobbenden Navy Seals und leuchten ihnen am dunklen Strand in die lehmverschmierten Tarngesichter. Das war ganz großes Kino. Aber natürlich kein ganz großer Journalismus. Alles abgesprochen, selbst eine Invasion, die reine Show, und meine Helden spielen mit wie Schauspieler. Sehr professionell, aber das war auch alles. Da freute ich mich dann, Joachim Holtz für ein einfaches, ehrliches, deutsches Schaltgespräch mit der Sendezentrale in Mainz das Mikro reichen zu dürfen.

Durch die Arbeit beim ZDF in New York hatte ich endlich mal so was wie ein Einkommen. Während des Sommers mietete ich mir mit zehn Freunden zusammen ein Wochenendhäuschen auf Long Island. Fire Island genauer gesagt, eine schmale Insel vor Long Island, da, wo die Zecken sind – so doll war das Gehalt nun auch nicht. Aber egal, zwei Stunden von Manhattan mit Zug und Boot, und schon bist du am Meer. Allein die Fahrt dahin war ein kühles Versprechen: von Penn Station am Madison Square Garden aus raus aus der heißen Stadt. New York im Sommer kann wie ein Backofen sein. Aber man kann raus. Und im Winter geht's dann hinauf in die Catskills. Es dauert wieder nicht lange, und schon fährt man Ski. In den Hügeln, Berge wäre zu viel gesagt, liegt ja auch das berühmte Woodstock. Von Sex and Drugs and Rock'n'Roll ist allerdings nicht viel übrig geblieben. Trotzdem nicht der schlechteste Ort, um da meinen 30. Geburtstag zu feiern, fand ich.

Das ZDF-Büro, wie gesagt, wurde dann leider geschlossen, ich war der, der das Licht ausmachte. Rund ein Jahr später ging's schon wieder an, das Büro wurde wieder eröffnet, weil Deutschland sich spontan überlegt hatte, dass es gerne eine größere Rolle im UN-Sicherheitsrat spielen wollte, und so brauchte man natürlich auch wieder ein ZDF-Studio in New York. Hätte ich das damals gewusst, wäre ich sicher nicht zurück nach Deutschland gegangen, das Jahr hätte ich überbrückt, wenn auch nicht als Butler. Dann hätte ich allerdings auch nicht meine Frau, meine Tochter, Korrespondent, Moderator, Berlin, dieses Buch, na ja, das hatten wir schon.

Bei meinem kleinen Abschiedsdinner im engsten Kreis saßen schließlich zwölf Freundinnen und Freunde aus acht Nationen am Tisch, Christen, Moslems, Juden, homo- und heterosexuell. Und ich, der ehemals sture Westfale, mittendrin. In Amerika hab ich das Leben kennengelernt, so wie ich es mag. Das ist lange her, keine Frage, Sentimentalitäten. Heute kann einem das auch hier bei uns in Berlin passieren, aber damals gab es das so eben only in New York. Idioten gab es natürlich auch, genauso wie bei uns, das sei der Form halber erwähnt, aber davon traf ich wenige. Erst auf der allerletzten Fahrt raus aus der Stadt zum Flughafen, ein Oneway-Ticket nach Deutschland in der Tasche, war ich wieder so allein wie am Anfang, in diesem blöden Trenchcoat in den Straßen Manhattans, wo ich keinen kannte. Nur diesmal fühlte ich mich auch einsam und musste ganz schön heulen …

»Herr Kausch?« Was? »Alles okay, Herr Kausch?« Wer zum Teufel … ach der Logan. Mit dem Sasha Dihgens, diesem berühmten Bartender, der ganz großen Nummer: Sasha Petraske. Wow, der kommt also nach Washington wegen Obama. Und wenn Obama dann einen Drink bei ihm nimmt, wollen den anschließend natürlich alle trinken. So viel steht mal fest. Schräg gegenüber auf der Terrasse des *W Hotels* sitzt ein cooler schwarzer Basketballstar, den ich nicht kenne, vielleicht auch einfach nur ein sehr großer Rapper, in voller Adidas-Montur, mit seiner coolen asiatischen Frau, auch in Adidas, und coolen Babyzwillingen, auch in Adidas. So cool ist das hier. Auch die Kellnerinnen sind cool und durchgestylt: entweder schwarz oder asiatisch. Ist so was auch rassistisch? Wenn man Rassen zum Stylen benutzt? Oder ist das dann rassig und cool? Man weiß es nicht, man muss aufpassen, so viel steht fest.

Rechts von mir sitzen allerdings zwei Typen, die aus dem Rahmen fallen, bestimmt aus dem Finanzministerium unter uns. Sie tragen graue Anzüge, die inzwischen zu klein sind, und essen trotzdem beide einen Burger mit Pommes frites, anstatt einen leichten Caesar-Salat so wie ich und die anderen coolen, schlanken, kosmopoliten Gäste.

Wieder unten auf der Straße, treffe ich Obama. Eigentlich trifft er mich – fast. Beinahe werde ich nämlich von seiner rasenden Autokolonne überfahren. Ich laufe rechts raus aus dem Hotel, und die Nächste wieder rechts ist das *Willard*, auch ein Hotel, F-Street, Ecke 14te. Vor dem Hotelausgang stehen weiße Zelte – ausladend genug für ein großes Auto –, jede Menge Polizei, schwarze Limos, schwarze Jeeps und am Ende die Ambulanz. Die Kombination ist verräterisch. Obama steigt im weißen Zelt in den schwarzen Wagen – natürlich ist nicht zu sehen in welchen –, und die Motorcade jagt los. Vorneweg die Harleys, dahinter zwei Jeeps mit Maskenmännern und Maschinengewehren, dann drei Limos, alle sehen gleich aus, dann wieder Jeeps, hinten offen, Männer mit Gewehren und Masken schauen raus, und am Ende die Ambulanz. Alle jagen mit vollem Tempo und Sirenengeheul wie irre um die Ecke. Die Ecke, an der ich stehe! Das Weiße Haus ist vom *Willard Hotel* Luftlinie schlanke 200 Meter entfernt.

Schickt nicht immer nur Ecki von Kläden

Ich fahre mit dem Taxi zu Dr. Jackson Janes, er ist Direktor des *American Institute for Contemporary German Studies* an der Johns Hopkins University in Washington. Das klingt wuchtiger als es ist, das »Institut« ist in einer der typisch amerikanischen Büroetagen untergebracht, in einem nichtssagenden Stock eines nichtssagenden Gebäudes, mit nichtssagenden grauen Teppichfliesen und nichtssagenden weißen Deckenfliesen, die die Klima- und Kabelanlagen abdecken, und mit dünnen Bürowänden, die nur insofern nicht nichtssagend sind, als man durch sie hindurchhören kann. Nebenan im Gebäude ist das berühmte Brookings-Institut, eine der vielen sogenannten Denkfabriken, wo auch Obama früher öfter reingeschaut hat. Was für ein Wort. Ein Widerspruch in sich, oder? Denken und Fabrik. Denken am Fließband, ist das gemeint? Viel denken? Kreativität verbindet man mit Fließbändern ja eher nicht.

Dr. Jackson Janes, Jack, ist ein freundlicher Mann mittleren Alters und mittlerer Größe mit grauem Haar und Schnäuzer, wachen Augen hinter der randlosen Brille und mein einziger Gesprächspartner in Amerika in Anzug, Hemd, Krawatte und sogar silbernen Manschettenknöpfen. Das wirkt sehr vornehm in dem Schuhkarton, den er sein Büro nennt. Jack spricht perfekt Deutsch. Ich erzähle ihm, dass ich gerade fast von Obama überfahren wurde, und frage ihn, ob das den Leuten hier in Washington auf die Nerven gehe, wenn der Präsident mit zwanzig Autos und Sirenen zum Mittagessen rast.

»Ja«, lacht Jack, »es nervt, Joe Biden wohnt ja auch hier gleich um die Ecke, und der macht auch noch tatütata.«

»Also wir in Berlin freuen uns ja immer noch, wenn große, schnelle, wichtige Kolonnen durch die Stadt rasen. Das fühlt sich nach Hauptstadt an.«

»Ja, ich stelle sowieso zunehmend Ähnlichkeiten fest. Ihr habt ja jetzt auch eine wachsende Think Tank Community in Berlin. Das ist auch für uns gut, da haben wir dann Partner.«

»Was fehlt Ihnen denn im Austausch zwischen Deutschland und Amerika?«

»Der zwischen den Abgeordneten auf Capitol Hill und denen in Deutschland oder auch Brüssel. Es gibt eine gewisse asymmetrische Beziehung. Das heißt, die deutschen MdBs sind sehr viel häufiger hier als umgekehrt. Unsere Abgeordneten fühlen sich eher selten angespornt, einen Besuch in Berlin zu machen. Jedenfalls nicht so häufig wie Ecki von Kläden von der CDU zum Beispiel oder wer sonst hierherkommt, einige Leute aus verschiedenen Parteien sind ja regelmäßig hier.«

Eckart von Kläden war lange außenpolitischer Sprecher der CDU/CSU-Bundestagsfraktion. Er war vergleichsweise jung – 1965 geboren – für eine so weltumspannende Aufgabe, die augenscheinlich auch noch fast allein auf seinen Schultern lastete. Andererseits trat er bereits zwei Jahre vor dem Abitur in die Junge Union ein. Einer, der also nicht mitspielen durfte auf dem Schulhof damals, der aber trotzdem seinen einsamen Weg gemacht hat und es inzwischen bis zum Staatsminister im Kanzleramt gebracht hat. Es sei ihm gegönnt, denn jetzt können wir auch mal andere schicken. Oder versuchen, die Amerikaner zu uns zu holen?

»Aber warum sollten die amerikanischen Abgeordneten auch nach Deutschland fahren wollen?«, frage ich Jack.

»Das ist eine sehr gute Frage. Aber man muss schon sagen, wenn wir bestimmte Ziele haben, sagen wir in Russland oder der EU, dann lohnt es sich, mit den Deutschen zu reden. Es ist in unserem eigenen amerikanischen Interesse. Beispielsweise Abrüstung in Moskau: Hier ist ein Rat aus Deutschland hilfreich, denn die Deutschen kennen Russland sehr gut. Obama hat sich von Frau Merkel sicher auch Rat geholt. Oder Iran. Deutschland war der größte Handelspartner der Iraner, da können wir von euch lernen. Klima, Israel, Palästina. Deutschland spielt zwar keine Schlüsselrollen, aber es übt überall Einfluss aus.«

»Können die beiden denn miteinander, Merkel und Obama?«

»Vom Stil her passen die sehr gut zusammen. Was sind die Rahmenbedingungen? Wie erreichen wir die Ziele? So sind beide. Beide haben eine interessante Biographie, nur der eine ist eben viel charismatischer als die andere.«

»Ich war bei einer Feier in Berlin, auf der eine Frau eine Grußbotschaft von Obama vorgelesen hat. Die Leute haben kaum zugehört und weitergegessen. Es ist sein Charisma, die Gabe zu reden. Mehr als seine Worte. Bei Merkel macht es keinen Unterschied, ob man ihre Worte liest oder sie von ihr selbst hört. Im Gegenteil, Lesen ist in ihrem Fall eigentlich besser.«

»Ich habe eine Rede von Obama vor der *National Association of Advancement of Colored People* gehört, das ist eine der ältesten und einflussreichsten Bürgerrechtsorganisationen für die Rechte der Afroamerikaner in den Vereinigten Staaten. Er hat dort eine flammende Rede gehalten über die Frage, wie weit wir mit der Überwindung von Rassismus und Vorurteilen sind. ›Täuscht euch nicht!‹, hat er gerufen, es gibt immer noch viel Diskriminierung, trotz der Wahl eines Schwarzen zum Präsidenten, aber er hat auch an die Eigenverantwortung der Schwarzen appelliert: ›Keine Entschuldigungen mehr!‹ Also man brach in Tränen aus, wirklich.«

Stimmt, das war sehr emotional, da war Obama gerade von seiner ersten Afrikareise als Präsident zurückgekehrt. Schon da hatte er ja Tacheles mit »seinen Brüdern und Schwestern« geredet. Vermutlich kann man nicht wirklich nachvollziehen, was es für Afrika bedeutet, für Obama selbst, seine Frau, seine Kinder, als er als Amerikas erster schwarzer Präsident, dessen Vater aus Afrika stammt, in Afrika ankommt. Der Kontinent der ewigen globalen Verlierer ist jetzt plötzlich das Vaterland des mächtigsten Mannes der Welt. Er ist einer von ihnen, und deshalb ruft er ihnen zu, na was wohl? »Yes, you can.« Allerdings müsse sich dazu einiges ändern, die Afrikaner selber müssten es ändern: »Der Westen ist nicht verantwortlich für die Zerstörung der zimbabwischen Wirtschaft im vergangenen Jahrzehnt oder für Kriege, in denen Kinder als Soldaten eingezogen werden«, sagt Obama in Ghana, einem der wenigen vorbildlichen Länder in Afrika. »Kein Land wird Wohlstand erreichen, wenn seine Führer die Wirtschaft ausbeuten, um sich selbst zu bereichern, oder wenn die Polizei von Drogenhändlern gekauft werden kann.« Die Welt müsse Afrika helfen, ja, aber »wir haben die Verantwortung, diejenigen zu unterstützen, die verantwortungsvoll handeln, und diejenigen zu isolieren, die das nicht tun, und genau das wird Amerika tun«.

Dieser Besuch war wirklich keine Party, aber einem »Bruder« hört man auch zu, wenn er Tacheles spricht. Nichts von alledem hätte, sagen wir, Brown sagen können, als weißer Chef der ehemals größten Kolonialmacht. Vielleicht bleibt davon also diesmal auch mal was hängen, denn so ziemlich jeder in Afrika hat diesen Besuch im Fernsehen verfolgt. Fast jedenfalls. Ein Zeitungskorrespondent berichtet von einem Greis, der in Ghana auf der Straße von einem Fernsehteam gefragt worden sei, wie er denn Obama nun gefunden habe. »Obama?«, habe der alte Mann gefragt. »Ist das der Sänger, der gerade gestorben ist?« Nein, das war Michael Jackson.

Zurück in den USA nach der dritten Mammutreise in drei Monaten, redet Obama den Schwarzen daheim dann genauso ins Gewissen und sagt auch ihnen, dass sie selber für ihr Schicksal verantwortlich seien. Die Rede, die Jackson Janes meint. »Keine Entschuldigungen! Keine Entschuldigungen!«, ruft Obama und fordert schwarze Eltern auf, den Kindern die Spielkonsolen wegzunehmen, sich mit ihnen zu beschäftigen und nicht nur Sportler und Rapper als Vorbilder zuzulassen. »Ich möchte, dass sie Wissenschaftler und Ingenieure, Ärzte und Lehrer werden wollen. Ich will, dass sie Präsident der Vereinigten Staaten von Amerika werden wollen.« Aber er sagt auch, dass Schwarze und auch Latinos, Muslime oder Homosexuelle es immer noch ungleich schwerer hätten als Weiße, selbst wenn Amerika jetzt einen schwarzen Präsidenten hat. »Täuscht euch nicht!«, ruft er ihnen zu. »Der Schmerz der Diskriminierung ist immer noch spürbar in Amerika.«

»Oder nehmen Sie die Rede in Notre-Dame,«, sagt Jack, »als er die Ehrendoktorwürde verliehen bekam und es heikel wurde, weil die dort gegen Abtreibung sind und er ja pro Choice. Da hat er eine Rede gehalten, voller Wissenschaftlichkeit, Sachlichkeit und Denkanstöße – und das nach acht Jahren mit einem Mann, der ja manchmal nicht mal zwei Sätze zusammenbauen konnte. Überragend! Und dann natürlich Kairo.«

Kurz vor Obamas Ankunft in Kairo im Sommer 2009 ist ein Tonband von Ayman al-Zawahiri verbreitet worden, dem Stellvertreter von Al-Quaida-Führer Osama bin Laden. Darin nennt er Obama einen Verbrecher, der durch Täuschung »das Projekt eines Kreuzfahrer-Amerikas« zu erreichen suche. Die Araber sollten Obama erst gar nicht zuhören, um sich nicht durch dessen »elegante Worte« verführen zu lassen.

Das klingt schon ziemlich verzweifelt, oder? Haltet euch die Ohren zu! Nicht hinhören! Und bei uns bezweifelt man die Macht der Worte und fordert ständig Taten statt Worte, Taten statt Worte! Wie einfältig. Taten statt Worte hatten wir doch gerade acht Jahre lang, oder nicht? Die großmäuligen Extremisten hatten aber keine Angst vor Bushs Waffen, aber vor Obamas Worten haben sie Schiss. Vor seiner Rede in Kairo. 2500 Gäste sind geladen, und 60 Millionen Zuschauer an den Fernsehgeräten in der ganzen arabischen Welt schauen zu, als Obama spricht:

»Ich bin geehrt, in der immerwährenden Stadt Kairo zu sein, in einer tausend Jahre alten Universität, die für die Harmonie von Tradition und Fortschritt steht. Ich freue mich, den guten Willen des amerikanischen Volkes mitzubringen und die Grüße muslimischer Gemeinschaften in meinem Lande: assalaamu alaykum.« Und dann folgt eine Rede, die im Rückblick vielleicht mal als ein Meilenstein in den westlich-arabischen Beziehungen betrachtet werden wird. Er verspricht den Muslimen in aller Welt einen Neuanfang in gegenseitigem Respekt, er betont seine eigene muslimische Herkunft, spricht von seinem muslimischen Vater und weist auf seinen Vornamen Hussein hin. Wenn man bedenkt, dass die miesen Republikaner ihm im Wahlkampf damit noch verzweifelt zu schaden versucht hatten. Dabei ist der Name eine Brücke. Immer wieder zitiert Obama aus dem Koran und bekommt dafür großen Beifall, auch dafür, dass er ausdrücklich den Beitrag der islamischen Zivilisation zum kulturellen Welterbe würdigt. Den Schmerz der Palästinenser versteht er, denn die Schwarzen in Amerika hätten auch die Erniedrigungen der Ausgrenzung erlebt. Er fordert einen eigenen Staat für die Palästinenser, Israel müsse den Siedlungsbau stoppen, aber er fordert von den Palästinensern auch ein Ende der Gewalt. Dem Iran ruft er aus Kairo zu, beide Seiten sollten nicht in der »Falle der Vergangenheit« gefangen bleiben. Die Welt müsse frei von Atomwaffen werden. Er fordert aber von der islamischen Welt auch demokratische Reformen, Religionsfreiheit und mehr Frauenrechte. »Ich bin hierhergekommen, um einen Neubeginn zwischen den USA und den Muslimen rund um die Welt anzubieten. Einen Neubeginn, der auf gegenseitigem Respekt beruht. Einen Neubeginn, der auf Wahrheit fußt, dass sich Amerika und der Islam nicht ausschließen und nicht im Wettstreit stehen müssen.« In der altehrwürdigen Uni von Kairo kommt es zu begeisterten Obama-Rufen. Respekt, das ist das Schlüsselwort. Jetzt noch Aretha Franklin: »Respect, just a little bit …« und der Saal würde toben.

»Selbstverständlich ist die Frage, inwieweit er das dann alles mit Ergebnissen verbinden kann«, sagt Jack, »am Ende muss er wie alle anderen Präsidenten die Frage stellen: Geht es euch jetzt besser als vorher?«

»Klar, aber jetzt kann er erst mal nur Worte verwenden, die Ergebnisse entwickeln sich ja daraus. Vielleicht war auch der

Aufstand im Iran schon ein Ergebnis von Obamas neuer Politik, die ausgestreckte Hand, die viele ermutigt hat.«

»Ja, warum nicht? Wandel durch Annäherung, das kommt mir bekannt vor, nur hat es auch in Deutschland natürlich lange gedauert. Und die DDR hat in der Zeit nicht an der Atombombe gebaut.«

»Wie können wir es denn nun schaffen, dass sich amerikanische Abgeordnete auch für Deutschland interessieren, und nicht nur umgekehrt der Ecki von Kläden für Amerika?«

»Deutschland ist nicht mehr Objekt der amerikanischen Außenpolitik, Deutschland kann jetzt selber handeln. Wenn es sich anbietet, Probleme lösen zu helfen, wäre es im Spiel, ich hab die Felder genannt: Russland, Iran, Nahost, Klima. Gerade bezüglich der Klimapolitik kann Deutschland ein Ratgeber sein. Auch wenn wir Amerikaner noch nicht so weit gehen, wie ihr euch das vorstellt, aber es bewegt sich doch erheblich was, und wir wollen ja nicht das Beste dem Guten in den Weg stellen. Sicherlich geht es auch um die ganze transatlantische Finanz- und Wirtschaftspolitik, in der wir zusammenarbeiten müssen. Deutschland ist die stärkste und wichtigste Wirtschaft in Europa für uns. Und Guantanamo: Es wäre eine Geste, nicht mehr, wenn Deutschland sagen würde, okay, wir nehmen Guantanamo-Häftlinge auf, damit Obama sagen kann, ich hab's versprochen, ich will es machen und ich habe Partner, die mithelfen. Natürlich ist es erst mal beschämend für uns, wenn 50 Senatoren, eigentlich die ganze Bande, nicht in der Lage sind, solche Guantanamo-Häftlinge in den eigenen Bundesstaaten unterzubringen.«

»Warum haben wir Deutschen eigentlich ein anderes Verhältnis zu Amerika als zu Frankreich, England oder Italien?«

»Weil es eine asymmetrische Beziehung ist. Amerika ist viel größer. Es hat Deutschland so sehr beeinflusst. Und ihr wollt ein Amerika haben, das euch gefällt. Wenn wir Dinge tun, die ihr nicht mögt, Vietnam, Irak, dann fühlt ihr euch hilflos, weil ihr es nicht verhindern könnt, und wenn dann ein Kennedy oder King oder Obama kommt, freut ihr euch.«

»Wir sind also der kleine David, der sich freut, wenn Goliath mal stolpert und wir ihm ans Bein pinkeln können, aber dann wiederum reiben wir aus auch gerne daran? So wie jetzt? Bekommen wir jetzt unser Amerika zurück?«

»Es ist ein Ziel, das sich bewegt. Es entwickelt sich immer weiter, es kämpft mit sich selbst. Man findet immer ein Amerika, wenn man ein Amerika sucht. Wir finden auch Dinge, die uns nicht gefallen. Es geht mir ja mit Deutschland genauso. Wo will man verweilen? Wenn man die Kehrseite sucht, findet man sie auch. Die Indianer umgebracht, klar das ist passiert. Was man unterschätzt, ist, dass wir auch selber hier immer wieder nach der eigenen Kehrseite suchen. Es ist ein kompliziertes Land. Genauso wie Deutschland. Wenn man es begreifen will, ist es immer ein moving target. Was Sie wiederbekommen, ist also nicht nur das Amerika, das Sie sich wünschen, sondern die ganze Komplexität. Und es wird manchmal auch wieder eine Enttäuschung geben.«

»Ist denn der Funke noch da, change, der neue Aufbruch?«

»Ich spüre ihn. Aber wir sind sehr ungeduldig, es kommt schnell die Frage: Geht es uns jetzt besser als vorher? Und ich hoffe nur, dass wir dann rechtzeitig vor der nächsten Wahl sagen können: ja, irgendwie schon.«

Ich steige ins Taxi zu – schwer zu lesen auf dem Schild – Salomon? Ja, das heißt Salomon.

»Glauben Sie, am Ende von Obamas erster Amtszeit wird es Ihnen bessergehen als heute, Salomon? Ich heiße Thomas.«

»Ich weiß nicht, seine Pläne sind sehr ehrgeizig. Ich bin nicht sicher, ob er sie alle umsetzen kann. Aber für mich ist das einfach ein fantastischer junger Mann in so einer Position. Er regiert anders als jeder andere Präsident der Vereinigten Staaten von Amerika zuvor. Der Mann ist großartig. Unabhängig davon, dass er schwarz ist. Er ist ein guter Typ, ein liebevoller Mann, er will sich um die Menschen kümmern. Und deshalb können wir beruhigt sein, Thomas.«

Okay, dann bin ich beruhigt.

Frische Croissants für Apachen

Am Samstag, den 2. Mai 2009, um 17.53 Uhr verlassen die Obamas das Weiße Haus und steigen in eine wartende Limousine. Um 18.01 Uhr kommt das Paar im *Citronelle* an, dem französischen Nobelrestaurant im vornehmen Stadtteil Georgetown, wo Spitzenkoch Michel Richard Spezialitäten wie Weinbergschnecken-Ravioli anbietet. Barack Obama trägt einen dunklen Anzug, aber keine Krawatte, Michelle trägt eine einfache weiße Hemdbluse, einen Zopf und kein Make-up. Nach dem Dessert geht das Paar noch händchenhaltend im Garten des Weißen Hauses spazieren. Plötzlich … Nein, das »Plötzlich« hab ich jetzt dazugedichtet, weil das ja wie bei *Aktenzeichen XY* klingt, es ist aber nur die genaue Überlieferung der Geschehnisse durch die Online-Postille *Huffington Post*. Außerdem gibt es jede Menge weiterer Zeugen, denn Hunderte Menschen drängten sich vor dem *Citronelle*, um diese Sensation mitzuerleben: Obamas gehen zum ersten Mal aus! Allein! Privat! Normal! Romantisch! Washington ist begeistert.

Michel Richard sieht genauso aus, wie man sich einen gemütlichen Franzosen vorstellt. Wenn man ihm noch eine Baskenmütze aufsetzen, ein Baguette unter den Arm klemmen und ihn an einen Ort an der Küste der Bretagne versetzen würde, wo er in zehnter Generation Fischer wäre, dann wäre das Klischee perfekt. Der Bauch geht Richtung Obelix, und der französische Akzent ist auch nach über 30 Jahren in Amerika kein bisschen verschwunden. Michel Richard ist schon lange ein berühmter Koch in Amerika, aber seit die Obamas bei ihm im *Citronelle* romantisch gegessen haben, ist er natürlich noch berühmter. Nun dauert es Wochen, bis man einen Platz bekommt. Deshalb treffe ich mich lieber morgens auf einen Kaffee mit Michel. Das Restaurant ist noch ganz verschlafen. Eine schöne Atmosphäre zum Reden. Und wie gesagt, seine Antworten muss man sich mit die dolle fronsösisch Akson vorstell.

»Seit wann genau bist du hier, Michel?«

»Ich bin seit 1974 in Amerika und ich hatte eine wunderbare Reise durch dieses Land seitdem, aber das vergangene Jahr war hart. Wie ist es in Deutschland?«

»Oh, auch hart, aber die Angst war größer als die Not letztendlich, glaube ich.«

»Ja? Hier ist es eher umgekehrt. Wir produzieren ja nichts mehr. Machen alles die Chinesen. Alles ist nur noch Made in China. Ich weiß nicht, ich mag Obama, dass er Dinge verändern will. Ich finde, er ist ein wunderbarer junger Mann. Ich weiß nicht, ob du es weißt, aber er war kürzlich hier mit seiner Frau Michelle.«

»Ach wirklich?«

»Ja, sehr nette Leute, sie sahen aus wie Teenager. Na, nicht Teenager, aber sie sehen so jung aus. Reagan war so alt. Die meisten Präsidenten, die ich kenne, waren alt, und jetzt mal aufregende, junge Leute.«

»Waren sie ein romantisches Paar? Sahen sie verliebt aus?«

»Ich habe doch nicht geschaut. Ich bin doch kein Voyeur!«

»Natürlich nicht.«

»Ich denke, sie lieben sich, warum nicht, so ein junges Paar. Möchtest du einen Kaffee? Ein Croissant?«

»Kaffee ja, Croissant nein. Ein Croissant ist so schlimm wie dreizehn Weißbrötchen, hab ich mal gelesen.«

»Ja, genauso sehe ich aus.«

»Wie war es denn, als die Obamas hier waren, ich meine mit Secret Service und so?«

»Oh, Secret Service überall, sie haben die ganze Straße geblockt und ein Zeltfoyer aufgebaut, wo das Auto reinfuhr, damit sie aussteigen konnten.«

»Waren auch andere Gäste da?«

»Ja, als sie ankamen um sechs Uhr, hatten wir schon ein paar andere Gäste.«

»Und wurden die untersucht?«

»Ja, die mussten ihre Taschen zeigen und so weiter. Aber es war keiner böse, weil sie es aufregend fanden, dass der Präsident und seine Frau kamen. Und als im Fernsehen darüber berichtet wurde, konnten sie sagen, ich war dabei. War auch eine ganz gute PR für mich – *Citronelle* auf CNN, ha! Hinterher kamen die ganzen französischen Journalisten und wollten wissen, ob das amerikanisch-französische Verhältnis jetzt wieder besser wäre. Du weißt ja, das war sehr schlecht seit dem Irakkrieg. Und die wollten wissen, ob das ein symbolischer Besuch war in einem französischen Restaurant, ob das heißen sollte, dass Amerika sich wieder verliebt hat in die Franzosen! Das war eine große Sache für die.«

»Und?«

»Na, ich denke, sie wollten einfach nur gut essen. Habt ihr Deutschen Probleme mit den Amerikanern?«

»Unter Bush, klar, genauso wie ihr, wir waren ja gemeinsam gegen den Irakkrieg, Franzosen und Deutsche gegen Amerika. Zusammen mit den Russen. Paris–Berlin–Moskau, die alte Achse wiederbelebt. Aber als Obama kam, haben wir uns sofort in ihn verliebt.«

»Ihr habt kein Problem damit, dass er schwarz ist?«

»Was? Wieso das denn?! Du?«

»Ich? Bist du verrückt?! Ich finde es sehr gut, einen schwarzen Präsidenten zu haben!«

»Für Amerikaner ist das immer noch eine große Sache, oder? Immer, wenn sie ihn sehen, denken sie daran. Aber Europäer, also ich jedenfalls, nehme das überhaupt nicht mehr wahr, dass er schwarz ist.«

»Ja, du siehst einfach eine nette Person.«

»Eine vernünftige Person. Wie hat sich die Atmosphäre in Washington verändert?«

»Viel besser. Bush hat man so sehr gehasst. Sie wollten ihn endlich loswerden hier.«

»War Bush auch mal hier bei dir?«

»Nein.«

»Hast du ihn nicht reingelassen?«

»Nein, der isst ja immer ganz schnell ein Sandwich, zack, zack, zack und weg. Seine Frau, Laura, war mal hier, sehr nett, sehr kultiviert.«

»Wenn du das neue Amerika als Menü beschreiben solltest. Wie sähe es aus?«

»Lass mich überlegen – hm – Vorspeise: Gemüse, Salat, alles frisch und knackig. Jung, knackig, frisch – so sehe ich das neue Amerika. Hauptspeise? Ich würde ja gerne mehr Fisch anbieten, aber die Fische sterben immer mehr aus. Ich hoffe, Obama setzt sich für die Fische ein, für den Umweltschutz überhaupt, habt ihr ein Problem mit den Fischen in Deutschland?«

»Klar, bei uns verschwinden sie auch.«

»Wir nehmen ein Steak. Jedem Amerikaner sein Steak, mindestens einmal pro Woche. Mit Kartoffeln natürlich, French Fries, Pommes frites! Ha!«

»Dessert?«

»Als Dessert – Eiscreme vielleicht, die ist sowohl kalt als auch süß, wir wissen ja nicht, was die Zukunft bringt, wie bei der Eiscreme, du weißt nie, wie sie ist, kalt und hart oder süß und schon ein wenig geschmolzen. Kennst du den Film *Forrest Gump*?«

»Klar.«

»Die Szene mit der Pralinenschachtel, wo es heißt: Das Leben ist wie eine Pralinenschachtel – du weißt nie, was du bekommst! So ist das auch mit der Eiscreme. Verstehst du, was ich meine?«

»Eiscreme?«

»Ja, jeder liebt Eiscreme, aber du weißt nicht, wie sie sein wird, hart oder weich oder süß oder wässrig – wir wissen nicht, was Obama uns bringt.«

»Eiscreme. Verstehe.«

»Esst ihr viel Fleisch in Deutschland?«

»Ja, schon, wir ernähren uns nicht so gut in Deutschland.«

»Warum nicht?«

»Weil wir nicht so viel Geld für Lebensmittel ausgeben wollen.«

»Wofür dann?«

»Für Autos zum Beispiel. Lieber gutes Motoröl als gutes Olivenöl.«

»Wirklich? Dann könnte ich in Deutschland mein Restaurant ja zumachen.«

»Nicht unbedingt. Wir haben auch gute Restaurants, aber nicht so viele. In Berlin zum Beispiel nur eine Handvoll, obwohl die Stadt so groß ist.«

»Kennst Du Wigsischmo?«

»Witzigmann? Eckart Witzigmann, klar.«

»Er ist ein Freund von mir. Hat ein bisschen zu viel Kokain genommen.«

»Er hat, glaube ich, jetzt auf Mallorca ein Restaurant aufgemacht.«

»Er muss schon fast 70 sein. Ich bin erst 61. Ich bin noch jung! Ein Teenie!«

»Michel, die Hauptspeise, das Steak in unserem Menü, das finde ich noch ein bisschen langweilig.«

»Ja, aber das ist Amerika, langweilig, der größte Teil davon wird sich nie ändern. Amerika wird immer ein Steak sein. Vorspeise: Salat, jung, knackig, frisch. Hauptspeise: Steak, traditionell. Dessert: Eiscreme, weil es jeder mag, weil du aber nie weißt, wie es schmecken wird.«

»Okay.«

»In welche Stadt fährst du als Nächstes?«

»Chicago.«

»Oh, ich liebe Chicago. Da musst du Jean Joho besuchen, ein guter Freund von mir, wunderbarer Koch, hat ein tolles Restaurant, ganz oben, 40. Stock, das *Everest*. Ich ruf ihn an und sag, dass du kommst.«

»Wieso bist du eigentlich aus Frankreich weg?«

»Niemand geht gerne aus Frankreich weg. Jeder Franzose liebt Frankreich. Kennst du Gaston Lenôtre?«

»Nein.«

»Er war ein berühmter Konditor. Ist erst kürzlich gestorben.«

»Ja, ich glaube, davon …« (Hab ich noch nie gehört. Aber hinterher mal schnell bei Wikipedia nachgeguckt und rausgefunden, dass Gaston Lenôtre von 1920 bis 2009 lebte. Er war ein französischer Konditor, Chocolatier, Confiseur, Unternehmer und hat mehrere Backbücher geschrieben. Kenner nennen

Lenôtre einen grundlegenden Erneuerer des Konditorwesens, der in seiner *École Lenôtre* nahe bei Paris mehrere Generationen von Konditoren und Köchen ausbildete. Natürlich, *der* Lenôtre!) »… davon hab ich gehört.« Man will ja als Gourmet durchgehen hier.

»Er kam eines Tages zu mir und sagte: ›Michel, ich möchte eine Konditorei in New York aufmachen. Möchtest du die übernehmen?‹ Mein Gott, ich war 26 Jahre alt, wow, nach Amerika, Wahnsinn! Ich war unheimlich aufgeregt. 74 bin ich nach New York gegangen.«

»Wow.«

»Ein Jahr später haben wir den Laden wieder zugemacht, 59. Straße und Lexington war der, aber nicht erfolgreich. Wir waren zu teuer. Die Amerikaner haben nicht so viel Geld ausgegeben. Ich wollte also zurück nach Frankreich, aber dann bot mir jemand einen Job in einer Konditorei in Santa Fe in New Mexico an, da hab ich dann Croissants für die Indianer gebacken. Die Navaho und die Apachen. Ha! Und nach einem Jahr kaufte ich die Konditorei. Ich, ein junger Franzose, 28 Jahre alt, zwei Jahre zuvor aus Frankreich gekommen, war Besitzer einer Konditorei in Santa Fe! Nicht schlecht, oder?«

»Respekt. Wo hattest du das Geld her?«

»3000 Dollar Anzahlung, den Rest habe ich abgestottert, der Besitzer mochte mich. War ein guter Kerl. Der Laden lief so gut, dass ich ein Jahr später auch eine Konditorei in Los Angeles aufmachte. Und ein Jahr später noch eine.«

»Mit 30 hattest du drei Konditoreien?«

»Ja, deshalb bin ich in Amerika geblieben. Und weil ich eine schöne Frau getroffen habe. Sie ist jetzt meine Frau. Ich gab ihr zwei Küsse, und sie gab mir vier Babys.«

»Sehr großzügig. Eine Amerikanerin?«

»Sie ist Französin, aber sie kam mit 16 nach Amerika.«

»Und dann?«

»Dann habe ich mich noch mal verliebt. In die richtige Küche, Paul Bocuse und so. 1986 habe ich ein Restaurant in Los Angeles aufgemacht. Ein ganz modernes. Mit einer offenen Küche, so wie hier im *Citronelle* jetzt, damit die Gäste sehen können, dass wir alles frisch zubereiten, aber auch, damit sie unsere Arbeit besser respektieren können.«

»Fühlst du dich jetzt respektiert?«

»Das *Citrus* war ziemlich berühmt in Los Angeles. Es gab Artikel über mich, ich sei der beste Koch in Amerika, und deshalb habe ich dann überall in Amerika Restaurants aufgemacht. Santa Barbara, Baltimore, San Francisco, Philadelphia, Washington, sogar in Tokio in Japan. Aber dann habe ich sie alle wieder verkauft, weil es mir zu anstrengend wurde, immer die Reiserei, ich konnte gar nicht mehr kochen. Aber respektiert fühlte ich mich, ja.«

»Das ist eine tolle Erfolgsgeschichte, Michel.«

»Ja, bis heute. Ich weiß nicht, was morgen ist. Weißt du, Thomas, ich liebe dieses Land, wir haben alle einen Akzent, verstehst du, was ich meine? Italiener, Iren, Spanier, Mexikaner, wir kommen von überall und haben dieses Land gebaut. Ob du Jude bist oder Christ oder Moslem, egal. Gehen die Deutschen eigentlich noch häufig in die Kirche?«

»Nicht mehr so oft.«

»Die Franzosen auch nicht. Macht mich traurig. Früher saßen die alten Frauen da und sprachen mit Gott. Heute nicht mehr, macht mich traurig. Hier ist die Kirche sehr wichtig und mächtig. Jeden Sonntag voll. Aber jetzt muss ich mal dringend zur Toilette.«

Ich steige wieder in den Doppeldecker und fahre durch die Stadt. Gilt ja zwei Tage das Ticket. Ein Superdicker steigt auch noch ein, er kommt kaum die enge Treppe rauf aufs obere Deck. Er trägt eine Sauerstoffbrille unter der Nase und japst trotzdem wie ein Fisch. Das ist schon der dritte Dicke an einem Tag, den ich mit so einer Sauerstoffzufuhr unter der Nase sehe. Einer war so dick, der musste im Rollstuhl sitzen. In der Hand hatte er eine Coke. Darüber müssen wir noch reden, Ernährung und Gesundheit.

Es fängt an zu regnen. Ich gehe zum Inder. Davon wird man nicht dick. Der Laden ist klein und eng, und die Klimaanlage ist auf minus 20 Grad eingestellt, vielleicht auch minus 30, was den vom Regen ein wenig nassen Kontinentaleuropäer gleich um seine Gesundheit fürchten lässt, während der Amerikaner erst mal ein verchlortes Leitungswasser mit ganz viel Eis hinunterstürzt. Vom Nachbartisch aus spricht mich ein Mann an, der gehört hat, wie ich auf Deutsch telefonierte. Er war mal Deutschlandkorrespondent der *Herald Tribune,* stellt sich alsbald heraus, denn die Welt ist ja ein Dorf, und natürlich unterhalten sich zwei supertoughe Politkorrespondenten über Außenpolitik. Sein Name ist Warren, Warren Getler. Er fragt mich, was ich hier tue, und ich sage, dass ich an einem Buch schreibe. Das findet Warren natürlich terrific, und ich frage ihn nach Obama. Er sagt, der sei allerdings außenpolitisch doch sehr naiv. Ich sage, das werde sich ja erst noch herausstellen müssen. Sicher sei bis jetzt ja nur, dass die alten Rezepte versagt hätten. Irak, Iran, der Nahe Osten, Russland, China, Afrika, Süd- und Mittelamerika, nirgendwo war Herr Bush erfolgreich, warum es nicht also mal anders versuchen? Und Amerikas Image in der Welt habe sich ja auch schon verbessert. Das schon, meint Warren, aber er sei Republikaner, und jetzt fällt mir dann auch tatsächlich auf, wie unsympathisch er wirkt, mit dem glatten Schwiegersohn-Seitenscheitel und vor allem dem Kurzarmhemd, das er offenbar unterm Sakko trägt, denn Letzteres hängt schlaff und in Beige über der Stuhllehne. Kurzarmhemden unterm Sakko hat Berti Vogts immer getragen, und das sagt ja alles zu diesem Thema. Wobei der Berti sich mit internationaler Politik nach all seinen Trainerstationen von Nigeria über Kuwait bis Aserbaidschan, Schottland – und Deutschland nicht zu vergessen – vermutlich inzwischen besser auskennt als Warren hier mit seiner Aktentasche, die aussieht wie vom BWL-Studium übrig. Leider muss er dann auch mal weiter, gerade in diesen harten Zeiten müsse man hören, wenn die Pflicht ruft. Jawoll, nice meeting you, Warren, take care.

Erst entscheiden, dann handeln, dann fragen

Nach dem Essen treffe ich mich mit Lester Brown, der ist ein Amerikaner nach unserem Geschmack. Von der *Washington Post* als einer der einflussreichsten Vordenker der Welt bezeichnet und zwar vor allem auf dem Gebiet des Umweltschutzes und der Nachhaltigkeit. Ein Amerikaner! Umweltschutz und Nachhaltigkeit! Er war Gründer und 26 Jahre lang Leiter des *Worldwatch Institute* in Washington. Jetzt leitet er das *Earth-Policy Institute* hier. Er hat über 50 Bücher geschrieben, die in 40 Sprachen übersetzt wurden. Das ist weltrekordverdächtig auf Sachbuchebene. Ich hatte ihm eine E-Mail von Deutschland aus geschrieben:

Dear Mr. Brown,
as you know climate policy matters very much to Germans. We consider ourselves the green avantgarde on this planet

and we are world champions in seperating our garbage into what is recycable and what is not! One reason we disliked President Bush was his denial of climate change and refusal to take ecological action. At the same token we are very happy with President Obama now changing this stubborn policy. But are we naive maybe? Do things really change as much as it is necessary? I would love to talk to you when I am in Washington D.C. Do you think you could spare an hour to meet me then?
Best wishes
Thomas Kausch

Die Antwort kam schon einen Tag später:

Dear Thomas,
Lester could meet with you in the afternoon. If you are not already scheduled, sometime around 3 pm would work for him.
Best,
Reah Janise Kauffman
Vice President, Earth Policy Institute

Jetzt ist es kurz vor drei, und Lesters Büro ist genauso wie das von Jackson Janes. Teppichfliesen, Deckenfliesen, Wände aus Pappe. Allerdings hängt es voll mit Auszeichnungen und Urkunden aus aller Welt. Lester ist 75 Jahre alt, sieht mindestens zehn Jahre jünger aus und empfängt mich in kurzen blauen Hosen, kurzärmeligem blauem Hemd (ja, ja, aber mit Shorts und ohne Jackett ist das ja auch was völlig anderes) und Turnschuhen. Seine Haare sind grau und sympathisch wuschelig wie sie auch der Bobtail gerne trägt. Dass auch seine starken Augenbrauen grau sind, gibt ihm noch den letzten Schliff von Klugheit. Lester spricht leise, und er denkt nach, bevor er eine Antwort gibt. Manchmal lange. Manchmal auch sehr lange. Als ich später den Rekorder abhöre, stelle ich allerdings fest, dass meine erste Frage so unglaublich lang und kompliziert und völlig unverständlich ist, dass ich sie zum einen hier nicht wiedergeben kann, zum anderen Lester vermutlich deshalb eine so lange Denkpause braucht. Er wartet noch kurz ab, ob ich jetzt wirklich fertig bin, und erwidert dann:

»Lass mich den letzten Aspekt deiner Frage herausgreifen, Thomas. Ich glaube, dass internationale Klimaabkommen, Kyoto, Kopenhagen, dass alle international ausgehandelten Klimaabkommen nicht weit genug gehen können, weil der Fehler schon im System angelegt ist. Niemand will von diesen Konferenzen nach Hause kommen und sagen, dass er mehr gegeben hat als der andere. Das heißt, man hat generell eine Struktur, die zu Minimalergebnissen führt statt zu den riesigen Schritten, die dringend nötig sind. Zweitens dauert es viel zu lange, bis solche Abkommen erst ausgehandelt und dann noch in all den vielen Ländern der Welt ratifiziert sind. So viel Zeit haben wir nicht. Wir müssen jetzt handeln. Wir sollten deshalb nicht fragen, was die Verhandlungen mit, sagen wir den Amerikanern an Machbarem zulassen, sondern wir müssen einfach sagen, was nötig ist. 80 Prozent weniger CO_2-Ausstoß bis 2020 und nicht 80 Prozent weniger bis 2050, denn bis dahin ist das Spiel aus. Fortschritte wird es nur geben, wenn einzelne Länder mit solchen Schritten vorangehen, unabhängig von internationalen Abkommen.

Wenn ich mir nun die Obama-Regierung anschaue, da sitzen Leute, die sich dem Umweltschutz verschrieben haben, und viele von ihnen sind Wissenschaftler. Energieminister Steven Chu zum Beispiel, ein Nobelpreisträger in Physik, oder John Holdren, der Direktor des Büros für Wissenschaft und Technologie im Weißen Haus, Harvard-Professor für Umweltwissenschaft und Politik, Berater der Vereinten Nationen zum Thema Klimawandel und nachhaltige Entwicklung. Lisa Jackson, die Leiterin der EPA, der Umweltschutzbehörde der USA. Eine der wichtigsten Positionen überhaupt. Sie hat in Princeton Chemie studiert und war schon immer im Umweltschutz tätig. Und viele andere. Ein stärkeres Team kann man wirklich kaum bekommen. Und doch spürt man auch, dass die Öl-, Gas- und Kohlelobbyisten immer noch einen viel größeren Einfluss in Washington haben, als man vermuten würde.«

Man muss sich das mal vorstellen: Erst auf Anweisung von Obama gleich in den ersten 100 Tagen seiner Präsidentschaft folgt die US-Umweltbehörde EPA dem Konsens in der Klimaforschung, dass vom Menschen verursachte Kohlendioxid-Emissionen mitverantwortlich für den Klimawandel sind. Das ist wie das Eingeständnis, dass Wasser nass macht. Die Bush-Regierung hatte diese allgemein anerkannte Tatsache aber rundweg abgestritten und die EPA entsprechend angewiesen, um nichts für den Klimaschutz tun zu müssen. Die EPA-Chefin Lisa Jackson erklärte dagegen erst mal Kohlendioxid zu einem Umweltgift und schuf damit die verwaltungsrechtliche Voraussetzung dafür, dass die Umweltbehörde per Verordnung Grenzwerte für CO_2-Emissionen festlegen kann, wenn der Kongress beim Klimaschutz nicht aus dem Quark kommen würde. Damit konnte das Weiße Haus theoretisch auch ohne Reformgesetze aus dem Kongress schon 2009 eine radikale Wende in der Klimapolitik durchführen, aber Obama bevorzugte den Konsens und ein richtiges Gesetz, das dann auch über seine Amtszeit hinaus Bestand haben würde.

»Es ist möglich, etwas in Bewegung zu bringen, genauso wie die Bush-Regierung es ja auch geschafft hat, Dinge zu blockieren«, fährt Lester fort. Jetzt hat er sich warmgeredet. »Es gibt ein wachsendes Gefühl unter den Amerikanern, dass es in Zukunft nicht mehr so weitergehen kann. Die Werte, wegen derer Obama gewählt wurde, beginnen sich zu manifestieren. Es passiert etwas. Texas z. B. investiert massiv in Windenergie. Die werden bald Windenergie in großem Stil exportieren so wie früher Öl. Dabei bin ich mir gar nicht sicher, ob die texanischen Investoren überhaupt wissen, was das Kyoto-Protokoll ist. Und das ist auch nicht der Punkt für sie. Sie investieren nicht wegen Kyoto oder Kopenhagen, Klima ist gar nicht ihre Toppriorität, sondern sie wollen Geld verdienen und sie glauben, mit Windenergie können sie das. Und davon profitieren wir alle. Es ändert sich etwas, weil es unter wirtschaftlichen Aspekten betrachtet wird. Desert Tech, die Solaranlagen in der Sahara, plötzlich geht was.

Oder China. Die Chinesen bauen gerade gigantische Windanlagen, die kleinste mit 10000 Megawatt Leistung, die größte mit 20000. Ein einzelner Windpark mit 20000 Megawatt, das war bis vor kurzem die Gesamtleistung der USA oder auch Deutschlands. Bis zum Jahr 2020 wollen die Chinesen 100000 Megawatt erreichen. Sie haben realisiert, dass die Weiterleitung der Energie viel einfacher und effizienter ist, wenn die Windparks zentral zusammengelegt sind statt verstreut über das ganze Land. Und wenn man in diesem großen Ausmaß denkt und baut, lohnt es sich, auch gleich die Fabriken für den Bau der Turbinen und Windräder et cetera an Ort und Stelle zu errichten. Und so rechnet sich alles immer mehr. Bis vor kurzem hatten wir noch gedacht, dass Deutschland unser größter Konkurrent bleiben würde. Aber noch 2010 werden uns beide, Deutschland und Amerika, die Chinesen mit einem solchen Tempo überholt haben, dass wir sie nicht mal sehen werden.«

Nun, das war eine sehr ausführliche Antwort auf den letzten Aspekt meiner Frage. Ich stelle noch zwei kurze hinterher.

»Deutschland wird also seine führende Stellung verlieren? Oder sollten wir darüber gar nicht nachdenken, da es ja um die ganze Welt geht?«

»Ja, das sollte nicht unser großes Thema sein. Amerika wird enorm viel unternehmen, wir werden riesige Windparks vor der Ostküste bauen. Aber auch andere Länder. Die Türkei zum Beispiel ist sehr geeignet für Windenergie. Wir dürfen nicht länger in Schubladen denken, denn es gibt gar keine Schubladen. Zuerst müssen wir entscheiden, was zu tun ist. Dann tun wir es. Und erst als Letztes fragen wir uns, ob es möglich ist. Das ist die neue Herangehensweise. Wir werden nicht wissen, was möglich ist, wenn wir es nicht probieren.«

»Was kann Deutschland dazu beitragen?«

»Deutschland ist ein Vorbild. Obama kann auf Deutschland verweisen, wenn er seine Politik in den USA umsetzen will. Aber jedes Land hat besondere Eigenschaften und Stärken, mit denen es zu einer neuen Klimapolitik beitragen kann. Es ist nicht entweder oder, sondern sowohl als auch.«

Lester bringt mich noch zur Tür, er hat kein einziges Mal gelacht während unseres Gesprächs, nicht einmal gelächelt oder geschmunzelt. Das kann natürlich am Thema liegen oder auch an mir. Immer öfter kann man in Amerika allerdings jetzt auch in ganz normalen Zeitungen und nicht nur in Fachpublikationen, die der normale Cowboy in der Regel nicht kauft, lesen, welche ernsthaften Auswirkungen der Klimawandel haben kann: Trockenheit und Flut, Massenflucht und Migration, Pandemien und Kriege. Und deshalb versichern wir uns bei der Verabschiedung auch, dass Obama wirklich Wichtigeres zu tun hat, als sich mit dem Kongress über irgendwelche Kompromisse bei irgendwelchen anderen Gesetzen zu streiten. Der Mann muss verdammt noch mal die Welt retten. Haltet ihn nicht von der Arbeit ab! Und Lester muss jetzt auch zurück an den Schreibtisch und weiter an der Anleitung dazu schreiben: »Plan B 4.0 – Mobilmachung zur Rettung der Zivilisation«, so heißt sein neues Buch.

Es setzen sich ja auch viele Promis auf diesen Zug, Grün ist schick, und ehrlich gesagt, wenn's hilft, kann es uns ja nur recht sein. Leonardo DiCaprio zum Beispiel liegt die Umwelt unglaublich am Herzen, und er setzt sich enorm dafür ein. Ich wollte wissen, wie enorm genau, und bat ihn, mir doch ein paar Zeilen dazu zu schreiben. Das heißt, erst mal musste ich natürlich herausbekommen, wer sein Agent ist, denn so ohne weiteres redet Mr. DiCaprio natürlich nicht mit einem Journalisten aus Berlin. Die Agentur heißt *Sunshine, Sachs & Associates.* Sie sitzt in New York und vertritt viele große Stars. Und deshalb ist sie so cool, dass nur die Anschrift und eine Telefonnummer erscheinen, wenn man ihre Webadresse im Internet eingibt. Ohne jegliche Homepage-Gestaltung.

Der Agent hat natürlich noch einen Assistenten, der Agent-Assistent, den ich noch finden musste, denn so ohne weiteres redet der Presseagent von Mr. DiCaprio natürlich nicht mit einem Journalisten aus Berlin. Dann musste ich diverse E-Mails schreiben und Anrufe tätigen, denn der Assistent vom Agenten von Mr. DiCaprio ist natürlich im Prinzip genauso busy wie der Agent von Mr. DiCaprio und Mr. DiCaprio selbst. Die sind alle unheimlich busy. Hier ist unser kleiner E-Mail-Verkehr:

Von: Thomas Kausch
Betreff: German book project
An: Jeff O'Keefe, Sunshine, Sachs & Associates

Dear Mr. O'Keefe,
one big change the Germans are hoping for is the change in American climate policy. Since Mr. DiCaprio is passionately engaged in environmental issues and strongly advocates a

Green America I would like to write him a letter regarding this subject. But before I do this I would like to know, if I can expect an answer at all. We could exchange the letters by email of course and I could send in my part by the end of this week. I would be very grateful in deed. Changing our ecological awareness is one of the biggest and most pressing global challenges, isn't it?
Mr. DiCaprio might remember my wife, by the way. She is a photo artist and took a photograph of him together with Mr. Gorbachev and Roger Waters. The triptych was very successfully sold by auction afterwards at a Charity-Gala.
Since this is quite an ambush I attach my CV for your information or you just check me out on the internet.
Thank you for your efforts. Best wishes
Thomas Kausch

14 Tage später:

Von: Thomas Kausch
An: Jeff O'Keefe

Dear Mr. O'Keefe,
I have sent you an email the other day. I would be very grateful if you could send me an answer.
Best wishes
Thomas Kausch

Weitere vier Tage später:

Dear Mr. O'Keefe,
I've just called your office and have asked for you to call me back. I have left my number and you find it below as well. I

attach my original email to you again, so you know what this is about.
Best regards
Thomas

Sechs Minuten später:

Hi Thomas,
I've received your email reg your request for Leonardo. I haven't received an official answer if he's able to participate. He's currently filming so timing is very tight right now. I hope to have an answer for you by the end of the day.
Thanks, Jeff

Vier Tage später:

Any news, Jeff? Thanks, Thomas

Eine Stunde später:

Hi Thomas, sorry but we have to pass this time. Leonardo is in the middle of filming right now and wouldn't be able to contribute due to his schedule. Thanks for thinking of him. Jeff

20 Minuten später:

Thanks Jeff, just one last explanation in order to not get my request wrong: I would need a one page letter only about his ecological thoughts and I need it in four months. So it's really not a big thing and at the same time would boost the awareness of the issue.
Thomas

Keine Antwort mehr von Jeff, dem Assistenten des Agenten des Umweltschützers.

Beim Umgang mit Assistenten von Agenten von Prominenten ist das Timing natürlich alles. Zu lange warten, und sie vergessen dich wieder, zu sehr drängen, und sie sagen sofort ab. Im Nachhinein hätte ich also nach der ersten, ja gar nicht so ablehnenden Antwort, die ich nach mehreren Wochen und vor allem dem Telefonanruf (Achtung! Er kommt uns zu nah, wir müssen mal eine Antwort schreiben) bekommen habe, nicht schon nach vier Tagen wieder nachfragen sollen, und dann noch so kurz – Any news, Jeff? – was ist das auch für eine blöde Frage –, sondern ich hätte vier Wochen warten sollen vor der nächsten Anfrage, und dann netter, oder vier Monate, oder vier Jahre. Oder ich spreche halt mit Lester Brown, dachte ich dann, der ist echt.

Ich mag Washington. Ich finde es praktisch, wie an den Ampeln die Rotphase für die Fußgänger heruntergezählt wird. Das sollten wir auch einführen. Man wird nicht so ungeduldig, wenn man sieht, nur noch 55 Sekunden, und man kann einschätzen, ob man es noch über die Straße schafft in 15, 10, 5 Sekunden. Countdown in Washington. Noch drei Sekunden – das schaff ich! Ich mag auch die Flughafen-Autobahn, auf der man wirklich nur fahren darf, wenn man zum Flughafen will oder von ihm kommt. Keine Angst vor Staus für Last-Minute-Flieger wie mich. Natürlich mag ich auch die ganze politische Bedeutung, die historische Wucht, die monumentalen Bauten, aber auch die schönen Townhäuser. Es gefällt mir, wie der Angestellte von United Airlines das Boarding mit diesem Aufruf beginnt: »Erste-Klasse-Passagiere-100 000-Meilen zuerst.« Wow. Nicht nur First Class, sondern auch noch 100 000 Meilen! Das ist noch eine Klasse über der ersten Klasse. Ich wusste gar nicht, dass das geht. Es wird laut ausgerufen, denn jeder soll es wissen, und bewundernde Blicke folgen diesen Superpassagieren, während sie im Finger zum Flugzeug verschwinden, in dem man sie nie wieder sehen wird, weil sie woanders sitzen, wo man noch nie war und nicht weiß, wie es da aussieht. Da, wo man nie hinkommen wird. Aber kein Neid in diesen Blicken, nur Bewunderung. Es ist der amerikanische Traum: vom Economy-Class-Passagier zum First-Class-100 000-Meilen-Passagier. Jeder kann es schaffen. Was mir auch gefällt: Während des Fluges, als die Getränke verteilt sind und ich mal zur Toilette muss, sitzt davor in ihrer kleinen Ecke die Stewardess und liest in einem Magazin. Was liest sie? Kate Moss raucht Joints vor den Augen ihrer Tochter? Karl Lagerfeld hat 200 iPods? Nein, sie sitzt da in der Ecke, Flug United Airlines 141 von Washington nach Chicago, und sie liest einen Artikel in *Newsweek* über Obama: »How different is his policy?«. Wie viele deutsche Stewardessen lesen vorm Bordklo im *Spiegel* einen Artikel über Merkel. Wie ich schon sagte, Amerika ist politisch so interessiert wie lange nicht mehr. Überall.

Der Taxifahrer zum Flughafen war allerdings wieder schlimm. Diesmal ein Stoiker. Hat einen Dunkin'-Donuts-Kaffeebecher in der Ablage und greift wie ein Roboter alle 30 Sekunden in Zeitlupe zu diesem Becher, führt ihn zum Mund, trinkt einen Millischluck und stellt ihn wieder ab. Er wartet 30 Sekunden. Und der Greifarm kommt wieder hervor, fasst den Becher und führt ihn zum Mund. »Können Sie bitte nach vorne schauen, auf die Fahrbahn und nicht so nah auffahren?« Ich meine, ich hatte auf der Hinfahrt so ein Gespräch, warum nicht auch auf der Rückfahrt? Aber diesmal bekomme ich nur einen Blick aus Augen so leer wie die Mitte des Donuts, erst zu mir, dann zum Becher und später dann auch auf die Straße. Kann es aber vielleicht sein, dass ich ihn unterschätzt habe und er in Wirklichkeit ein waches Kerlchen ist mit besten Verbindungen in alle Welt, zum Beispiel nach Chicago, und da seine Taxifahrerkollegen auf mich aufmerksam gemacht hat, »Achtung, da kommt gleich ein Nervöser, und frech ist der auch noch, nehmt euch den mal vor.«?

2. Barack'n'Roll – in Chicago

Jedenfalls steige ich in Chicago ins Taxi, und der Fahrer fängt an zu singen. Und warum auch nicht? Er preist den Herrn und singt einen Gospelsong nach dem anderen. Wow, das ist toll, das ist originell, denke ich. Das ist wirklich Amerika. Super. Die Fahrt dauert aber ja recht lang vom Flughafen in die Stadt, und er singt immer weiter und immer lauter und steigert sich richtig rein. So was soll ja auch zu religiösen Trancezuständen führen, was das Gegenteil von Konzentration im Straßenverkehr ist. Oder aber der Typ hat sie einfach nicht mehr alle, und wenn man dann bedenkt, dass er als Fahrer des Autos, in dem ich sitze, ganz wesentlich mein weiteres Schicksal beeinflusst, kann man auch ins Nachdenken kommen. Zum Beispiel darüber, ob es – falls mit ihm nicht alles okay ist – besser ist, wenn ich ihn jetzt nicht unterbreche, auch wenn es mich inzwischen völlig nervt, weil er womöglich sauer wird, wenn ich seine religiösen Gesänge nicht zu schätzen weiß. Oder ob es nicht gut ist, wenn er so plötzlich aus der Trance rauskommt, und wer weiß, was dann passiert. Gott, wie wunderbar war die Fahrt mit dem Donut-Stoiker in Washington dagegen. Dann fasse ich mir aber doch ein Herz und bedanke mich in einer hohen Stimmlage, die ich gar nicht von mir kenne, für den tollen Gesang in den vergangenen 30 Minuten. Ich wisse das sehr zu schätzen, hätte aber schon beim Flug diese Kopfschmerzen gehabt und bräuchte einfach nur mal ein paar Minuten Ruhe.

»Oh, sorry, natürlich, überhaupt kein Problem.« Und es ist Ruhe. Warum hab ich nicht früher gefragt? Als wir am Hotel sind, gibt er mir noch ein »Nun danken wir dem Herrn für die sichere Reise« und vorsichtshalber auch noch ein »Möge der Herr mit dir sein« für unterwegs und ich ihm ein schönes Trinkgeld.

Erster Eindruck von Chicago: Das ist New York light. Als ich damals nach dem Studium nach Amerika ging, hatte ich mich ursprünglich bei einer Zeitung in Chicago beworben. Damit wollte ich einmal mehr beweisen, dass ich meinen eigenen Weg gehe. Yes. Nicht nach New York, wie so viele, Chicago, die verruchte und verrufene Stadt, das war mein Ding. Ich aber nicht ihres. Jedenfalls bekam ich dort keine Zusage, dafür in New York, und wer will schon nach Chicago, wenn er nach New York kann? Ich hatte also recht: Chicago ist New York an einem Sonntagmorgen. Eine Weltstadt für Familien. Wolkenkratzer auch, tolle Architektur überhaupt, klar, aber nicht ganz so hoch die Hochhäuser, alles weniger einschüchternd als in New York. Mehr Sonntagmorgen als Samstagnacht eben, und das, obwohl Chicago angeblich 20 000 Bars hat – mehr als jede andere Stadt in der Welt.

Natürlich führt mich mein erster Weg wieder zum *Four-Seasons*-Concierge. Wieder eine Frau, Kristen Klus heißt sie, ist Mitte 20, genauso natürlich blond wie ihr Name und könnte direkt aus Schweden kommen, amerikanische Cheerleaderin würde man ihr aber auch abnehmen. Tatsächlich ist sie aus Chicago und lispelt ein ganz kleines bisschen, was thehr thüth ist. Hat auf dem College Werbung studiert, war bei Disney World in Florida, gefiel ihr aber nicht, diese Kunstwelt, und so ging sie in die Hotelbranche. Und sie bestätigt meinen Eindruck: »Big City, Small Town«, sagt sie, das sei Chicago – alle Vorteile einer Großstadt, aber mit dem Midwestern-Charme. Eine schicke Stadt am See mit bedeutender Architektur, aber auf dem Teppich geblieben, immer die Working Class vor Augen. »Man findet die ganze Welt in Chicago, und es ist trotzdem authentisch«, meint Kristen. Und die Obamas, sagt sie stolz, vereinigen alles in sich. Natürlich wird sie ständig nach dem Obama-Haus in Hyde Park gefragt, die genaue Adresse bitte, der Designerin von Michelle, Maria Pinto, wo ist ihr Geschäft? *Spiaggia*, Obamas Italiener, Kristen, können Sie da reservieren? Und *Manny's Deli* natürlich auch, wo Obama sich Corned-Beef-Sandwiches holt, wo ist denn das, wie komm ich da hin? Der gleiche Effekt wie in Washington bei *Ben's Chili Bowle* und dem *Citronelle*. Das sei aber auch einfach cool, sagt Kristen, dass Obama jetzt Präsident sei, nachdem man ihn bis vor kurzem noch einfach an einer Ecke hier traf. »Ich bin wirklich wahnsinnig stolz. Gerade war ich in Afrika in Urlaub, da hängen immer noch überall Obama-Poster, und wenn ich erzählte, dass ich aus Chicago komme, wow, dann gab es ein großes Hallo.«

Es gibt natürlich jede Menge Touri-Touren durch »Obama's Chicago«. Kristen empfiehlt eine kleine private mit einem wirklichen Kenner. Kostet allerdings 80 Dollar pro Person und Stunde. Drei Stunden sind das Minimum, und ein Auto muss man sich für hundertzehn Dollar auch noch dazumieten. Hm.

Von Pommern bis zum Little Big Horn

Ich treffe mich lieber mit Professor J. D. Bindenagel, der sich um die International Affairs an der DePaul-Universität von Chicago kümmert. Jey Di, wie man ihn nennt, hat aufregende Jobs auch in Deutschland gehabt. Er hat als stellvertretender Botschafter in der amerikanischen Botschaft in Ostberlin, DDR, das Licht ausgemacht, nachdem die Mauer gefallen war. Er war bei den Zwei-plus-vier-Verhandlungen dabei, er war stellvertretender US-Botschafter in Bonn und er leitete als amerikanischer Spezialgesandter die Verhandlungen über die Entschädigungen von ehemaligen Zwangsarbeitern durch die Bundesrepublik Deutschland. Es ist kaum zu glauben, aber sein Büro hier in Chicago ist richtig schön. Ein Eckbüro – klein, aber fein – mit Blick auf den Wolkenkratzer nebenan und den riesigen Michigansee, der auch ein Meer sein könnte, weil man kein Ufer gegenüber sieht. J. D. sieht so unscheinbar aus wie die Gestalten, die zu DDR-Zeiten auf der Glienicker Brücke in Berlin die Spione ausgetauscht haben. Nur sein Siegelring ist auffällig.

J. D. ist Nachfahre eines Pioniers aus Pommern. Sein Urgroßvater gehörte dem Fünften Pommerschen Regiment auf Rügen an. Dann wanderte er aus nach Dakota und war an Colonel Custers Seite, bis der in der Schlacht am Little Big Horn gegen die Sioux unter Führung von Crazy Horse und Sitting Bull unterging. Er selbst wurde in Chicago geboren und sagt das Gleiche wie Kristen:

»Wir machen die Dinge hier einfach. Wir reden nicht darüber, wir prahlen nicht damit. So ist der Mittlere Westen. Yes, we can. Das kommt von hier. Wir schaffen das.«

Und gleichzeitig gibt es in dieser bodenständigen Stadt unglaublich viel Kultur, mehr Theater als in London und eine wegweisende Architektur. Hier hat Mies van der Rohe gewirkt. Und endlich, seit Obama, sei Chicago auch wieder ein Reiseziel, sagt J. D. genauso stolz wie Kristen.

»Wie sehen Sie die Deutschen, J. D.?«

»Ha, von der Wiege bis zur Bahre, Formulare, Formulare. Die Deutschen sind Dialektiker: These, Antithese, Synthese. Amerika dagegen ist eine Konsensgesellschaft, wir wollen gleich die Synthese, nicht erst These und Antithese. Deshalb verhandeln wir auch ganz anders. Wir nähern uns dabei immer mehr an. Deutsche sagen: So oder gar nicht. Wir glauben, dass wir viel gemeinsam haben, Deutsche und Amerikaner. Stimmt gar nicht …«

Mein Telefon klingelt. Es ist Jean Joho. Jean Joho?

»Thomas Kausch? Michel Richard hat mir gesagt, Sie sollen bei mir essen. Ich schicke Ihnen um sechs einen Wagen zum Hotel, der bringt Sie zu mir.«

»Äh, ja, okay, natürlich.« Michel Richard, der Obelix von Washington, hat tatsächlich den berühmten Jean Joho hier angerufen.

»Sorry, J. D., aber Jean Joho aus dem *Everest* …«

»Oh, kein Problem, das sollten Sie sich nicht entgehen lassen. Er ist berühmt.«

»Sind Sie eigentlich Jude?«

»Nein, warum?«

»Oh, ich kam nur darauf, weil Sie die Verhandlungen über die Entschädigung der Zwangsarbeiter geführt haben.«

»Die wenigsten, um die es ging, waren Juden. Von den 1660000 noch lebenden ehemaligen Zwangsarbeitern waren nur 149000 Juden. Die meisten waren Polen und Ukrainer. Es war nicht leicht. Ich wurde gefragt, weil ich so lange in Deutschland war. Ich hab es aus Pflichtgefühl gemacht.«

»Und?«

»Nun, ich habe eine Anerkennung der Schuld erwirkt, eine Entschuldigung und ein kleines Geld. Vor allem habe ich insbesondere bei den Polen ein Stück des Hasses abbauen können. Das war mein Beitrag als amerikanischer Diplomat zur Verbesserung der deutsch-polnischen Beziehungen.«

»Sie sind immer noch nicht ganz einfach, die Beziehungen.«

»Aber daraus kann sich eine Zukunft ergeben.«

»Sie haben Präsident Reagan damals aus Deutschland berichtet, wie die Pershing-II-Raketen bei uns so ankamen.«

»Ja, nicht so gut. Ich war bei der Demo im Hofgarten in Bonn 1981.«

»Da war ich auch, aber als Demonstrant.«

»Jetzt mögen wir uns ja wieder, Obama war schon so oft in Deutschland.«

»Wir groß ist unser Einfluss auf Amerika?«

»Ehrlich gesagt, ziemlich gering. Es kommt auf das Thema an und ob Deutschland sich damit auch in der EU durchgesetzt hat. Die EU ist wichtig für Washington. Die Klimapolitik ist so ein Thema. Da ist Merkel stark vorangegangen und da ist sie auch glaubwürdig wegen ihrer eigenen Biographie. Physikerin aus dem Osten, wo sie die Umweltverschmutzung erlebt hat. Und Umweltministerin war sie ja auch.«

»Und Obama hört dann auf sie?«

»Es gibt eine Verantwortungsgemeinschaft.«

»Was heißt das?«

»Obama kann nicht alles machen. Ratschläge von allen Seiten, und dann löst Amerika alle Probleme. Er hat es den Muslimen gesagt, den Israelis, den Afrikanern und auch den Afroamerikanern in den USA: Der Urlaub von der Verantwortung ist vorbei. Jeder muss Verantwortung übernehmen. Wir sind nicht der Weltführer, er appelliert an unsere Eigenverantwortung.«

»Wenn Israel für sich allein verantwortlich sein muss, könnte es meinen, die Atomgefahr im Iran lieber auszuschalten.«

»Israel kann den Iran nicht bombardieren. Das sind kluge Leute in Jerusalem. Zu viel würde in der ganzen Region explodieren. Die Situation im Iran erinnert mich an Russland kurz vor Gorbatschow. Da bewegt sich was. Da muss man nichts bombardieren.«

»Hoffentlich haben Sie recht. Ich muss los, J. D., sonst schaffe ich …«

»Viel Spaß im *Everest*.«

»Danke, noch einen Tipp für einen echten Chicago Jazz Club?«

»*Andy's*. Das Essen ist Durchschnitt, aber die Musik ganz weit darüber, und man kann als Familie hingehen.«

»Sind die Obamas schon da gewesen?«

Das weiß Professor Bindenagel leider nicht, dessen Ururgroßvater aus Pommern am Little Big Horn dabei war. Es ist ja auch egal. Es ist wirklich Zeit, ins Hotel zu fahren. Jeans Limousine kommt um sechs.

Mit einem 600-Gramm-Fleischklops kommt der Körper nicht klar

Das *Everest* liegt, wie der Name schon sagt, sehr hoch, und die Luft ist dort dünn. Es liegt nämlich im 40. Stock der Chicago Stock Exchange, der Börse. Ein guter Platz für ein Luxusrestaurant: Da muss man drüberstehen, über der Krise beziehungsweise drübersitzen. Mehrmals versichert mir Jean Joho, dass es heute ungewöhnlich slow im Restaurant sei. Das sei wirklich eine Ausnahme. Die Leute gingen generell zwar weniger aus, und von unten von der Börse seien auch schon mal mehr hochgekommen, aber alles in allem habe er keinen Grund zur Klage. Und solange noch ein 99er Romanée-Conti Grand Cru für 14000 Dollar in der Weinkarte steht, hat Jean ganz offensichtlich den Optimismus noch nicht verloren. Am Personal spart er auch noch nicht. Egal, wohin man schaut, da steht jemand im schwarzen Anzug und nimmt sofort Blickkontakt auf. Oder Obama ist da, und die sind alle vom Secret Service. So sehen sie jedenfalls aus.

Obama ist aber nicht da, war er auch noch nicht, obwohl Jean schon seit 25 Jahren in Chicago ist. »Weil's sauber ist und liberal und gut für Familien. Chicago statt New York, das ist so wie Lyon statt Paris.« Und obwohl Jean gut mit David Axelrod befreundet ist, Obamas engstem Berater im Weißen Haus. Jean versichert mir aber, dass der Präsident bestimmt bald kommen werde. Er zeigt mir, wo die Obamas gewohnt haben. Da hinten, da ist Hyde Park, das kann man von hier oben gut sehen. Man kann kilometerweit schauen. Und da unten rechts, das ist das alte Postamt, das größte der Welt, ein phantastisches Art-déco-Gebäude, steht schon lange leer und wird nur noch für Filmaufnahmen benutzt. Als Kulisse für Gotham City zum Beispiel im letzten Batman-Film.

Wenn er kein weißes Koch-, sondern ein schwarzes Kreativen-Outfit anzöge, könnte man Jean auch in der Werbebranche unterbringen. Die grauweißen Haare in lässiger Länge, die stylische schwarze Hornbrille und die Schau-mal-hier- und Schau-mal-da-Art. Es wäre aber eine Verschwendung, denn Jean kocht wirklich wunderbar. Und Gott sei Dank nicht elsässisch, obwohl er aus dem Elsass kommt. Eine kalte Michigan-Kornsuppe mit Jakobsmuscheln – die ist gut –, in Olivenöl gedünsteter Heilbutt aus dem Michigansee – der ist sehr gut –, gedünstetes Rinder-filet mit Waldpilzen – das ist phantastisch. Dazu zuerst ein 2006er Chardonnay aus dem Russian River Valley in Kalifornien und dann ein 2006er Pinot Noir aus Neuseeland, passen perfekt. Ein wirklich guter Platz, wenn 39 Stockwerke unter einem die Aktienkurse gestiegen sind, oder auch gefallen, ein Dinner auf dem Vulkan und 89 Dollar für ein Drei-Gänge-Menü machen den Braten dann auch nicht mehr fett. Und fast alles bio. Aber das betont Jean gar nicht mehr, weil es jetzt alle betonen. In jedem Deli an der Ecke in den großen Städten: New York, Washington, Chicago, San Francisco, L.A., alles bio. Gesund leben trotzdem immer noch die wenigsten. Jean ist ein Anhänger Rudolf Steiners und hat schon bio gekocht, als die Leute hier noch dachten, dass sei ein Fach in der Schule.

Die Gäste heute Abend sind sehr schick – aus amerikanischer Sicht, nicht französisch oder italienisch geschaut. Immerhin sind sie weder zu dick noch zu dünn. Wenn die Amerikaner sich vernünftiger ernähren würden, wäre gar keine Gesundheitsreform nötig gewesen. Na ja. Eine neue Studie hat jedenfalls ergeben, dass 2008 fast 150 Milliarden Dollar nur für die Behandlung von Übergewichtigen in den USA entstanden sind. Das ist schon ein dicker Batzen, um im Bild zu bleiben. Ich meine, wir Deutschen sind auch keine Inder oder Italiener, aber bei uns laufen nicht so viele mit Sauerstoffbrillen und Colaflaschen in der Hand rum. »Sie essen zu süß und zu salzig und zu viel Gluten«, sagt Jean, »die Amerikaner brauchen mehr Aufklärung, Bildung, Essens- und Lebensmittelbildung. Und weißt du, sie stopfen riesige Mengen in sich hinein. Ein 600-Gramm-Fleischklops, damit kommt der Körper einfach nicht klar.«

Ja, und deshalb kursieren jetzt auch Vorschläge, die Portionsgrößen gesetzlich festzulegen oder bestimmte Fettsorten zu verbieten, so wie die Transfette in Kalifornien, oder – und das wird es bestimmt einmal geben – Kalorienangaben zu jedem Gericht in den Speisekarten zu machen. Das Gesundheitsministerium hat überall Werbeplakate fürs Abnehmen aufgehängt. Aber was ist mit dem bescheuerten Eis in allen Getränken?! Totale Energieverschwendung im Körper, der sich ständig innerlich aufwärmen muss, und totale Energieverschwendung bei der Herstellung von Phantastilliarden von Eiswürfeln jeden Tag in Amerika. Die bescheuerten Klimaanlagen können wir dann auch gleich mit entsorgen. Verbrauchen Unmengen Energie und machen die Menschen krank. Das sollte mal einer ausrechnen, wie sehr die Umwelt und das Gesundheitswesen und am

Ende sogar der dumme Mensch von diesen einfachen Maßnahmen profitieren würden. Kein Scherz, das soll mal einer ausrechnen. Jean sagt, dass die Leute weniger ausgehen, habe immerhin dazu geführt, dass sie jetzt mehr zu Hause kochen und sich mit Lebensmitteln beschäftigen würden. Ja, genau, damit, wie sie die Fertigprodukte aus der Verpackung bekommen.

Die rechten Gehirnhälften werden wieder trainiert

Diane Gonzalez ist der Gerade-richtig-schlank-Typ, coole Sonnenbrille, Baseballcap über schulterlangen grauen Haaren, und erst aus der Nähe sieht man, dass sie schon über 60 ist. Sie ist Dozentin, wie man hier die Touristenführer nennt, die Ahnung von der Sache haben. Jeder sagt, man muss in Chicago mit dem Boot durch die Kanäle fahren, um die Architektur zu bewundern. Jeder macht das offenbar auch, denn schon das Zehn-Uhr-Boot ist rammelvoll. »Was heute in Chicago gebaut wird, wird fünf Jahre später irgendwo in der Welt kopiert«, sagt Gene. Sie redet 90 Minuten lang ununterbrochen. Aber weil sie nicht nur gut aussieht und weiß, wovon sie redet, sondern vor allem auch eine angenehme Stimme hat, macht das nichts. Im unteren Deck sitzen neben mir dagegen zwei Frauen, die diesen typischen amerikanischen Frauensingsang haben, von dem ich schon gesprochen habe. Diese laute Stimme, die am Ende des Satzes immer nach oben geht? Als stünde ein Fragezeichen dahinter? Auch wenn es gar keine Frage ist? Gestern waren wir am Navy Pier? Es war wunderbar? Und alles wird »gemacht«. Es wird nicht gegessen, sondern gemacht: »We did Pizza at Giordano.« »Did you do the Navy Pier?« »Of course, terrific, isn't it?« Auch auf dem Boot ist die Hälfte der Passagiere zu dick. Das hält sie natürlich nicht davon ab, bei den Cookies zuzuschlagen, weil die for free sind. Gene spricht dazu über die Balkonisation von Chicago. Alle wollen Balkone am Haus haben, an vielen Gebäuden wurden sie nachträglich angebracht. Auch die Wolkenkratzer haben fast alle Balkone. New York für Familien, wie gesagt.

Als wir wieder angelegt haben und aussteigen, steht ein Maler am Pier, der malt ein tolles Porträt einer Indiofrau oder so was. Allerdings malt er es von einem Foto ab, und bei genauerem Betrachten sieht er auch nicht montmartremäßig aus, sondern eher wie ein Broker auf Urlaub – und so etwas Ähnliches ist er dann auch. Am Pier ist eine Kunstschule, und er hat sich nur rausgestellt, weil das Wetter so schön ist. Er heißt Nicholas und malt hier nur am Samstag als Hobby, sagt er, »um die andere Gehirnhälfte zu trainieren«. Im echten Beruf sei er Berater für eine Software-Firma und reise als solcher durch die ganze Welt. Gerade sei er zum Beispiel aus Moskau und St. Petersburg zurückgekommen.

»Zwei der coolsten Plätze, an denen ich je war, hat alle Vorurteile zunichtegemacht, die ich über Russen hatte, Ost und West und der Kalte Krieg, du weißt schon. Sie waren so freundlich und entgegenkommend, es war wirklich toll.«

»Hat man dich als Amerikaner anders behandelt, jetzt nachdem ihr einen Präsidenten habt, der neue Töne im Ausland anschlägt?«

»Ein Unterschied wie Tag und Nacht. Früher hat sich keiner mehr so richtig interessiert. Jetzt ist die Neugier auf Amerika zurück. Leute wollen wissen, was bei uns passiert. Vorher waren die Türen geschlossen.«

»Finden die euch auch wieder sympathischer?«

»Ich weiß nicht, ob sympathisch das richtige Wort ist, aber ja, der Wunsch, zu verstehen, ist da. Und zusammenzuarbeiten. Das war vorher nicht da.«

»Und wie sieht es innerhalb Amerikas aus, da reist du ja auch?«

»Ach, weißt du, wir sind schon immer noch im Krieg mit uns selbst, aber das sind wir ja eigentlich immer, auf die eine oder andere Art, vom Bürgerkrieg über Weiß gegen Schwarz bis zu Republikanern gegen Demokraten. Die Cops gegen die Sox, es ist immer ein Kampf, das gehört anscheinend zu unserer Kultur.«

»Gar kein Unterschied also?«

»Doch, klar, die Leute sind wieder energiegeladen. Vorher waren sie ja apathisch, sie hatten sich aus der Politik zurückgezogen. Warum einmischen, wenn der Typ es sowieso versemmeln wird? Das hat sich völlig geändert. Vor allem natürlich auch in Chicago.«

»Alle ziemlich stolz hier.«

»Ja, natürlich, hat ja auch lange genug gedauert, dass man in Sachen Politik wieder mal stolz auf irgendwas sein konnte.«

John, der Tourguide im Doppeldecker-Bus ist Collegestudent, was er wegen der Trinkgelder erwähnt, die er gerne hätte, und er nennt den neuen Präsidenten aus Chicago »Barack'n'Roll Obama«, was ich bis dahin noch nicht gehört hatte. Ich finde, das bringt die Gefühle vieler absolut auf den Punkt. »Barack'n'Roll«. Fünf von vier Chicagoern seien Demokraten, sagt John. Er ist ganz witzig, wie er da auf dem oberen Deck den Entertainer gibt, und im Herbst wolle er auf Europareise gehen, sagt er mir noch, wozu auch ein Besuch beim Oktoberfest in München gehören müsse, nach allem, was er gehört habe. Tja, Berlin, da kannst du dich noch so sehr anstrengen, am Ende liegt Deutschland für die Ausländer immer noch in München. Lederhosen,

Bier, fettiger Leberkäse – das ist Deutschland. Genauso wie Hamburger und Knarren und Oberflächlichkeit Amerika für uns ist. Dass da was dran ist, zeigt sich auch wieder, als ich beschließe, ich brauche noch Schuhe: Die Verkäuferin im Geschäft sieht so aus, wie Schuhverkäuferinnen bei uns auch aussehen. Sie ist aber freundlich. Wahnsinnig freundlich.

»Könnte ich diese Schuhe da mal sehen?«

»Natürlich, großartig!«

»Haben Sie die auch in 43?«

»43, das ist fantastisch, ich hole sie.«

Eine Minute, zwei Minuten, … fünf Minuten …

»Es tut mir so leid, wir haben keine 43 mehr. Kann ich etwas anderes für Sie tun? Brauchen Sie vielleicht Handschuhe?«

»Nein, keine Handschuhe.«

»Das ist wundervoll, großartig, einen schönen Tag für Sie.«

Amerikanische Verabschiedung in der Sauna

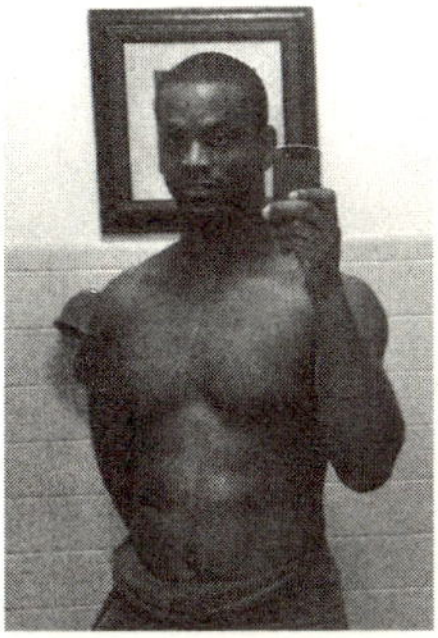

Abends gehe ich in die Sauna. Mache ich meistens auf Reisen, da lernt man Menschen ganz anders kennen. Den Concierge fragen, im Doppeldecker fahren, in die Sauna gehen – auf diese Weise bekommt man wirklich einen guten ersten Eindruck.

Nach einer Minute kommt ein Afroamerikaner rein, Typ Michael Jordan, Basketballer. Hey! Wir sind in Chicago – ist er das womöglich wirklich? Nein, es ist Steve James, und er arbeitet in einer Investmentbank, macht aber nebenher Actionfilme. Auch so einer, der die andere Gehirnhälfte nicht verkümmern lassen will. Langsam komme ich ins Grübeln in meiner einen

Hälfte. Als ich ihn fotografiert habe, hat er zurückgeschossen, und jetzt gibt es doch wieder ein unvorteilhaftes Foto von mir in Amerika, nachdem ich das plüschige Poolbutler-Polaroid so glücklich hatte vernichten können. Na ja.

»Berlin? Du kommst aus Berlin? Das ist großartig. Ich kenne nur Deutsche aus München«, sagt Steve.

»Weißt du, München ist nicht Deutschland, das ist genauso, als würden wir sagen, Amerika ist Dallas. Oder alle Amerikanerinnen sind wie Schuhverkäuferinnen.«

»2008 war ich in Paris. Das war unangenehm, weil die einen echt spüren haben lassen, dass sie Amerikaner nicht mögen.«

»Franzosen können arrogant sein.«

»Ja, aber das waren wir ja auch. Jetzt findet endlich wieder ein Dialog statt zwischen Amerika und dem Rest der Welt.«

»Ihr habt doch alles, ihr braucht doch keinen.«

»Früher vielleicht mal, aber in der Globalisierung kommt keiner mehr alleine klar.«

Es kommen noch zwei Männer rein, Michael und Jim aus Pittsburgh. Gepflegte Herrenrunde.

»Wie ist die Stimmung in Pittsburgh?«

»Bestens«, sagt Jim, »solange die Steelers gewinnen.«

»Aber auch sonst«, meint Michael, »Pittsburgh ist eine der Städte, die sich wandeln konnten, von der verrosteten Stahlstadt zur Dienstleistungs- und Elektronikmetropole. Deshalb wurde sie ja auch für den G20-Gipfel im Herbst 2009 ausgesucht. Als amerikanische Vorbildstadt.«

»Seid ihr schon mal in Europa gewesen, Michael, Jim?«

»Ja«, sagt Michael, »Amerikaner sind da ja nicht sehr beliebt, auch in Deutschland, da waren wir auch.«

»München?«

»Nee, Berlin.«

»Ach!«

»Aber wir konnten das verstehen, wir haben uns ja selbst geschämt für die Politik, die in unserem Namen gemacht wurde.«

»Na, jetzt wird ja alles wieder gut. Schön, dass wir euch wiederhaben. So wird auch mein Buch heißen, ich werde euch erwähnen. Sorry, aber ich muss jetzt wirklich raus.« Amerikanische Verabschiedung auch in der Sauna, schweißnasser Handschlag, feucht, aber kraftvoll:

»Thomas.«

»Michael.«

»Thomas.«

»Jim.«

»Thomas.«

»Steve.«

Steve muss auch raus.

»Steve.«

»Michael.«

»Steve.«

»Jim.«

Michael und Jim bleiben noch drin.

Während ich so darüber nachdenke, wie informiert und politisch interessiert die Amerikaner doch sind, sitzen im Cafe zwei Frauen Anfang 40 am Tisch neben mir und unterhalten sich. Die eine blättert dabei gedankenverloren in der *New York Times*, halb gleichgültig im Ausdruck, halb staunend, dass es so was gibt, eine Zeitung, und sie fragt ihre Freundin:

»Sag mal, liest du eigentlich regelmäßig Zeitung und verfolgst die Nachrichten?«

Die Freundin zuckt die rechte Schulter: »Mein Mann ist Newsjunkie, wenn irgendwas Wichtiges in der Welt passiert, zum Beispiel wenn sie untergeht, wird er mir das sagen.«

Desperate Housewives, oder was ist hier los?

Für die Fahrt zum Flughafen habe ich mir diesmal eine Limousine bestellt, die, die Jean Joho mir geschickt hatte. Auch nicht viel teurer als ein Taxi, es singt keiner, es sei denn, man verlangt ausdrücklich danach, und Donut-Kaffee wird auch nicht getrunken. Schade, dass ich keine Zeit mehr habe, sonst könnten wir jetzt noch kurz abbiegen Richtung Gary, Indiana, nur 45 Minuten entfernt, wo Michael Jackson geboren wurde, und auch Joseph Stiglitz, Nobelpreisträger für Wirtschaft. Gary war auch einmal eine Stahlmetropole, so wie Pittsburgh, hat aber die Transformation zu irgendetwas anderem bisher noch nicht geschafft. Auf Arte haben wir mal einen Film über Stiglitz gesendet: Er redet über die Wirtschaftskrise und läuft dabei 90 Minuten durch Gary, Indiana, das wie eine Geisterstadt aussieht. Vielleicht hat Michael Jackson da ja auch *Thriller* gedreht?

Die Ausfahrt nach Milwaukee ist natürlich auch verlockend: Harley-Davidson-Land. Aber was soll ich da mit Führerschein Klasse drei? Nur die letzte Ausfahrt vor dem Flughafen macht irgendwie gar nicht an, die heißt Mannheim Road, und nach Mannheim will man ja nun wirklich nicht, generell nicht und schon gar nicht, wenn man schon mal in den USA ist. Dann also weiter zum Flughafen, wo man auf dem Weg zum Gate an einem Glücksrad ein Upgrade gewinnen kann. Ich mache natürlich mit und gewinne auch noch, yeah! Leider sagt man mir dann am Gate, dass in der Business-Class gar nichts mehr frei sei, was ja die Voraussetzung war, wussten Sie das gar nicht? Na, vielleicht beim nächsten Mal, viel Glück. Vielen Dank. Ab geht's von Chicago, der Stadt, aus der der neue Präsident kommt, nach Dallas, die Stadt, in die der alte Präsident gezogen ist. Ob die auch so stolz da unten sind?

3. George Bush lebt nicht in einem Outlet – in Dallas

Flug UA 7680 nach Dallas ist voll, Platz 11 C am Gang ist nicht schlecht, bis der Passagier von Platz 11 A, Fenster, erscheint. Die Maschine ist klein, man sitzt recht nah beieinander. Mein Nachbar telefoniert noch vor dem Start. Mit seinem Bääääääby. Mit Haaaaaahhhhhhnie. Er ist einer von dort, wohin ich jetzt will, einer mit dem langgezogenen Kauuuuuguuumiiiii-Akzent der wunderbaren Südstaaten. Spontane IQ-Schätzung: – 1. Wer so spricht, ist ein Vollidiot. Zwei Stunden später, als wir landen: »War mir eine Freude, Paul, schön, dich kennengelernt zu haben.«

Wenn der Ölbohrer abbricht, kommt Paul

Paul Wilsonburgh kommt aus Fort Worth, dem kleinen Nachbarn von Dallas. Paul ist auch klein und könnte wunderbar so einen brüllenden Sergeant in *Eine Frage der Ehre* mit Tom Cruise, Jack Nicholson und Demie Moore spielen. Okay, die Haare sind nicht ganz so kurz. Einfache Jeans, einfaches Poloshirt, einfaches Handgepäck, alles in Blau, einfacher Typ. Keine Faxen. Die großen braunen Augen schauen mal neugierig direkt, mal unsicher schnell wieder weg, mal fragend wie eine Kuh. Dirk Nowitzki? Nee, der sagt Paul jetzt nichts, er habe es nicht so mit Basketball, mehr Football und Baseball und dazu ein Bier. Nowitzki? Nee. Ach doch, der mit der Freundin, die im Knast war? Der Deutsche bei den Mavericks?

Paul macht in Gas und Öl. Schon sein Leben lang. Mit 19 fing er in Wyoming an den Bohrtürmen an und im Laufe der letzten 29 Jahre wechselte er dann irgendwann in den Servicebereich. Hat lange »Fishing« gemacht, Sachen aus den Bohrlöchern rausgefischt, zum Beispiel abgebrochene Bohrer, oder einen Bohrer wieder zum Laufen gebracht, wenn der in über 26000 Fuß Tiefe stecken geblieben war. Seine Firma habe damit gute Geschäfte gemacht, denn ein Konzern wie BP lasse es sich einiges kosten, das Bohrloch wieder flottzumachen, wenn sie schon Millionen reingesteckt hat, sagt Paul. Er war schon mal monatelang in Alaska. Jetzt geht es fast nur noch um Gas statt Öl, und er arbeitet heute für eine Firma, die die Maschinen zum Bohren herstellt und Probleme mit den Maschinen löst. Komplettservice. So wie die Firmen, die das Asbest in den Gebäuden verlegt haben, die wurden dann auch mit der Asbestsanierung beauftragt, weil sie ja am besten wussten, wo das Zeug überall steckte. So verdienten sie doppelt. Paul fährt jedenfalls an die Bohrstellen und schaut, ob alles in Ordnung ist mit den Werkzeugen.

Ich wusste gar nicht, dass es in Amerika so viel Gas gibt. Aber jede Menge, meint Paul, überall, Michigan, Pennsylvania, New York, Virginia, da sei er unterwegs. Bis Amerika sich mit Wind und Sonne versorgen kann, werde es noch ewig dauern, meint er und ist sicher, dass das zu seinen Lebzeiten nicht mehr passieren werde – Paul ist immerhin erst 48. Er lacht über die Ökoträumer. Nicht verächtlich, aber er nimmt sie nicht ernst. Zumal der Energieverbrauch in den USA ja weiter verrückt hoch ist. Und schlimmer als Öl und Gas findet er auch die Kohlekraftwerke. Aus Pennsylvania fahren endlos lange Kohlezüge hinaus ins Land. Das sagt auch Lester Brown, sage ich, und dass die Auflagen für Kraftwerke jetzt verschärft wurden. Ach ja, sagt Paul. Er liebt Fort Worth, weil da alles glänzend und neu und modern ist, und es gibt viel Platz zum Autofahren. Nicht so wie in Chicago oder

New York, wo alles alt und eng ist. Für keine fünf Dollar fährt er da noch mal hin. New York, da war er einmal, nie wieder.

Mit Obama hat er im Moment nicht so ein gutes Gefühl, weil die Regierung so unglaublich viele Schulden mache, und irgendwann sei Pay Day, irgendwann müsse irgendwer die zurückzahlen, und dann werde man sicher die Steuern erhöhen. Er kann die Ausrede nicht mehr hören, dass Obama diese Last ja von Bush übernommen habe. Jetzt sei er Präsident, und jetzt sei es seine Wirtschaft. »Keine Ausflüchte mehr, verdammt, krieg den Arsch hoch und benutz deinen eigenen Kopf, Mann!« Das meint er jetzt generell, nicht persönlich. Dass Bush nun wieder in Dallas wohnt, na ja, Paul schüttelt den Kopf und zieht die Luft zischend durch die Zähne ein, da hätten die Menschen in Dallas schon gemischte Gefühle. Er sei zwar einer von ihnen, aber er habe schon einen verdammten Schlamassel angerichtet.

In Europa ist Paul noch nie gewesen, er hat Amerika überhaupt noch nie verlassen, außer einmal kurz nach Kanada. Er fühlt sich hier wohl und sicher, warum soll er woanders hin? Sein Sohn Travis sei da anders, der reise gerne ins Ausland. Travis hat in der Montana-League Baseball gespielt und ist so bis nach Europa gekommen, weil er da gegen europäische Mannschaften gespielt hat. Jetzt ist er 24, verheiratet und lebt in Portland, Oregon. Er ist Computerspezialist bei CDW – das ist so eine große Computerfirma – und arbeitet in den ganzen USA. Er ist offensichtlich so gut, dass seine Firma ihn fürs Wochenende immer nach Hause fliegt. Auf seine Tochter Carmen ist Paul auch stolz, sie ist 23, studiert noch und wird dann Ärztin. Sie sei unfassbar smart, sagt er. Man wolle ja, dass die eigenen Kinder es mal besser haben, und seine seien wirklich in der richtigen Spur. Er selbst lebt nach der Scheidung mit seiner Freundin und deren Sohn zusammen.

Vor uns in der Reihe sitzt eine ungeschiedene All-American-Vorzeige-Family: zwei Kinder, fünf und sechs, schätze ich, kleiner, gedrungener Daddy mit Baseballcap und blonde Mum. Daddy spielt auf dem Sony-Gameboy ein schickes Killerspiel, und es ballert durchs halbe Flugzeug, bis alle tot sind, dann reicht er das Spiel an seine Tochter weiter. Ich bitte sie, doch mal den Ton abzudrehen, und fürchte mich dabei ein wenig. Aber sie machen es, und dann tötet die Tochter still vor sich hin, bis sie keine Lust mehr hat und mit der Magnetic Barbie weiterspielt. Daddy döst so vor sich hin, und immer wenn er wach wird, kneift er seiner Frau einfach mal feste in den Arm, nur so, ist doch lustig, aber die findet das blöd. Das tut weh, sagt sie und schlägt ihre Tochter, als die quengelt, weil die Magnetic Barbie nicht richtig funktioniert. Aber jetzt tötet der Sohn schon am Gameboy. Der ist besetzt.

Die ganze moderne Technologie zum Öl- und Gasbohren sei ja in den USA erfunden worden, sagt Paul. Er will jetzt was loswerden, auch wenn ich in die Zeitung schaue. Ohne die USA wüsste in Arabien doch überhaupt gar keiner, wie er bohren sollte, oder in Russland. Die würden doch noch mit den Fingern nach Öl bohren, wenn Amerika nicht wäre. Ohne Amerika hätte die Welt kein Öl, und trotzdem scheint die Welt Amerika zu hassen, wundert sich Paul. In Kalifornien mag man die Ölfirmen auch nicht, die sind da ja so umweltverliebt und so grün. Dort hätten sie Leute wie Paul vertrieben. Aber jetzt, wo sie kein Geld mehr haben und neue Einnahmequellen brauchen, betteln sie, dass Leute wie Paul zurückkommen und vor der Küste neue Löcher bohren. Dabei arbeiten die amerikanischen Firmen sowieso sehr umweltfreundlich, wenn Paul das mal mit den Russen vergleicht, die verpesten alles an den Ölquellen, denen sei die Umwelt doch scheißegal.

Ich spreche ihn auf J. R. Ewing an, der wusste, wie es geht, und immer wenn er nach Hause kam, erst mal einen Drink nahm. »Ja, das waren noch Zeiten!«, lacht Paul, er trinkt aber nur Bier. Würde gerne am Wochenende ein paar davon im Stadion nehmen, wenn die Dallas Cowboys spielen, aber die Tickets sind einfach unverschämt teuer geworden. Obwohl es für ihn finanziell gar nicht schlecht gelaufen ist zuletzt. Er hat Aktien gekauft, als die ganz unten waren, und immer nur aus Bereichen, die er kennt, also BP-Aktien zum Beispiel. Die hat er bei 2,50 Dollar gekauft und sechs Wochen später für 8 Dollar wieder verkauft. Ford-Aktien wären auch gut gewesen, die gab's für 1,60 zum Schnäppchenpreis, da hätte man zuschlagen müssen, hat er sich aber nicht getraut. Aber er hat ja auch noch ein Stück Land oben in Michigan am See. Mit 20 hat er damit angefangen, Land zu kaufen und wieder zu verkaufen, und damit nebenher ein paar ganz gute Bucks gemacht. Jetzt hat er nur noch das Land oben in Michigan, bei Trevor City, der Kirschenhauptstadt der Welt, und da auch ein Holzhäuschen draufgesetzt. Da kann er leben und jagen, Wild und sogar Bären sind da. Die darf er aber nicht schießen, weil er keine Lizenz zum Bärentöten hat. Da wir gerade beim Jagen und Schießen sind, frage ich ihn noch nach Sarah Palin. Da zieht er wieder zischend die Luft ein und schüttelt den Kopf, ja die sei ja für ihn nicht schlecht, weil sie für Öl und Gas sei, aber dass sie den Job als Gouverneurin einfach aufgegeben hat … Es gefällt ihm nicht, wenn man die Dinge nicht zu Ende bringt. Und wie sie als Vizepräsidentin gewesen wäre? Wieder zischt es. Er glaubt, dass sie halbwegs okay ist, aber man möchte ihr doch noch nicht das ganze Land anvertrauen.

Anyway, die Leute hätten für den Wechsel und den Wandel gestimmt, aber man werde ja sehen, bis jetzt habe sich noch nicht viel gewandelt, höchstens zum Schlechteren, meint Paul. Die Autoindustrie zum Beispiel, da hätte der Staat gar kein Geld reinpumpen dürfen, das seien einfach lausige Manager, die da am Werk waren. Jahrzehntelang macht GM Gewinne, und dann kommen mal drei schwache Jahre, und sofort sind die pleite, come on! »Die Gewerkschaften schaden übrigens auch, mit denen kommt man auf keinen grünen Zweig.« Trotzdem, kommt dann der pflichtbewusste Patriot raus: Obama sei jetzt auch sein Präsident, auch wenn er ihn nicht gewählt habe.

»Kann ich dich was fragen, Thomas?«, fragt Paul, als wir schon im Landeanflug auf Dallas sind. »Warum mögen uns so viele nicht in der Welt?«

»Weil ihr so groß und stark seid«, sage ich, »und wenn ihr dann einen Macho als Präsidenten habt, der noch auf dicke Hose macht, dann ist das einfach zu viel. Wenn ihr aber einen habt, der bescheiden auftritt und von gegenseitigem Respekt spricht, dann geht es, dann sind wir immer noch nicht auf Augenhöhe, fühlen uns aber auch nicht mehr so klein.«

»Ja, ich hatte auch gemischte Gefühle, als wir uns als Weltpolizist aufgespielt haben. Die ganze Iraksache … Nicht dass wir uns falsch verstehen, Terroristen müssen gejagt werden, aber ob es den Irakern heute bessergeht als vorher, da bin ich nicht sicher.«

Wie damals bei Tony Blair

Der Chef-Concierge im *Four Seasons* in Dallas hat heute frei, und natürlich bin ich etwas enttäuscht. Wo soll ich jetzt meinen traditionellen Überblick bekommen? Ich denke gerade darüber nach, welches andere Grandhotel es hier noch gibt, als ein Mann aus dem Büro hinter der Theke kommt, der sich als der Direktor des Hauses vorstellt. Ob er mir denn vielleicht auch helfen könne? Warum nicht, und so trinke ich einen Tee mit Michael L. Newcombe. Er ist nämlich Brite, aus London, sieht allerdings mehr aus wie Marcello Mastroianni. So viel europäische Kultiviertheit hatte ich in Texas nicht erwartet.

»Wie hat es Sie denn hierherverschlagen?«

»Na ja, ich war einer der Manager, die Disneyland bei Paris aufgebaut haben, und ab da war ich eigentlich schon amerikanisiert. Ich war zwar auf der Business School in London und auch auf der Hotelschule in der Schweiz, aber Amerika hatte mich dann gefangen.«

»Aber ist es nicht ein bisschen sehr konservativ hier für einen Europäer?«

»Obama ist hier nicht wirklich der Superstar, das stimmt schon.«

»Und was halten Sie von ihm?«

»Mich als Brite hat das alles daran erinnert, als Tony Blair an die Macht kam. Damals gab es auch diese Aufregung und eine Begeisterung für Wechsel und Wandel und einen Neuanfang. Plus man hat hier natürlich den Respekt für einen Mann, der ganz offensichtlich hochintelligent ist. Seine Fähigkeit, Reden zu halten, ist herausragend. Das Bild, das Europäer von Amerika haben, wird sich dadurch sehr ins Positive verändern. Es war auch eine kluge Entscheidung, Hillary Clinton zur Außenministerin zu machen, denn die Sympathie für die Clintons ist ja immer noch da.«

»Wie hat denn Dallas darauf reagiert, dass Bush sich hier wieder niedergelassen hat?«

»Oh, da ist eine Freude, dass er nach Hause gekommen ist, er war ja zuvor lange hier. Er war Mitbesitzer der Texas Rangers, des Baseballteams, es ist sein zweites Zuhause, seine Ranch ist ja auch nur zwei Stunden entfernt. Ja, er ist heimgekommen hierher, das war wohl unvermeidlich.«

»Unvermeidlich?«

»Nun ja, man ist stolz, ihn hier zu haben. Aber selbst die stursten Republikaner wussten andererseits auch, dass seine Zeit abgelaufen war.«

»Sie glauben, dass es einfach nur um einen Wechsel ging, gar nicht so sehr um Obama, also so wie damals bei Blair, als man von der Thatcher- und Major-Zeit genug hatte? Oder wie in Deutschland, als man nach 16 Jahren Kohl einfach satt davon war?«

»Obama ist ein inspirierender Redner. Seine Fähigkeit in öffentlicher Rede, in Leidenschaft, in Vision ist sehr überzeugend, so wie es in den Medien rüberkommt, dazu die Krise. All das zusammen ergab den Willen nach Wechsel, das rückt Bush nicht unbedingt in ein schlechtes Licht, finde ich. Ich bin neutral in meinen politischen Ansichten, aber ich habe auch gesehen, wie populär Blair mal war und wie es am Ende dann wieder abwärtsging. Für jeden Politiker kommt eine Zeit, wenn es vorbei ist.«

»Man sieht Bush nicht viel in Dallas, oder?«

»Gelegentlich bei großen Sachen. Er hat zum Beispiel die Münze geworfen beim Eröffnungsspiel der Cowboys im neuen Mega-Football-Stadion vor 100 000 Zuschauern. Aber generell hält er sich eher zurück. Er ist around, aber low key.«

»Warum?«

»Ich glaube, er verbringt viel Zeit auf seiner Ranch, und wahrscheinlich schreibt er auch ein Buch so wie alle Präsidenten, aber das ist reine Spekulation. In der Gesellschaft in Dallas tritt er jedenfalls nicht sonderlich auf.«

»Mögen Sie Dallas?«

»Dallas ist eine interessante Stadt. Wenn man aus einer Walking City kommt wie London oder Paris, ist es eine Umstellung. Dallas ist eine Driving City, das macht es etwas ungemütlich.«

»Macht man hier immer noch sein Geld mit Öl?«

»Es gibt viel altes Geld vom Öl, Exxon hat auch immer noch sein Hauptquartier hier, aber auch Kimberly Clark, American Airlines, AT&T sind gerade hierhergekommen. Viele Firmen sind nach Dallas gekommen. Wirtschaft, Flughafen und Klima sind hier gut, die Firmen können sich günstig ansiedeln, und auch Angestellte können noch Häuser kaufen, die bezahlbar sind.«

Mr. Hagman fühlt sich sehr geehrt

Also, ich lobe mir die Walking Citys. Ich fahre rein nach Dallas, und nichts, aber auch gar nichts ist hier schön. Eine Tankstelle und ein Fastfood-Laden nach dem anderen, die üblichen Highway-Spaghettiknoten, und die Texaner fahren wie Cowboys durch ihre Driving City. Fast hätte es geknallt, als plötzlich einer neben mir auftaucht, während ich die Spur wechsle. In einer leeren Riesen-Mall läuft tatsächlich Mark Medlock, so ein zwei Jahre alter Sommerhit, es ist alles sehr deprimierend. Bohlen-Songs in Dallas' Malls. In der Innenstadt finde ich sofort einen Parkplatz in der Elm Street, das ist bis jetzt das einzig Gute. Etwas weiter die Straße runter wurde allerdings JFK erschossen. Aber so oder so muss ich mich erst mal stärken und gehe jetzt zu *R. J.*, ein Super-Mexikaner, sagt man.

Apropos *R. J.* Die Southfork Ranch gibt es übrigens immer noch, man kann Bustouren dahin machen, Gruppenreisen billiger, also lieber nicht. Und ich habe natürlich auch versucht, mit J. R., alias Larry Hagman, Kontakt aufzunehmen, noch von Deutschland aus. Er war ja schwerkrank, hatte eine Nierentransplantation, glaube ich, oder war es die Leber? Ja, doch, es war die Leber. Berufskrankheit. Jedes Mal, wenn J. R. nach Hause kam auf die Southfork Ranch, egal zu welcher Tageszeit, führte der erste Weg direkt zur Bar im Wohnzimmer, vorbei an Sue Ellen und Miss Elly und Jock und Bobby, die hatten ja schon. Erst mal einen schönen Whiskey aus der Bleikristallkaraffe, und die haben da bestimmt keinen Apfelsaft getrunken. So große Rollen spielt Hagmann ja inzwischen nicht mehr, deshalb dachte ich, er hätte vielleicht Zeit, denn er engagiert sich auch für die Umwelt wie sein Kollege Di Caprio. Angeblich hat er das ökologischste Haus in Amerika, und darüber hätte ich natürlich gerne mit ihm gesprochen.

Dear Mr. Hagman,
one big change Germans are hoping for is the change in American climate policy. Since you are passionately engaged in environmental issues and strongly advocate a Green America I would like to write to you …

Na ja, was ich den DiCaprio-Leuten halt auch geschrieben habe.

Auf seiner Homepage gibt es die E-Mail-Adresse media@ larryhagman.com, und an die habe ich natürlich geschrieben, da kam aber dann die Fehlermeldung: Hi. This is the qmail-send program at mymail.myregisteredsite.com. I'm afraid I wasn't able to deliver your message. This is a permanent error; I've given up. Sorry it didn't work out.

Seit wann gibt man hier auf? Danach habe ich es mit mail@ larryhagman.com probiert, da kam zwar keine Fehlermeldung, aber auch keine Antwort. Dann habe ich es über seine Tochter probiert, die in San Francisco, glaube ich, als Malerin oder Bildhauerin arbeitet und die mit Larrys Seite verlinkt ist. Aber auch von da kam nichts. Doch nach zwei Wochen dann plötzlich eine Mail von einer Adresse, an die ich nie geschrieben hatte:

Dear Mr. Kausch,
Larry Hagman has requested that I respond on his behalf to your request. Although Mr. Hagman is flattered by your interest and finds your project compelling, he is currently over scheduled for the next few months and is unable to make any further commitments. He regrets that he will be unable

to participate and hopes you will understand.
Good luck with the project … Teri

Teri Prather
Assistant to Larry Hagman, Majlar Productions
9950 Sulphur Mountain Road, Ojai, CA 93023

Mit dem »project« ist natürlich mein Buch gemeint. Und hey, J. R., der wahre John Wayne, ist »flattered« von meiner Anfrage, er fühlt sich geschmeichelt und er findet mein project »compelling«, unwiderstehlich. Wow. Klar ist Larry over scheduled, wer hätte dafür kein Verständnis. Und anders als Mr. DiCaprio muss Larry auf Tour gehen, damit das Geld auch weiter reinkommt. Um die Auftritte in schrecklichen Holiday-Inn-Veranstaltungssälen irgendwo in der Provinz ist er gewiss nicht zu beneiden. Schade, ich hätte ihn wirklich gerne getroffen, denn unser Bild von ihm ist so falsch. Ich meine, wenn man sich einen Bush-Wähler malen würde, dann doch J.R. Ewing. Aber Larry Hagman ist tatsächlich ein großer Obama-Unterstützer.

Ron kann aus der Hüfte schießen

Statt zu J. R. gehe ich also zu *R. J.*, dem Mexikaner, bei dem sich die ganzen Ölbarone zum Lunch treffen, hat man mir gesagt. Als ich reinkomme, bin ich natürlich der einzige Gast. Nicht ein Typ in Anzug und mit Cowboystiefeln, so wie ich mir das vorgestellt habe. Der Bartender scheint zu spüren, dass ich auf der Suche nach Klischees bin, und irgendwie scheint ihn das zu provozieren, jedenfalls sieht er mich herausfordernd an: Rücken durchgedrückt, Hände in die Hüften gestemmt, das Kinn leicht nach vorne geschoben, die Augen leicht zusammengekniffen, kein Lächeln auf den Lippen. Fehlen eigentlich nur die Colts rechts und links am Bein. Der Mann schießt aus der Hüfte. Ich gehe mutig auf ihn zu und komme gleich zur Sache. So einer will gleich zur Sache kommen, das spürt man.

»Hi, ich bin Thomas aus Berlin.«

»Ron.«

»Ich suche das neue Amerika. Hast du es vielleicht gesehen?«

»Sehr witzig.«

»Kleiner Scherz, ich recherchiere für ein Buch, das heißt: Dear Americans, schön dass wir euch wiederhaben.«

»Das ist verletzend.«

»Wieso verletzend?«

»Weil es eine Beleidigung für Präsident Bush ist und damit auch eine Beleidigung für mich. Neulich waren Leute aus der Schweiz da, denen habe ich auch schon gesagt, jeder denkt, dass ganz Amerika hinter diesem angeblichen Wandel steht, nein, nur die Hälfte der Amerikaner ist für Obama, und die Zustimmung sinkt immer schneller.«

»Na ja, aber man …«

»… nur die Hälfte und für die andere Hälfte, für die, die nicht Obama gewählt haben, ist das jetzt ein vierjähriges Experiment, das wir da haben. Ich habe nicht für Obama gestimmt. Verstehst du? Ich habe nicht für ihn gestimmt. 50 Prozent mögen ihn nicht. Europa ist ein bisschen sozialistisch, ihr mögt ihn, klar, aber ich mag ihn nicht, und die Hälfte der USA mag ihn nicht.«

»Wieso hältst du Europa für sozialistisch?«

»Ich weiß es nicht persönlich, das ist das, was man hört. Das klingt jetzt natürlich ungebildet, aber das hat man mir erzählt und – wo kommst du noch mal her?«

»Deutschland.«

»Okay, wir wollen nicht Frankreich sein, weißt du, wir wollen nicht Europa sein, auch wenn wir da alle herstammen, ich will so nicht sein. Frankreich ist Sozialismus. So wollen wir keine Geschäfte machen. Wir wollen kein sozialistisches Land sein. Wir wollen kein Wohlfahrtsstaat sein. Wenn du wissen willst, was aus einem Wohlfahrtsstaat wird, schau dir Kalifornien an. Du weißt, was in Kalifornien los ist?«

»Ja, pleite, aber Deutschland ist auch ein Wohlfahrtsstaat, und es läuft ganz gut bei uns.«

»Okay, das ist ein guter Punkt. Ich weiß nichts von Deutschland und ich wusste nicht, dass es ein Wohlfahrtsstaat ist.«

»Ja, wir haben ein starkes soziales Sicherheitsnetz.«

»Ja, ich denke, ein bisschen so was wollen die Leute hier jetzt wohl auch haben, aber nicht alles, wir wollen nicht Frankreich sein. Schau dir Kalifornien an. Alle Wohlfahrtsstaaten haben auch ein riesiges Problem mit den Einwanderern. Alles unter dem Deckmantel des sozialen Wohlfahrtsstaates, und du siehst, wo das hingeführt hat. Ich hab in Kalifornien gelebt, ich weiß, wovon ich rede.«

»Kommst du aus Texas oder Kalifornien?«

»Ich bin in Texas geboren, aber ich hab in Kalifornien gelebt.«

»Hier in Dallas geboren?«

»Ja, und der Besitzer dieses Restaurants, mein Chef, ist in Pakistan geboren! So ist das. Wenn du also nach dem neuen Amerika unter Barack Obama fragst, verstehen wir das als Beleidigung für George Bush. George Bush hat mich nicht beschämt und er hat unser Land nicht beschämt. Und es ist Tatsache, dass es ein Problem in dieser Welt gibt, und dieses Problem ist Terrorismus. Leute müssen um ihr Leben fürchten. Schau in die Geschichte. Denk an Chamberlain. Es hat nicht funktioniert.«

»Du meinst die Appeasement-Politik, gegenüber Hitler?«

»George Bush ist diesen Weg nicht gegangen. Und Israel geht

diesen Weg auch nicht. Es funktioniert nicht. Diese Leute wollen dich tot sehen.«

»Ja, aber Bush hat die Probleme mit seiner Art ja nun nicht gelöst, Obama versucht es nun auf eine andere Art.«

»Und Barack Obama wird sie so auch nicht lösen.«

»Glaubst du nicht?«

»Nein.«

»Du glaubst, man muss Härte zeigen?«

»Ich glaube, wir müssen alle zusammen stark sein, die USA, Frankreich, Deutschland, England, Europa. Und wir hier in Amerika haben nicht das Gefühl, dass ihr stark an unserer Seite steht.«

»Na, jetzt mit Obama stehen wir wieder stark an eurer Seite.«

»Du weißt darüber sicher mehr als ich.«

»Aber du hast doch bestimmt die Bilder gesehen. Noch bevor Obama gewählt wurde, 200 000 Menschen in Berlin jubelten ihm zu, als wenn er unser Präsident wäre.«

»Ja, ich gebe zu, es ist sehr wichtig, dass Europa und jeder unseren Präsidenten mag, denn wir müssen zusammenarbeiten. Stimmt's? Wir müssen zusammenarbeiten.«

»Aber ist er nicht auch dein Präsident jetzt, ich dachte immer in Amerika …«

»Er ist mein Präsident, und ich respektiere ihn als Präsidenten. Trotzdem, ich mag vieles nicht an seiner Politik. Ich habe Bush unterstützt, und die beiden sind wie Äpfel und Birnen. Ich bin kein Demokrat. Du musst mit liberalen Demokraten reden.«

»Hab ich. Ich komme gerade aus Chicago – ganz andere Geschichte da. Natürlich sind sie stolz, weil Obama aus Chicago kommt. Seid ihr hier auch stolz, dass die Bushs sich in Dallas niedergelassen haben?«

»Ja, klar, keiner schämt sich für George Bush. George Bush hat Haltung gezeigt, und dass die Wirtschaft zusammengebrochen ist, ist doch nicht nur seine Schuld.«

»Aber was glaubst du, warum hat er dann beim Rest der Welt so einen schlechten Ruf? Wir sind ja nicht alle blöd.«

»Nein, natürlich nicht. Ich weiß nicht, was da passiert ist, ich weiß wirklich nicht, was da passiert ist. Sag du es mir.«

»Nun ja, Irak ist natürlich der Schlüssel. Wir haben nach den Terroranschlägen alle an eurer Seite gestanden, wir sind mit euch nach Afghanistan gegangen, bis heute, Irak hat die Geschichte gedreht.«

»Ja, und ich sag dir was: Für uns ist das auch ein Konflikt. Offensichtlich war das ein Fehler. Wozu das Ganze, es ist wie mit Vietnam, wozu? Ich war ein Kind damals, aber ich erinnere mich, wie die Regierung gesagt hat, wenn wir Vietnam an die Kommunisten verlieren, verlieren wir ganz Asien. Die Dominotheorie. Mit der gleichen Dominotheorie sind sie uns Jahrzehnte später wieder gekommen. Worum geht es jetzt? Um Öl? Um Russland? Damit die Russen nicht den Ölmarkt für sich besetzen und manipulieren? Sind wir deshalb da? Es muss ja einen echten Grund geben. Es kann ja nicht nur wegen Saddam gewesen sein.«

»Natürlich ging es um Öl, Bush, Cheney, Rumsfeld, alle waren und sind im Ölgeschäft.«

»Ich glaube, du hast recht. Und da sind wir uns einig. Es war ein Fehler, und was der uns an Geld gekostet hat.«

»Ich frage mich, wie die Präsidentschaft von Bush verlaufen wäre, wenn es nicht die Terroranschläge gegeben hätte, danach den Krieg gegen den Terror, Afghanistan, Irak. Wahrscheinlich wäre das eine gemütliche Präsidentschaft geworden. Die Amerikaner hätten acht Jahre lang fröhlich gegrillt, und wir wären immer gerne auf ein Würstchen vorbeigekommen!«

»Ja, glaube ich auch. Aber du weißt ja, es heißt, in jeder Präsidentschaft gibt es einen Moment, der alles Weitere definiert. Den defining moment.«

»Na, lass uns hoffen, dass es bei Obama kein schrecklicher

Moment sein wird. Wie reagieren die Gäste im Restaurant eigentlich auf den neuen Präsidenten? Was sagen sie, wie ist die Atmosphäre hier?«

»Es ist 50/50. Genauso wie das Land 50/50 ist, habe ich ja schon gesagt. Ich bin ein konservativer Republikaner.«

»Deine Gäste auch?«

»Die sind gespalten.«

»Wirklich, selbst hier in Dallas, 50/50?«

»Überall.«

»Aber nicht in Dallas!«

»Dallas hat altes, konservatives Geld, aber auch neues, liberales. Es gibt viele hier, die Obama mögen. Ich mag ihn nicht. Ich glaube nicht an die liberale Politik. Ich glaube nicht an all das.«

»Das heißt, Amerika ist unter Obama genauso gespalten wie unter Bush.«

»Absolut. Die Medien machen ihn zum Star. Aber er ist nur ein Mann, und er hat keine große Erfahrung. Er hat mit Extremisten abgehangen.«

»Das ist doch Wahlkampfpropaganda. Mal faktisch: Wenn sich die Dinge verbessern würden, das Gesundheitssystem, die Wirtschaft, Bildung, internationale Beziehungen, alles, was er angepackt hat, würdest du ihm das anrechnen und dann vielleicht das nächste Mal für ihn stimmen?«

»Ich würde ihm das hoch anrechnen, aber ich würde sagen, es ist dann ein Teamerfolg, nicht nur seine Leistung.«

»Würdest du denn für ihn stimmen?«

»Alles, was ich sagen kann, ist, dass ich immer geschworen habe, niemals für Clinton zu stimmen, und inzwischen finde ich ihn gut. Also, wer weiß? Aber wie will Obama das alles umsetzen? Wie soll das funktionieren? Die wahnsinnigen Schulden. Wie soll das gehen? Das müssen wir zurückzahlen, wir, die Steuerzahler.«

»Ich bin kein Finanzexperte, ich sehe nur, dass alle Länder das so gemacht haben, auch Deutschland oder China, weil die Weltwirtschaftskrise in den Dreißigern des vergangenen Jahrhunderts gezeigt hat, dass Sparen genau das Falsche war.«

»Ja, ich weiß es nicht, und ich glaube, die wissen es auch nicht. Alles, was ich weiß, ist, dass wir jetzt wohl alle zusammenhalten müssen. Ich wünsche mir, dass Deutschland, Frankreich, England – unsere traditionellen Freunde –, ich möchte, dass wir wieder Freunde sind. Wir hatten eine rauhe Zeit, ich möchte, dass wir eins sind. Soweit ich verstanden habe, habt ihr genug davon, dass wir den Boss spielen wollen, die ganze Welt beherrschen.«

»Ja, das kann man so sagen.«

»Logisch, so was mag doch keiner. Wenn mein Nachbar mir erzählen würde, wie ich mein Leben führen sollte, würde ich das auch nicht wollen. Ich will, dass wir wieder Freunde und Partner sind und stark zusammenstehen.«

»Das wäre schön.«

»Ich will dir auch noch sagen, dass ich nicht immer ein Bartender war. Ich war ein Police Officer, 20 Jahre lang, und ich glaube, das werde ich auch wieder machen. Ich mache nur so eine Art Urlaub, ich war nicht mein Leben lang Bartender. Ich lese drei Zeitungen am Tag. Die Sonntagsausgabe der *New York Times* ist was ganz Besonderes zum Beispiel. Und ich hoffe, ich habe dir ein paar Einblicke geben können, und du hast mir welche gegeben.«

»Wo warst du denn Polizist?«

»In San Diego und in Dallas.«

»Und warum hast du aufgehört?«

»Oh, ich fange wieder an, musste nur mal Abwechslung haben, mich wieder orientieren, ich gehe zurück nach San Diego«, sagt Ron und schaut auf seinen pakistanischen Chef. »Das hier ist nur ein Ferienjob. You know, vorher habe ich die Leute wegen Trunkenheit am Steuer drangekriegt, jetzt mache ich sie betrunken. Ha. Das ist doch witzig.«

Dear Mr. President

Gleich um die Ecke von *R. J.* wurde »Geschichte gemacht«, so steht es auf dem Flyer des *Sixth Floor Museum*. 411 Elm Street, Ecke Houston, das Texas-Schulbuch-Lager, 22. November 1963. Im sechsten Stock lauert Lee Harvey Oswald am Fenster, versteckt hinter einer Wand aus Kartons. Von hier aus erschießt er John F. Kennedy, als der Präsident im offenen Wagen vorbeifährt, neben ihm Jackie, seine Frau, im rosa Kostüm mit rosa Hut. Beide lächeln fröhlich, Dallas hat wirklich bewiesen, dass es nichts gegen Kennedy hat, den reichen Ostküstendemokraten, der hier im Süden auf Werbetour für seine Wiederwahl ist, als die Schüsse einschlagen.

Dieser Ort nimmt einen mit, minutiös im Ablauf der Tat und emotional. Natürlich weil man am Originalschauplatz ist, wo Geschichte gemacht wurde. Die Gänsehaut-Momente sind zahlreich, gerade *weil* die Ausstellung sich nüchtern an die Fakten hält. Ein älterer Amerikaner hört, wie ich wieder mal auf Deutsch telefoniere, und erzählt mir, dass er in Wiesbaden stationiert war, als die Kennedys erschossen wurden. Erst John, dann, 68, sein Bruder Bobby, während einer Wahlkampftour in Kalifornien. Er habe einen Bericht über Bobbys Auftritt im Radio gehört, als etwas später seine Schwester anrief, um ihm zu sagen, dass Bobby ermordet worden sei, aber er habe sie gar nicht zu Wort kommen lassen und sofort auf sie eingeredet, »Fantastisch der Bobby in Kalifornien, besser könnte es wirklich nicht laufen!«, bis sie ihn endlich unterbrochen habe, und dann sei er wie gelähmt gewesen. Noch jetzt, während er mir das erzählt, scheint er den Tränen nah zu sein. Die Geschichte ist an diesem Todesort unglaublich lebendig. Die Bilder, Filme und Dokumente, die Begeisterung für Kennedy, der weltweite Schock nach seinem Tod, die unglaubliche Trauer – in diesem Moment an diesem Ort scheint Obama noch nicht so weit, Kennedys Platz einzunehmen.

Während die Obamas Urlaub auf Martha's Vineyard machen, da, wo auch die Kennedys immer hinfuhren, stirbt Ted Kennedy, der letzte der drei großen Brüder, im Spätsommer 2009. John, der als Präsident ermordet wurde, Robert, der im Präsidentschaftswahlkampf ermordet wurde, Ted, der fast ein halbes Jahrhundert lang Senator war und mit seinem Versuch, Präsident zu werden, 1980 schon in den Vorwahlen scheiterte. Gut zehn Jahre zuvor war er mit seinem Auto in einen Fluss gefahren. Er konnte sich aus dem Auto befreien. Seine Freundin konnte es nicht, und er hatte sich vom Unfallort davongemacht, ohne Hilfe zu holen. Erst in seinen späteren Jahren wurde er zu einem reifen Mann und Politiker, einer der liberalsten und sozialsten in Washington, einer, dem die Gesundheitsreform, eine Krankenversicherung für alle Amerikaner, eine Herzensangelegenheit war, ein wichtiger Förderer Obamas. Der Präsident hält auch die Trauerrede.

Irgendwie merkwürdig, dass sich in der Stadt, in der der beliebteste amerikanische Präsident erschossen wurde, der unbeliebteste niederlässt. Jedenfalls hat George W. Bush nach Ansicht der meisten US-Historiker die besten Chancen auf diesen Titel – auch dauerhaft. Es gibt nur zwei Viertel, die schick sind in Dallas, Highland Park und Preston Hollow. Da leben die, die schon vor langem ihr Geld mit dem Öl gemacht haben, und die, die erst vor kurzem ihr Geld mit dem Öl gemacht haben oder mit was auch immer. Jedenfalls könnte man zum Franzosen werden, um mit Ron, dem Bartender zu sprechen, und sozialistische Enteignungsparolen rufen, wenn man so viel geballte geldgeile Geschmacklosigkeit auf einmal sieht. Die Cowboys haben hier ganz offensichtlich versucht, englische Herrenhäuser nachzubauen, und wenn eines fertig war, musste das nächste natürlich noch viel prächtiger sein und so weiter und so fort, und so sieht es jetzt hier aus. Wer will hier leben, mein Gott? Die Bushs natürlich.

Preston Hollow, 10141 Daria Place. Das Navi stößt keine Warntöne bei der Eingabe der Adresse aus und findet sie auch problemlos. Als ich allerdings in die Straße einbiegen will, steht da ein Schild »Nur für Anwohner«, und dann steht da auch noch ein Polizeiwagen. Der Polizist, der da drinsitzt, sieht so aus, als hätte er keine Angst vor mir. Und noch ein Schild steht da schon etwas schief in der Ecke inzwischen nach all den Monaten, und da steht »Welcome Home George & Laura« drauf. Der 19-jährige Student Patrick Bibb hat solche Schilder in der Nachbarschaft für 20 Dollar verkauft, was ziemlich viel und ziemlich clever ist, aber er kommt ja von hier und weiß, wie viel was wert ist. Eines Morgens nach einer Vorlesung hört er die Mobilbox von seinem Handy ab, und da vernimmt er die Stimme von George W. Bush persönlich, der sich für die nette Willkommensaktion bedankt. Und weil er offenbar nicht sicher ist, ob Patrick seine Mobilbox auch abhört, ruft er später noch mal an, diesmal während der Vorlesung. Patrick sagt wohl, es sei jetzt gerade schlecht, er müsse auflegen, und der Ex-Präsident sagt: »Kein Problem«, erzählt Patrick später.

Noch ein drittes Schild steht am Eingang dieser Straße: »No outlet« steht darauf, was auf Deutsch nicht »Kein Outlet« bedeutet, sondern, dass Daria Place eine Sackgasse ist, aus der man nicht mehr rauskommt. Und wenn wir uns darauf verlassen können, dann ist ja alles in Ordnung.

Ich hatte natürlich auch an Bush schon aus Deutschland geschrieben, ein paar Fragen per Brief, dass ich zufällig in der Gegend sei und ob er Zeit und Lust hätte und so weiter. Aber da hatte ich seine Adresse noch nicht, die habe ich erst in Dallas konspirativ zugesteckt bekommen. Ich sag nur Concierge. Zuerst habe ich es deshalb über die Präsidentenbibliothek versucht, die ja noch nicht ganz fertig ist. Aber vielleicht war ja schon einer dabei, Bücher einzuräumen.

Von: Thomas Kausch
Betreff: German Book Project/Letter to President Bush
An: info@georgewbushlibrary.com

Dear Sir or Madam,
I used to be a correspondent in New York City for several years and I am currently writing a book about German-American relations. Its title is »Dear Americans« (das »good to have you back« hab ich in diesem Fall vorsichtshalber weggelassen, man hat ja auch gesehen, wie Ron darauf reagiert hat). *Since President Bush has played a very important role in German-American relations for such long time I would like to send him a letter with just a few questions. On the off chance the President would rather talk to me in person I can inform you that I will be in Washington D.C. and in Dallas as part of an extensive journey throughout the United States.*
Best wishes
Thomas Kausch

Drei Tage später:

Von: Clement Brooke
An: Thomas Kausch

Dear Mr. Kausch,
thank you for contacting the George W. Bush Presidential

Library. If you would like to contact President Bush regarding your request, you may do so at the following address:
Office of George W. Bush
P.O. Box 259000
Dallas, TX 75225-9000
There is also a fax number you may use, if that is more convenient. It is: (214) 692-4324. If I can be of further assistance, please do not hesitate to contact me.
Sincerely,
Brooke L. Clement, Archivist
George W. Bush Presidential Library
1725 Lakepointe Drive, Lewisville,
TX 75057, (972) 353-0561, Fax: (972) 353-0599

Einen Tag später noch diese Mail, auch von der Bibliothek, aber ein anderer Unterzeichner:

Von: info@georgewbushlibrary.com
An: Thomas Kausch

Mr. Kausch,
requests of this nature are handled through the office of President George W. Bush. The contact information for the office is as follows:
Mailing Address: P.O. Box 259000, Dallas, TX 75225-9000
Main Line: 214-692-4300
Email: info@georgewbush43.com
I hope this information is of assistance to you in your endeavor. If you have any more questions, do not hesitate to ask.
Best,
Jay Gambulos

Okay, das schien mir jetzt so nah wie möglich am Präsidenten dran, inklusive einer guten E-Mail-Adresse. Ich hatte auch niemanden in Deutschland gefunden, der als Kurier tätig werden konnte oder wollte. Also jemand, der Bush kennt und umgekehrt und den Brief vertrauensvoll weiterleitet. Ich habe John Kornblum, den ehemaligen amerikanischen Botschafter in Berlin, der da einfach nicht wegwill, bei einem Volksfest so nebenbei mal gefragt, ob er Kontakte zu Bush habe. »Ich wünschte, der säße im Knast«, sagte er da aus vollem Mund auf Amerikanisch, weil er gerade Hot Dogs aß. Das war also deutlich, es sei denn, ich hab mich verhört, wegen der Hot Dogs, und Kornblum sagte nicht »detention«, sondern »pension«, was phonetisch nicht so weit auseinanderliegt, aber semantisch doch sehr: »Ich wünschte, er wäre in Rente«, klingt sehr viel freundlicher als: »Ich wünschte, er wäre im Knast«, aber ich kann mir nicht vorstellen, dass Kornblum nicht mitbekommen hat, dass Bush doch schon lange in Rente ist. Na ja, man weiß es nicht. Ich habe also den Brief an besagte Adresse sowohl gemailt als auch geschickt.

Dear Mr. President,
for eight years almost every day we read in the newspapers about you. And now there is absolutely nothing anymore. So I wonder how you are doing. And what you are doing.
In my imagination I picture you on your ranch as a happy man, maybe even relieved not having to make decisions by the minute any more that more often than not effect the whole world.
I picture you riding a horse into the sunset, checking the fences of your ranch, returning satisfied to your home where the First Lady has already prepared some steaks for you to barbecue. A bit like Jock Ewing Sr. and his wife Miss Ellie in the tv serial »Dallas«, only of course without the whiskey

everybody in the serial had first thing when they came home.
I picture you sitting there with some Texan friends, chatting the evening away and when the topic only occasionaly shifts from farming and oil business to politics they assure you at once that all of your decisions as President were right, and there is silence of disbeleif among your friends on your terrace when – let's say it is the day of Obama's Cairo-Speech – you explain to them how once again your successor is gambling away your political heritage.
And sure enough, not before long, the Iranian regime gives proof of your scepticism when it brutally chokes the longing of Iranian people for just a little bit more justice and freedom. You turn the steaks and shrug your shoulders, what can you say, you told us so, but we wouldn't listen.
Does my imagination run riot or am I pretty close? I would be grateful to hear from you. You have played such an important role in our lives for such a long time and we would like to hear your opinion on what's going on in the world right now. Has change come to America and the world? If yes, how do you perceive it? And how do you perceive your term in office now that you have taken one step back? What do you regard as your heritage? Where have you gone wrong perhaps? What do you think still has to be done? And do you miss your friend Angela Merkel?
I am looking very much forward to your answers and remain with best wishes
Thomas

Keine 24 Stunden später kam schon die Antwort:

Von: rsaliterman@georgewbush43.com
An: Thomas Kausch

Mr. Kausch,
thanks for your message. The President will not be able to participate in your project, as he is not doing any interviews at this time.
Have you been in touch with former Deputy Treasury Secretary Robert Kimmitt? I think he would be an ideal person for you to speak with. If not, I would be glad to put you in contact with him.
Sincerely,
Rob Saliterman

Nein, mit Kimmitt war ich nicht in touch, will auch keinen contact, Kimmitt interessiert mich nicht. Ex-Vizefinanzminister. Ich bin sauer. Ich wollte eine Antwort von Bush. Ich will jetzt überhaupt keinen Kontakt mehr. Ich bestelle mir was aufs Zimmer im Hotel. Einen Hamburger aus der Kinderkarte und zwei Bier dazu. Dallas hat genug Geld, die brauchen hier nicht auch noch meins.

4. Scharfe Stanford-Badehosen – in San Francisco

Um es gleich zu sagen, ich halte San Francisco für überbewertet. Nehmen wir Lissabon dagegen. Steht auch auf Hügeln, hat auch eine historische Straßenbahn, ist auch mal halb abgebrannt, hat aber viel mehr Charme, Stil und Flair. Vielleicht liegt es an den hohen Erwartungen, die man an San Francisco hat und die es kaum erfüllen kann. Vielleicht auch daran, dass mir sowohl meine Fotokamera als auch meine Kreditkarte hier abhandenkommen. Das kann natürlich auch sein, ich weiß es nicht. Vielleicht ja auch an den vielen Touristen-Touristen, also den schlimmen, die an den Cable-Cars wie die Affen am Baum hängen und sich so die steile Powell Street runterbringen lassen, um dann an Fisherman's Wharf in billigen Pseudo-Seemannsgeschäften abgezockt zu werden wie in St. Peter-Ording. Sogar die Doppeldecker-Stadtrundfahrt taugt nichts – nie die blauen Busse nehmen, nur die aus Holz oder die roten! –, weil Michelle, die sehr amerikanische Touristenführerin, nicht mehr zu erzählen hat, als welche Hamburger wo am besten schmecken. Weil der Fahrer wie ein Irrer fährt und weil man die interessanten Stellen gar nicht sieht: »Wenn Sie hier aussteigen und einen Block laufen, dann sehen Sie die berühmte Lombard Street.« Wobei die Lombard Street ohnehin auch überbewertet ist, Serpentinen in einem Blumenbeet, so what? Und natürlich ist die Golden Gate Bridge völlig vernebelt. Es ist schweinekalt, als der Bus darüberdonnert, und man sieht über sich im Nebel nur hin und wieder einen Hauch vom Orange der riesigen Stahlträger. Das ist immerhin ein bisschen gespenstisch, weil man darauf wartet, dass da jetzt einer von oben aus dem Nebel gestürzt kommt und auf dem oberen Busdeck aufschlägt. Dann kommen Michael Douglas und Karl Malden selig mit der dicken Nase, deren alter Chevy liegengeblieben war bei ihrer Verfolgungsjagd durch die Straßen von San Francisco und die deshalb auf den fahrenden Bus aufgesprungen waren. Sie vernehmen mich, und ich sage frei heraus, was ich weiß über San Francisco. Sie nehmen mich danach sicherheitshalber in ein Zeugenschutzprogramm, ich bekomme eine neue Identität als NASA-Astronaut und lebe fortan in Palm Beach, Florida, damit ich es nicht so weit habe zum Kennedy Space Center. Das könnte natürlich auch sein.

Grüße in den Grunewald

Gil Keinan meint, dass ich die Stadt ein bisschen zu negativ sehen würde. Er ist der Chef der Concierges im *Four Seasons* San Francisco, und die Welt ist wirklich klein, denn er kommt aus Berlin und war auf dem Hildegard-Wegscheider-Gymnasium, das circa 50 Meter Luftlinie von meiner Wohnung in Berlin entfernt ist. Das gibt's doch gar nicht! Gil sieht aus wie einer der Menschen, für die Anzüge erfunden wurden. Man kann sich nicht vorstellen, dass er etwas anderes tragen würde. Was anderes würde ihm wohl auch nicht stehen. Und so höflich und formell wie seine Kleidung ist er auch im Umgang. Ursprünglich kommt er aus Israel, und als er erwachsen genug war, Berlin zu verlassen, hat er das auch sofort gemacht. Er studierte in England, ging ins Hotelgewerbe und arbeitete in Palm Beach, wo ich ja künftig auch leben werde als Astronaut. Außerdem arbeitete er in Los Angeles und Costa Rica, Kanada und Mexiko, weil er eben einfach die Welt sehen wollte und nicht nur das janz mondääääne Berlin-Grunewald.

Auch wenn seine Eltern immer noch dort sind. Sein Vater war der erste Importeur von IBM-Computern in Israel und ging gleich nach der Wende nach Berlin, weil er glaubte, dass sich da rasant etwas entwickeln würde und das ein guter Platz sein müsste, um internationale Geschäfte zu machen. Ein Pioniertyp also. Und falls was schiefgegangen wäre, hätte seine Frau, Gils Mutter, die Familie ja immer noch als Rechtsanwältin ernähren können, aber es ging ja nichts schief. Die beiden anderen Kinder, Gils Brüder, leben inzwischen in London. Das sind mal wirklich Weltbürger, die Keinans, auch wenn das mit dem Rasanten in Berlin nicht so hinkam.

»Macht es einen Unterschied, ob man heute als Jude in Amerika lebt oder in Berlin?«, frage ich Gil.

»Nein. Dadurch, dass so viele Ausländer in Berlin wohnen, ist es kein Problem, egal, welche Religion man hat. Die amerikanische Lebensweise ist einfach nur anders, egal, ob als Jude oder Nichtjude. Große Läden, große Parkplätze, alles ist so groß und elektronisch. Es ist eben anders.«

Interessante Antwort auf diese Frage. Große Parkplätze.

»Meine Generation ist mit einem großen Kollektivschuldkomplex aufgewachsen. Das hat dazu geführt, dass wir nie vergessen werden, was in deutschem Namen geschah – und das ist auch gut so –, aber natürlich auch dazu, dass wir uns lange geschämt haben im Ausland. Ich wollte jedenfalls immer lieber Engländer oder Franzose sein, und eine deutsche Nationalflagge kriege ich bis heute nicht aufs Autodach, auch nicht bei Weltmeisterschaften. Erst als ich in Amerika gelebt habe, habe ich Juden kennengelernt, jüdische Freunde gewonnen und ein ganz normales Verhältnis entwickelt.«

»Ich habe viele Freunde in Berlin, die keine Juden sind. Ich bin auf ein nichtjüdisches Gymnasium gegangen. Ich habe mich als Jude immer sehr wohl gefühlt in Berlin, ja, ich hatte nie Probleme, mich als Jude auszudrücken, ich habe mich nie benachteiligt gefühlt.«

»Das freut mich wirklich.«

»Seien Sie beruhigt, Berlin hat einen guten Job gemacht.«

»Und Ihre Eltern?«

»Die bleiben in Berlin auch im Ruhestand, sie gehen nicht zurück nach Israel.«

Und Gil erst mal auch nicht, er fühlt sich wohl in San Francisco. Viel geändert habe sich nicht seit Obama, aber das war ja auch kaum zu erwarten. San Francisco war immer schon liberale Avantgarde, fast schon nervig liberal, sagt mir später in Los Angeles ein liberaler schwuler Friseur, dem die selbstgefällige Liberalität in San Francisco am Ende auf die Nerven ging und der deshalb nach L.A. umzog, wo er die coole Liberalität gefunden hat. Selbstgefällige Liberalität – coole Liberalität. Das ist ein großer Unterschied, das kann ich nachvollziehen. So wie FDP und Grüne? Oder umgekehrt?

Jedenfalls fahre ich jetzt nicht nach Berkeley, sondern nach Stanford. Und mal ohne Taxifahrer. Habe mir einen Wagen gemietet. Von Downtown San Francisco 40 Minuten nach Süden über den Freeway 101. Kein Problem, auch wenn man sagen muss: Der Straßenzustand erinnert an die späte DDR, der Straßenrand an frühes vereintes Ostdeutschland. Autohändler, Burger Kings, Dunkin' Donuts und IKEA.

Stanford dann, eine Welt für sich. Die Uni ist wie eine kleine Stadt, saubere Straßen, getrimmter Rasen, alles richtig ordentlich, für eine Uni ein bisschen spießig, zumindest aus Studentensicht, wenn man Ordnung spießig findet. Aber Stanford ist ja auch keine normale Universität, Stanford ist ein elitäres Bildungswirtschaftsunternehmen mit vier Milliarden-Dollar-Haushalt.

Da ist dann auch ein gepflegtes Gelände drin und Gebäude, die nicht halb verfallen sind, und Säle, die nicht aus den Nähten platzen. Außerdem gibt es noch diverse moderne Schwimmbecken, unter anderem eines mit Sprungtürmen und eines nur für Wasserball mit Tribünen und allem Pipapo. Po ist dabei ein gutes Stichwort, denn die Wasserballjungs vom Stanford-Team machen die Mädels ziemlich verrückt, denn an ihren Götterkörpern tragen sie nichts als ein sehr knappes rotes Badehöschen, auf dem hinten quer über den knackigen Hintern »Stanford« in silbernen Buchstaben steht. So schafft man mal Corporate Identity. Wer das als Mädchen oder Schwuler an einem herrlichen kalifornischen Sonnentag mal gesehen hat, der will nur noch hier studieren. Nein, das ist albern, auch als Hetero natürlich, nur kein Sixpack-Neid hier. Und auch wenn Stanford das Turnier nicht gewinnt an diesem Sonnentag, ist es doch das einzige Team mit eigenen Uni-Badehöschen. Und auch das sagt was aus über den Stolz, den die Studenten empfinden, hier sein zu können, über das Wir-Gefühl.

Casper im Nirwana

Ich bin verabredet mit Professor Gerhard Casper, dem Hamburger, der acht Jahre lang, von 1992 bis 2000, Präsident einer der besten und renommiertesten Universitäten der Welt war. Darauf könnten wir Deutsche mal stolz sein und das wären wir sicher auch, wenn wir es denn überhaupt wüssten. Professor Casper sieht aus, wie gebürtige Hamburger gerne mal aussehen: ein schlaksiger, Schmidtscher Dohnany-Typ, der auch nach so vielen Jahren

Amerika selbstverständlich immer noch einen Hamburger Tonfall hat. Mit 16 war er zum ersten Mal in den USA bei einem Jugendforum der *Herald Tribune*, und damit war sein Schicksal besiegelt. Er begann in Hamburg mit dem Jurastudium und bewarb sich dann in Yale, wurde dort wirklich angenommen, machte seinen Magister da, ging nach Freiburg, um zu promovieren, und dann 1964 nach San Francisco, University of California, Berkeley. Er kam nie mehr zurück nach Deutschland, außer zu Besuch. Berkeley in den 60ern, wollte man woanders leben? Wie er die Assistenzprofessur damals in Berkeley bekam, ist für Caspar das, was Amerika ausmacht und ihn selbst bis heute geprägt hat:

»Ich hatte eine Vorlesung belegt bei einem Professor an der Yale Law School, mit dem ich mich das ganze Jahr gestritten habe. Ich habe ihm permanent klargemacht, dass ich nicht seiner Meinung war, und am Ende dieses Jahres ließ mich Professor MacDougal, so hieß er, zu sich kommen und sagte: ›Gerhard, I know you don't agree with anything I say, but I think the world of you and we should keep you in the United States and if you want a teaching position at an American University I will get you one.‹ Ja, und dann«, erzählt Casper schmunzelnd weiter, »hat er mich also nach Berkeley empfohlen, und ich hab das angenommen, kam 64 an.«

»Gerade rechtzeitig, um den Beginn der wilden 60er zu erleben.«

»Ja, innerhalb von zwei Wochen nach meiner Ankunft brach an der Uni die Französische Revolution aus, das Free Speech Movement. Das war zwar sehr interessant, aber Berkeley wurde in den nächsten zwei Jahren von der Politik konsumiert. In meinem zweiten Jahr in Berkeley hatte ich dann schon Angebote, nach Yale oder an die University of Chicago zu gehen. Da ich in Yale schon war, wollte ich was anderes kennenlernen und bin also

1966 Professor in Chicago geworden an der juristischen Fakultät und bis 1992 geblieben. Meine Gebiete sind das amerikanische Verfassungsrecht und die amerikanische Verfassungsgeschichte. 1979 bin ich dann Dekan der juristischen Fakultät in Chicago geworden, habe das bis 1987 gemacht und wurde 1989 Provost der Universität, so was wie Vizekanzler. Aus der Position bin ich dann 1992 von Stanford als Präsident abgeworben worden.«

»Wow, und Sie sagten vorhin, der Grund, warum Sie in Amerika ...«

»... ja, genau, ist Professor MacDougal. Wissen Sie, ich hatte das Glück, in Yale zu sein, in Berkeley, in Chicago und in Stanford – ha, das ist das Nirwana! Nicht alle hier, aber diese Universitäten sind so unglaublich, so offen, so nicht hierarchisch in allen ihren Tendenzen, dass es einfach eine große Freude ist.«

»Weil sich nur ohne die Hierarchie das Denken frei entfalten kann?«

»Es ist einfach sehr, sehr wichtig, dass man an den Punkt kommt, an dem die Studenten bereit sind, zu ihrem Professor zu sagen: Das ist falsch, da haben Sie sich geirrt. Genauso, wie ich das damals Herrn MacDougal gesagt habe. Für mich ist immer einer der größten Momente in meiner Karriere als Professor, wenn Studenten – je jünger, desto besser – sagen, nein, da stimme ich aber gar nicht mit Ihnen überein.«

Da fällt mir der Auftritt von Ex-Außenministerin Condoleezza Rice in Stanford ein. Sie übernahm dort 2009 wieder eine Stelle als Professorin, nachdem sie die Uni acht Jahre zuvor verlassen hatte, um zunächst nationale Sicherheitsberaterin und dann Außenministerin unter Präsident Bush zu werden. Eine seiner treuesten Mitarbeiterinnen. Jetzt kam sie also zurück, und nach einem zunächst freundlichen Empfang wird sie von einem Studenten eindringlich zum Thema Folter befragt, wie sie das denn autorisieren konnte. Nun, erstens wolle Rice nicht von Folter sprechen, und zweitens habe sie selbst nichts autorisiert, sondern nur die Autorisierung der Regierung an die CIA weitergeleitet, und drittens könne »definitionsgemäß etwas, das der Präsident autorisiert hat, nicht gegen unsere Verpflichtungen nach der Anti-Folter-Konvention verstoßen«, und viertens, und jetzt reicht's aber auch: »Mach erst mal deine Hausaufgaben!« Das schnauzt sie dem Studenten mit erhobenem Zeigefinger entgegen, und weil seine Kommilitonin Reyna Garcia diesen Ausfall gefilmt und bei YouTube eingestellt hat, weiß nun alle Welt, wie Frau Rice rechtsstaatlich so tickt: Der Präsident hat immer recht. Wenn der Präsident etwas macht, ist es legal. L'État, c'est moi! So wurde Amerika acht Jahre lang regiert. Von den Professoren MacDougal und Casper hat sie in puncto Anzweifelung von Hierarchien also rein gar nichts gelernt.

»Ist es hier besser als in Deutschland?«

Mal abgesehen von Frau Rice.

»Viel besser«, sagt Casper. »Aber nicht nur im Vergleich zu Deutschland, sondern grundsätzlich im weltweiten Vergleich. Wir haben Singapur beraten und ihnen geraten, die Universitäten zu öffnen, wenn sie mithalten wollen, und sie sind unserem Rat gefolgt. In China ist natürlich auch alles sehr hierarchisch von oben nach unten, und solange das bleibt, werden die chinesischen Universitäten nicht die großen Hoffnungen erfüllen können.«

»Und Deutschland?«

»Heute ist das in Deutschland besser geworden, aber als ich Student war und noch viele Jahrzehnte später, gab es das gar nicht, Offenheit, hierarchiefreies Denken. Aber unsere Offenheit hier kommt natürlich auch daher, dass wir sehr viel unternehmerischer tätig sind als andere Universitäten. Es wird zwar immer gesagt, wir seien so reich – wir sind nur relativ reich –, aber wir nehmen dieses Geld selbst ein. Wir bemühen uns darum, und diese ganze Seite fehlt natürlich in Deutschland.«

»Welchen Vorteil hat das unternehmerische Denken für das intellektuelle Denken?«

»Dass Leute einfach nicht kategorisch gewisse Sachen ausschließen. Nehmen wir zum Beispiel die Ingenieurswissenschaften in Stanford: Wir haben hier eine der besten Ingenieursschulen der Welt, die ja einen Großteil von Silicon Valley ausgelöst haben, nicht wahr …«

Das stimmt. Es ist unglaublich, wer so alles in Stanford studiert hat: Jim Allchin, Microsofts Chefentwickler von Windows, Craig Barrett, Begründer des Unternehmens Intel, David Boggs, Erfinder des Ethernet, Len Bosack und Sandy Lerner, Begründer des Unternehmens Cisco Systems, David Filo und Jerry Yang, Begründer von Yahoo. William Hewlett und David Packard, Begründer des Unternehmens Hewlett-Packard, Marcian Edward Hoff, Erfinder des Mikroprozessors, Jawed Karim, Begründer des Unternehmens YouTube, Vinod Khosla, Begründer des Unternehmens Sun Microsystems, Larry Page und Sergey Brin, Erfinder der Google-Suchmaschine, um nur mal ein paar Beispiele zu nennen.

»… und in den Ingenieurswissenschaften haben wir immer gesagt, wir machen nur Forschung, wir machen nur Wissenschaft, wir werden nur Lehre betreiben, aber wir wollen auch wissen, was in der Industrie geschieht. Dann haben wir Leute aus der Industrie eingeladen, herzukommen, mit uns zu reden, mit uns zu arbeiten, Anregungen zu geben, Anregungen von uns zu empfangen. Das Ganze war sehr offen, es gab immer eine gegenseitige Befruchtung, und wir dachten weniger an Patentrechte oder Ähnliches. Wir haben Leute aus der Industrie für ein Jahr zu uns kommen lassen, und unsere Graduate Students sind für ein Jahr in die Industrie gegangen. In Deutschland ist man der Industrie gegenüber jetzt ja auch viel offener, aber das ist es nicht, was ich meine. Man denkt eben hier nicht, dass es nur diese Karriere gibt oder jene, sondern versucht immer zu überschneiden, Anregungen zu bekommen.«

»Wie wichtig ist das Managen der Universität?«

»Sehr wichtig. Als ich aufhörte als Präsident, 2000, da war beispielsweise der Jahreshaushalt, ich glaube, 3,2 Milliarden Dollar und heute ist er 4,2 oder so. Zu meiner Zeit kamen 17 Prozent der jährlich benötigten Mittel – heute ist das etwas höher – aus dem Anlagevermögen der Universität. Der Rest musste praktisch immer neu eingeworben werden. Ein wichtiger Faktor in der Struktur der besten amerikanischen Universitäten, der öffentlichen wie der privaten, ist die Unterstützung von Forschung durch den Bund. Ohne diese Bundesforschungsmittel wären alle diese Universitäten nicht denkbar. Im Falle Stanford kommen im Augenblick 30 Prozent unserer Mittel aus Bundesforschungsmitteln.«

»Einfach so?«

»Der Bund stellt Forschungsmittel zur Verfügung durch die National Science Foundation, durch das Department of Energy, durch die NASA, das Defense Department und so weiter. Professoren aus dem ganzen Land bewerben sich um diese Mittel mit einem Projekt. Es gibt einen nationalen Wettbewerb, und wer gewinnt, bekommt für drei, vier Jahre Unterstützung für das bestimmte Projekt.«

»Was halten Sie von der deutschen Exzellenzinitiative?«

»Ich hätte die Exzellenzinitiative so strukturiert, dass die Universitäten belohnt werden, deren Professoren bei der deutschen Forschungsgemeinschaft am erfolgreichsten waren. Wo also sozusagen schon vorher vom Wettbewerb her Qualitätssiegel abgegeben wurden.«

»So wie hier.«

»Wir sind seit vielen Jahrzehnten im Wettbewerb mit Berkeley und mit Harvard, Yale, Princeton, MIT und so weiter. Wir sind im Wettbewerb um Bundesmittel, aber auch im Wettbewerb um Studenten und Professoren. Das nimmt jetzt in Deutschland glücklicherweise zu, aber bis vor kurzem war da ja sehr wenig von zu spüren.«

»Also, mehr finanzielle Mittel des Bundes, aber auch mehr Wettbewerb um diese Mittel.«

»Ja, aber auch mehr Autonomie für die Universitäten. Die Bundesländer müssen bereit sein, die Kontrolle über die Universitäten aufzugeben, ob bei der Berufung von Professoren oder beim Haushalt der Universiäten.«

»Also, Amerika ist uns da voraus, kann man aber auch sagen, dass das Bildungssystem generell besser ist?«

»Nein, absolut nicht, das Schulsystem funktioniert in keiner Weise, vor allem natürlich die öffentlichen Schulen, und die sind die Hauptträger des Systems. Dafür gibt es viele Gründe. Die nötigen Gelder wurden lieber in andere Projekte investiert, die Lehrer sind in öffentlichen Schulen fast überall gewerkschaftlich organisiert, und deren Gewerkschaften geht es nur um die Versorgung der Lehrer, ihnen das Leben so angenehm wie möglich zu machen, nicht darum, die Ziele der Eltern zu unterstützen.«

»Obama hat die Bildung ja zu einer seiner wichtigsten Prioritäten gemacht. Was sollte er tun?«

»Sehen Sie, eine der ganz großen Schwierigkeiten, wenn Kandidaten für das Präsidentenamt das Bildungswesen zum Wahlkampfthema machen, ist: Der Bund hat keine Zuständigkeiten.«

»Wie in Deutschland.«

»Wie in Deutschland, sogar noch weniger hier. Alle Präsidenten haben im Wahlkampf die Probleme im Schulwesen zu ihrem Thema gemacht, und es hat sich dennoch nicht viel geändert bisher, weil die Grundstruktur es nicht erlaubt. Ich nehme also auch nicht an, dass nach acht Jahren Obama das Schulwesen in Amerika radikal besser sein wird.«

»Die naive Frage ist aber dann, wo kommen die Studenten für die tollen amerikanischen Spitzenunis her, wenn das Schulwesen so schlecht ist, dass es ja eigentlich gar keine geeigneten Kandidaten produzieren könnte?«

»Ja, gute, sehr gute Frage, und die Antwort darauf macht einen perplex. Stanford nimmt im Jahr etwa 1700 Undergraduates an – ich rede jetzt nicht von Graduates.«

»Undergraduates?«

»Die Studenten für das vierjährige College-Programm.«

»Okay.«

»Für diese 1700 Plätze hatten wir 2009 rund 30000 Bewerbungen. Und die hatten sich schon selbst ausgewählt. Viele Studenten bewerben sich in Stanford ja gar nicht erst, weil sie glauben, dass sie gar keine Chance haben, hier reinzukommen. Es gibt also tatsächlich noch viel mehr Interessenten. Von denen, die letztlich dann zu uns kommen, sind 60 Prozent aus öffentlichen Schulen, und das ist seit, sagen wir mal, den letzten 20 Jahren eine konstante Zahl.«

»Wie erklärt sich das?«

»Dass sie hier überhaupt studieren können, erklärt sich über die Beihilfen. 60 Prozent der Neuen, nicht exakt die gleichen 60 Prozent natürlich, bekommen Stipendien. Wir geben im Augenblick im Jahr etwa 102 Millionen Dollar für Beihilfe alleine für Undergraduates aus.«

»Das ist viel Geld.«

»Wir haben, was man in Amerika Need-Blind-Admissions nennt, das heißt, die Entscheidung, ob Herr Kausch zugelassen werden soll oder nicht, wird völlig ungeachtet seiner finanziellen Umstände getroffen. Und wenn Sie dann zugelassen sind, dann fragen wir, welche Hilfe Kausch braucht. Dann müssen

Einkommensteuererklärungen der Eltern vorgelegt werden etcetera. Dieses Prinzip wird nur noch von etwa, ach, ich weiß nicht genau, aber sagen wir mal sechs oder sieben amerikanischen Universitäten verfolgt. Das war früher einmal weit verbreitet. Unsere Hauptwettbewerber machen das auch alle, also Harvard, Yale, Princeton, MIT.«

»Und die Graduate-Studenten?«

»Die, die zum Beispiel ihren Doktor schreiben, werden praktisch voll finanziert. Sie bekommen Stipendien, die formell darauf beruhen, dass ihnen eine Anstellung als Forschungsassistent angeboten wird. Das läppert sich dann zusammen. Wir haben 17 000 Studenten, von denen 10 500 Graduates sind. Wer allerdings Jura oder Business studiert, von dem wird erwartet, dass er auch selbst etwas bezahlt. Wer aber rein wissenschaftliche Disziplinen studiert, also Geschichte zum Beispiel, von dem wird das nicht erwartet.«

»Weil das brotlose Kunst ist und weil sie nicht schon Verträge von großen Firmen und Kanzleien in der Schreibtischschublade haben und vielleicht auch nie bekommen werden, ihre Arbeit aber wichtig ist? Gut zu wissen, dass es das noch gibt. Okay, nun wissen wir, wie sich die Absolventen öffentlicher Schulen ein Stanford-Studium leisten können, aber immer noch nicht, woher sie die geistigen Fähigkeiten dazu haben.«

»Sie haben mich gefragt, wie es mit den Schulen aussieht, und es sieht natürlich schlecht aus. Aber wir müssen uns auch überlegen, es gibt natürlich wohlhabende Gemeinden und weniger wohlhabende Gemeinden. Und es gibt in Amerika viele öffentliche Schulen, die so gut wie ein deutsches Gymnasium sind. Insofern darf man da nicht zu sehr pauschalisieren.«

»Das ist bei uns ja auch so. Neukölln ist anders als Zehlendorf.«

»Ja, genau.«

»Gut. Wissenschaftstransfer, Professor Casper. Reden wir darüber. Wir sind darauf angewiesen, immer enger zusammenzuarbeiten. Herrschaftswissen kann sich eigentlich keiner mehr leisten in dieser Welt. Wie können wir also enger zusammenarbeiten, obwohl wir natürlich gleichzeitig auch in Konkurrenz stehen?«

»Wissen Sie, als ich Präsident war, kam jede Woche einer aus Singapur oder Norwegen oder der Schweiz oder sonst wo von einer Universität, oder sie wollten eine gründen und sagten, wir wollen das gemeinsam mit Stanford machen. Wir wollen einen Vertrag abschließen mit Stanford, und dann wird das alles sehr schön. Ich habe das immer abgelehnt, aber was ich immer unterstützt habe, war, wenn ein Professor von uns, sagen wir mal aus den Ingenieurswissenschaften, kam und sagte, ich möchte gerne mit einem Kollegen an der Universität Tokio kollaborieren. Wir haben großartige Gedanken und wir glauben, es würde besser funktionieren, wenn wir das an beiden Orten machten. Die Universität Tokio besteht aber darauf, dass Stanford einen Vertrag schließt mit ihnen. Dann habe ich das immer gemacht. Es gibt einen solchen Vertrag auch mit der TU München. Das heißt, Kollaboration ja, aber nicht von oben diktiert, sondern von untern, aufgrund der Kontakte, die die Wissenschaftler miteinander haben. Warum haben BMW, Mercedes und so fort alle Forschungslabors hier in Silicon Valley? Weil sie natürlich hoffen, auf diese Weise mehr Zugang zu haben zu der Forschung, die in Stanford geschieht, zu den Studenten, die aus Stanford kommen und zu den anderen Firmen im Valley, die alle was Interessantes machen. BMW und Mercedes rechnen sich aus, dass sie davon auch einen Vorteil haben werden. Das heißt, beim Wissenschaftstransfer hängt sehr viel davon ab, dass Leute viel miteinander umgehen, damit man weiß, wer macht was Interessantes. Ein Freund von mir hier an der Uni sagt immer: ›Technology transfer is a bodily contact sport.‹ Es hängt also ganz davon ab, dass und wie Leute miteinander umgehen. Und dann ist es natürlich auch noch so, dass Wissenschaftler ja nicht an einen Ort gebunden sind. Es gibt heute eine ganze Reihe von Leuten, die nach ihrer Ausbildung bei uns wieder dorthin zurückgehen, von wo sie gekommen sind, das bedeutet dann natürlich auch Wissenschaftstransfer. Das ist eine der wichtigsten Formen: was vermittelt wird durch die Leute, die auf eine besondere Weise ausgebildet worden sind.«

»Das heißt, wir sollten weniger Angst vor dem brain drain haben, davor, dass unsere Leute nicht zurückkommen, sondern zunächst mal froh sein, dass sie überhaupt ins Ausland gehen.«

»Absolut, das ist das Wesen des Wissenschaftstransfers.«

»Was ist Ihre Vision, Herr Casper, wohin muss sich unsere Gesellschaft entwickeln?«

»Nun, wie Groucho Marx oder einer seiner Kollegen gesagt hat, man kann nichts voraussagen, insbesondere nicht die Zukunft. Ich weiß also nicht, wohin wir uns bewegen werden, aber wohin wir uns bewegen müssten, das kann ich sagen: Wir müssen in einer Art Wissenschaft betreiben und die Anwendung von Wissenschaft betreiben, die sich sehr viel mehr das Gesamtbild ansieht und nicht nur fragt, was sind die Vorteile, die diese neue Technik oder Ähnliches bringt, sondern auch fragt, was sind die Nachteile, die damit verbunden sind. Wenn jemand jetzt die Kohle als Energiequelle entdecken würde, dann würden wir nicht mehr nur fragen, wie viel Energie kriegst du aus der Kohle raus, so wie früher, sondern auch, wie viel Verschmutzung diese Kohle verursacht. Wir müssen also vielmehr darauf schauen, dass alles zusammenhängt. Ein Konzept, das Anfang des 19. Jahrhunderts schon Alexander von Humboldt in der deutschen Wissenschaft populär gemacht hat, der ja in seiner Erforschung Südamerikas sehr stark zu der Einsicht kam, dass eben alle Bereiche des Lebens, menschliches und anderes, irgendwo miteinander verbunden sind. Diese Verbindungen zu verstehen ist heute eine viel stärkere Notwendigkeit geworden. Wir können nicht mehr auf Teufel komm raus Sachen schaffen. Und das hat weitreichende Folgen für die Universitäten. Wir können nicht mehr alles auf einer eindisziplinären Basis machen, sondern wir müssen es multidisziplinär angehen – das Schlachtwort Interdisziplinarität schätze ich nicht sehr –, das heißt, wenn wir also Fragen der Umwelt behandeln, dann müssen wir die Geophysiker mit den Biologen, Chemikern, Juristen, Soziologen zusammenbringen. Ich mag das Wort interdisziplinär nicht, weil es eigentlich besagt, dass einer alles über verschiedene Disziplinen hinweg kann, und das geht kaum. Aber man kann Leute aus verschiedenen Disziplinen an denselben Tisch setzen, darum geht es. Das geschieht heute schon mehr als vor 20 Jahren, ist aber bei weitem noch nicht die Regel und muss in Zukunft viel öfter passieren.«

»Also wenn ein Google entsteht, müssten sofort auch zum Beispiel Psychologen mit an den Tisch, um zu sehen, was das mit den Menschen machen wird.«

»Ja, natürlich. Man muss es wenigstens verstehen, selbst wenn man am Ende nicht alles beeinflussen kann, aber wichtig ist es, aufmerksam zu sein und zu sehen, hey, was sind die Probleme, was geschieht da, und dazu braucht man natürlich eine sehr offene und transparente Wissenschaft und eine sehr offene und transparente Gesellschaft.«

»Würden Sie sagen – glauben, hoffen –, dass sich die Dinge unter Obama zum Positiven verändern?«

»Ja, absolut. Obama hat zur Wissenschaft eine ganz andere Einstellung als Bush und dessen Regierung. Bush verstand grundsätzlich wenig davon und er hat die Wissenschaft einfach nicht genügend ernst genommen. Obama dagegen geht mit einem Instinkt an die Sache heran, der wahrscheinlich natürlich ist. Er hat immer diese weiten Interessen gehabt, war aufgeschlossen für Neues. Im Übrigen kommt er aus einer großen Stadt. Er war an der University of Chicago, hat dort ein Fach vertreten, hat ständigen Umgang gehabt mit Wissenschaftlern, seine Frau hatte eine führende Stellung in der Verwaltung der Universitätskrankenhäuser. Das sind Leute, die sozusagen an der Quelle gestanden haben, und das ist ganz anders als Bush.«

»War Obama bei Ihnen, als Sie an der Uni in Chicago waren? Sie waren Vizekanzler und der führende Verfassungsrechtler, und das war ja auch Obamas Gebiet.«

»Obama kam in dem Jahr, als ich nach Stanford ging, 1992. Er war Lehrbeauftragter für Verfassungsrecht und hat das Fach auch betrieben, ist dann aber in die Gemeindearbeit gegangen und hat sich sehr schnell für den Posten des Senators in Illinois beworben. Doch auch während seiner Zeit als Senator hat er immer noch an der University of Chicago unterrichtet.«

»Sind Sie mit einer Amerikanerin verheiratet, Herr Casper?«

»Nein, wir haben uns beim Studium in Freiburg kennengelernt. Meine Frau ist Medizinerin, Professorin für Psychiatrie.«

»Auch hier?«

»Ja, hier in Stanford, sie hat sich gerade emeritieren lassen. Wir haben uns in Freiburg kennengelernt, aber sie ist dann nach Amerika gegangen und hat da ganz und gar ihre eigene Karriere gemacht. Wir haben eine Tochter, die Anwältin ist und verheiratet. Sie hat zwei Kinder, die beide in öffentlichen Schulen sind.«

»Ach ja.«

»Ja, freut mich, dass ich noch mal darauf kommen kann. Also die gehen beide hier in öffentliche Schulen, und was machen die Eltern? Die Eltern sammeln Geld für die Schule, und zwar nicht minimale Summen, sondern Millionen von Dollar, jedes Jahr, weil sie sagen, das geht ja nicht so, mit den staatlichen Mitteln. Wir brauchen zusätzliches Geld, und das ist natürlich hier leichter zu beschaffen als in der Bronx – das ist die Ungerechtigkeit. Andererseits zahlen die Eltern hier mehr Steuern und auch noch privates Geld für öffentliche Schulen. Das ist auch ungerecht.«

»Das ganze Leben ist ungerecht.«

»Aber Ihr Buchtitel ist der schönste, den ich seit langem gehört habe.«

»Ich mag die Amerikaner halt, seit ich in New York bei der Staatszeitung ...«

»... die kenne ich, ich habe neulich eine Frau hier getroffen auf einer Cocktailparty, die sagte, die Staatszeitung habe ihrer Familie gehört. Ach ja. New Yorker Staatszeitung und *Herald*, das ist ja interessant.«

»Mit dem wichtigen Untertitel: Für Weltbürger deutscher Sprache!«

»In diesem Sinne.«

»Danke für das Gespräch, Professor Casper. Sagen Sie, warum haben Sie eigentlich als Präsident in Stanford aufgehört, wenn Sie doch immer noch hier sind?«

»Nun, ich bin ja schließlich Verfassungsrechtler und ich habe gesagt, wenn acht Jahre genug sind für den Präsidenten von Amerika, dann sind sie es auch für den Präsidenten von Stanford.«

Gerhard Casper aus Hamburg, seit 1964 in Amerika, einer der renommiertesten Juristen dort, acht Jahre lang Präsident einer der bedeutendsten Universitäten der Welt. Warum wussten wir nichts von ihm? Warum musste mich erst und ausgerechnet die amerikanische Botschaft in Berlin auf ihn aufmerksam machen?

Ach ja, wie sein Büro aussieht? Na, wie wohl: 15 Quadratmeter maximal, graue Boden-, weiße Deckenfliesen, im Regal stehen friedlich nebeneinander die Encyclopedia Britannica und die Holy Bible.

Ein Onkel in Amerika

Ein anderer, der mal Deutscher war und gar nicht weit von Gerhard Casper entfernt wohnt, ohne dass sie sich kennen würden, in San Mateo, halbe Strecke ungefähr zwischen San Francisco und Stanford, das ist Uwe Sponholz. Und davon wissen auch nicht so viele, außer Freunde und Verwandte. Ein Verwandter ist Thies Sponholz, sein Neffe, der in Berlin lebt und da ein Luxushotel leitet, das *Hotel de Rome*. Er hat mir von seinem Onkel erzählt, und ich dachte, ich spinne. Ein Onkel in Amerika! Der Traum eines jeden Kindes! Große Pakete an Weihnachten mit Spielsachen, die es in Deutschland nicht gibt! Und dann, wenn man etwas größer ist, zum ersten Mal den Onkel besuchen, drüben im fernen Amerika, während die Freunde an die Ostsee müssen. Ein Traum! Einfach ein Traum. Und ein Traum ist auch die Lebensgeschichte von Onkel Uwe Sponholz. Und zwar der amerikanische Traum: vom Lagerjungen zum Millionär. Der Traum begann 1951, Uwe Sponholz aus Kiel war gerade mal 17 Jahre alt. Wenn er jetzt davon erzählt, auf seiner Terrasse in San Mateo, in norddeutschem Deutsch mit US-Akzent, 75 Jahre alt, weißes Haar und einem weißen Bart, dann könnte er auch als Seemann durchgehen, der auf allen Weltmeeren war. Und in etwa so begann ja auch seine große Reise.

Von Kiel aus fährt Uwe im August 1951 nach Genua. Er schifft sich auf der *Vulkania* ein und nach sieben Tagen, am 28. August, kommt er in New York an. Nicht in Ellis Island, wie in den Einwanderersagen, er darf gleich in Manhattan an Land, denn seine Tante lebt in Amerika und hat zugesagt, ihn finanziell zu unterstützen, deshalb hat er ein Visum. Er bleibt zwei Tage in New York, dann fährt er mit dem Zug nach Chicago und von da aus weiter nach Sacramento mit dem *California Saphire*, einem Zug mit Glasdach. Uwe Sponholz schaut noch heute unwillkürlich nach oben, wenn er davon begeistert erzählt. Angst? Nein, kann er sich nicht erinnern, die empfunden zu haben, allein auf der langen Reise mit gerade erst 17 Jahren. Aufregung, ja, und Anregung. Mit vielen Menschen hat er gesprochen, und er hat ja auch unbedingt weggewollt aus dem kaputten Deutschland. In der Schule sei er auch nicht so gut gewesen, und seine Mutter hat ihn schließlich gehen lassen. »Ein Jahr nachdem ich weg war, kam allerdings dieses Lied von Freddy Quinn heraus: *Junge, komm bald wieder.* Da musste sie dann immer weinen, wenn das irgendwo lief«, sagt Uwe. Wenige Tage nach der Ankunft bei seiner Tante musste er dann in die Highschool, und das war ein wichtiges Erlebnis für ihn:

»Wenn du motiviert bist, kannst du plötzlich Sachen, von denen du dachtest, das schaffst du nie.«

Die Schule, die in Deutschland so schwer war, war in Amerika kein Problem, die Sprache schnell gelernt im Alltag, weil er es einfach unbedingt wollte. Ein Jahr, und er war fertig. Nach der Highschool allerdings gab es Ärger mit der Tante.

»Sie wollte, dass ich Maler werde, also Anstreicher. Aber ich wandere doch nicht aus Deutschland bis nach Amerika aus, um dann Anstreicher zu werden.«

Er macht sich also wieder auf den Weg, 18 ist er jetzt, im Bus nach San Francisco, fünf Dollar sind alles, was er noch hat.

»Ich hab den Busfahrer gefragt, ob er wisse, wo ich schlafen könnte, und er nannte mir das *Alpine Inn*. ›Geh zu Jerry und erzähl ihr deine ganze Geschichte, von Deutschland bis hierher.‹ Das hab ich dann gemacht, und Jerry sagte: ›Ich gebe dir zwei Wochen, wenn du bis dahin keine Arbeit hast, fliegst du wieder raus.‹ Um 7 Uhr am nächsten Morgen war ich der Erste beim Arbeitsamt. Um 8.30 Uhr, als es aufmachte, war ich immer noch der Einzige. McGraw Hill, der Buchverlag, suchte einen Lagerjungen. Seitdem war ich nie wieder arbeitslos.«

Von 8.30 Uhr bis 16.30 Uhr war Uwe dann im Buchlager und von 18 Uhr bis 2 Uhr nachts jobbte er noch in einem Spirituosenladen. Er wollte seiner Tante keinen Cent schuldig bleiben. Dick, der Liquore-Store-Besitzer, wurde später erschossen bei einem Überfall, weil er das Geld nicht rausrücken wollte.

»Stattdessen griff er unter die Theke, um seine eigene Knarre zu greifen, und – peng – war er tot. Ich hatte ihm gesagt, Dick, mach das nicht, lass die Waffe unterm Tresen, wenn dich einer bedroht, und gib ihm einfach das Geld. Aber Dick gehörte der Laden eben. Er wollte nicht hergeben, was er ehrlich verdient hatte.«

Zeit für den jungen Uwe, weiterzuziehen. Er geht zu einer Im- und Exportfirma und arbeitet da im Büro. Nach einem weiteren Jahr ist der Junge, der zum Gram seiner Mutter wohl doch nie wiederkommt, zum ersten Mal selbst Unternehmer. Er ist jetzt 20 Jahre alt. Ein Bürokollege aus der Im- und Exportfirma macht einen Pharmahandel auf und überträgt Uwe Sponholz zehn Prozent. Sie exportieren Medikamente von Amerika nach Asien im Rahmen des amerikanischen Hilfsprogramms US Aid, das es noch heute gibt und das ursprünglich auf den Marshallplan für Europa und Deutschland nach dem Krieg zurückgeht. Uwe ist inzwischen amerikanischer Staatsbürger geworden, 1956, da war er 22 Jahre alt, wurde er Amerikaner. Das Geschäft läuft gut, und ab 1959 produzieren sie in Vietnam, um Asien von dort aus zu versorgen.

Doch die Zeiten ändern sich, und man muss eben spüren, wann und wie. Uwe hat dieses Gespür: 1974 steigt er aus, verkauft seinen Anteil an der Firma, und 1975 war dann mit dem Vietnamkrieg auch der Markt für Amerikaner dort verloren. Uwe überbrückt die Phase des Suchens nach dem nächsten Verkaufsschlager mit dem Export von Futtermitteln, Kartoffelsetzlingen und Sojamehl von Brasilien auf die Philippinen.

»Damit konnte man aber nicht viel verdienen. Und dann sah ich plötzlich irgendwo zum ersten Mal so eine Uhr mit LED-Anzeige. Wenn man draufdrückte an der Seite, erschien kurz in Rot die Zeit. Digitale Quarzuhren. Das war etwas ganz Neues, das hatte es noch nie gegeben. Mit ein paar Bekannten aus der Gegend überlegte ich, wie man daraus ein Geschäft machen könnte. Wir flogen nach Japan und schlossen einen Vertrag mit einer Firma, die die Quarze herstellte, die man für diese Uhren brauchte.«

Ich kann mich erinnern, dass mein Vater damals, ich war vielleicht zehn, auch mit einer solchen Uhr nach Hause kam, mit zweien sogar, eine für sich und eine für mich. Mein Vater war in der Elektronikbranche, und alles, was neu erfunden wurde, landete sofort bei uns zu Hause. Elektrischer Dosenöffner, wow, gleich an die Wand gedübelt, hat aber nie richtig funktioniert. Solche Sachen. Fortschritt. Die Uhren komplett schwarz, wo sonst ein Ziffernblatt war, und nur wenn man auf den Knopf an der Seite drückte, leuchtete die Zeit in Zahlen rot und digital. Genial. Fortschritt. Nur wenn die Sonne schien oder wenn es überhaupt ein bisschen hell war, dann konnte man leider die Zeit auf der genialen digitalen Uhr gar nicht mehr erkennen. Die 70er Jahre eben.

Das bekommt auch Uwe zu spüren. Es ist wie mit den Futtermitteln, die Sache läuft nicht richtig, und die Freunde wollen raus. Uwe aber bleibt, er übernimmt ihre Anteile, macht zwar auch nichts mehr mit Uhren, glaubt aber weiter an das Quarz und pflegt die Kontakte zu den Herstellern. Und wieder hat er zur richtigen Zeit guten Instinkt bewiesen. Denn der Rest seiner Berufskarriere verläuft dann ziemlich parallel mit der Erfolgsgeschichte von Silicon Valley. Mitte der 70er Jahre beginnt der Aufstieg der Mikroprozessoren, und für diese Dinger braucht man, genau, Quarz. Immer mehr Aufträge kommen rein, Intel wird einer seiner wichtigsten Kunden, und so geht es weiter. Mit 1000 Dollar Eigenkapital hatte er den Quarzhandel begonnen. Als er mit 60 aufhört, macht seine Firma 85 Millionen Dollar Jahresumsatz und hat 250 Mitarbeiter.

Wow, das muss man erst mal sacken lassen. Wir trinken noch einen Kaffee. Ingrid Sponholz schaut ihren Mann an, und ihr Blick drückt so was aus wie: Ja, das hast du gut gemacht, aber bilde dir nichts darauf ein. Wie die Norddeutschen so sind. Ingrid sieht sehr sympathisch aus, eine hübsche Blondine, die eine reife ältere Frau geworden ist. Eine Tante in Amerika.

»Was ich hier geschafft habe«, sagt Uwe, »das hätte ich in Deutschland nie geschafft. Die ganzen Regulierungen, Mindestkapital für eine Firmengründung, Meisterbrief etcetera. Ich hätte das alles nicht machen können.«

Allerdings, und auch das liegt in Ingrids Blick, hat er dafür auch alles gegeben. 70 bis 80 Stunden die Woche, und ständig ist er durch die Welt geflogen. Als er aufhörte zu arbeiten, hatte er eine Million Flugmeilen auf dem Guthabenkonto. Jetzt sind es immer noch 300 000. Bei United wird er als Erster beim Boarding aufgerufen! First-Class-100 000-Meilen-Superpassagier!

Die Sonne scheint auf die Terrasse im kleinen Garten des Bungalows. Schön und schlicht. Nichts Protziges dabei, norddeutsch. Die Küche ist von Poggenpohl. Haben sie aus Deutschland importiert. Allerdings: Damit sie passte, mussten sie das Haus um eineinhalb Meter verlängern. Das sagt eigentlich alles über die Sponholzens: so deutsch geblieben, dass sie eine Poggenpohl-Küche haben wollen, aber so amerikanisch geworden, dass sie dafür das Haus verlängern, statt eine kleinere Küche zu nehmen.

Uwe hat Ingrid 1965 kennengelernt, als er nach 14 Jahren zum ersten Mal wieder nach Deutschland kam, weil sein Vater gestorben war. 1967 im Februar holte er sie nach Amerika, im Mai führte er sie zum Traualtar – in Reno, das ist das kleine Las Vegas.

»Das war schrecklich,« sagt Ingrid, »total stillos. Das würde ich nicht noch mal machen.«

»Wieso?«, sagt Uwe. »Es ging schnell, das war die Hauptsache, und wir waren verheiratet!«

Es macht Spaß, die beiden zu beobachten. Uwe ist wirklich Amerikaner geworden, Ingrid ist eher Deutsche geblieben.

»Ja, das stimmt«, sagt Ingrid, »und es liegt daran, dass Uwe ja wirklich ausgewandert ist. Er wollte weg aus Deutschland und nach Amerika. Ich bin ja keine Auswanderin. Ich hab geheiratet, ich bin nicht ausgewandert mit dem Herzen.«

Außerdem liegt das bei Uwe wohl auch im Blut. Seine Großtante Marie ging schon 1893 als Missionarin nach New Mexico und versuchte, die Indianer zu Baptisten zu machen. Maries Nichten, Martha und Elli, folgten der Tante 1922. Und Uwe wiederum folgte 1951 seiner Tante Martha.

Ingrid und Uwe sind in mancherlei Hinsicht unterschiedlich. Sie zum Beispiel hat Obama gewählt, er hat für McCain gestimmt. »Ich finde ihn so dynamisch,« sagt Ingrid, »intelligent, mit Charme und Wärme. Ich habe das Gefühl, dass er wirklich etwas ändern möchte. Die Abgeordneten und Senatoren, die ihm das Leben jetzt schwermachen, die denken doch nur an ihre Wiederwahl. Denen geht es nicht um die Sache, denen geht es um sich.«

»Also, sein außenpolitischer Ansatz«, sagt Uwe, »Respekt für alle, ausgestreckte Hand, okay, aber ohne Vorbedingungen verhandeln zu wollen, das ist nicht gut …«

»… wieso denn nicht?«, unterbricht ihn Ingrid, »Alles andere vorher hat ja auch nichts gebracht. Also ich setze auf Obama. Hoffentlich passiert ihm nichts. Der ganzen Familie. Sie sind ja immer alle zusammen.«

Ingrid ist Präsidentin des Allgemeinen Deutschen Frauenhilfsvereins, eines alten Traditionsverbandes, der Frauen und Kindern deutscher Abstammung hilft, die in Not geraten sind. Eine deutsche Frau, die von ihrem amerikanischen Mann verlassen wird und jetzt mit ihren Kindern nicht weiterweiß, zum Beispiel. »Wir haben auch schon Rückreisen nach Deutschland organisiert und finanziert«, erzählt Ingrid. 250 Mitglieder hat der Frauenhilfsverein, ansonsten sei die deutsche Gemeinschaft hier nicht mehr so besonders groß. Kein Wunder eigentlich, wenn selbst Ingrid und Uwe inzwischen meist Englisch miteinander sprechen.

»Wissen Sie, wir haben deutsche, aber natürlich auch viele amerikanische Freunde. Viele sind linksliberal und genauso viele sind eher rechts. Und da wird auch ordentlich diskutiert. Viele sind auch immer noch Rassisten. Auch in unserem Bekanntenkreis. Da gibt es sehr erhitzte Diskussionen, bis irgendjemand eingreift und sagt, Schluss mit Politik jetzt. Aber das hat Obama immerhin schon geschafft, dass wieder über Politik diskutiert wird, das ist doch schon mal ein wichtiger Fortschritt«, sagt Ingrid.

Uwe telefoniert wieder kurz, das dritte Mal jetzt schon, zehn Sekunden zuhören, dann nur ein knappes Okay oder No, und er legt das Handy wieder weg.

»Nur mein Broker, nur ein paar Aktien. Man muss ja was zu tun haben, ha. Na ja, wenn's denn gutgeht, wähle ich ihn beim nächsten Mal vielleicht auch. Ich bin kein sturer Republikaner, in Kalifornien hab ich auch schon Demokraten gewählt.«

»Haben Sie eigentlich auch Waffen im Haus, wie ein echter Amerikaner?«, frage ich Uwe.

»Das ist auch so was«, sagt Ingrid, »wo wir völlig anderer Meinung sind, ich will die Dinger nicht im Haus haben.«

»Zwei Pistolen hab ich, ein Gewehr und eine Flinte.«

»Warum?«, frage ich.

»It's my right.«

»Und wenn ein Einbrecher käme, dann würden Sie ihn erschießen?«

»Ha, dann müsste ich dem sagen: ›Wait a minute, bin sofort da, muss nur schnell meine Waffen finden.‹ Ich hab sie versteckt und Gott weiß, wo.«

Na ja, der Einbrecher könnte sich dann umschauen in der Zwischenzeit – und wundern. Nicht nur über die deutsche Küche, auch über ein Ölgemälde im Wohnzimmer mit deutschen Kühen in deutscher Landschaft, genauer gesagt Schleswig-Holstein.

»Schleswig-Holstein vermisse ich immer noch. Manchmal hab ich richtig Heimweh nach Deutschland«, sagt Ingrid nach über 40 Jahren hier.

Auf einem Sideboard fällt mir plötzlich ein Foto von einem hübschen asiatischen Mädchen mit schulterlangen schwarzen Haaren auf. »Unsere Tochter«, antwortet Uwe auf meinen fragenden Blick.

»Ihre Tochter?«

»Hai-Van Karin Sponholz, sie ist jetzt 37.«

»Erzählen Sie!«

»1972 war ich in Vietnam – da hatte ich ja noch den Pharmahandel – in einem katholischen Waisenhaus. Das Elend war unbeschreiblich dort. Hai-Van war damals neun Monate alt, und obwohl es da schrecklich war, war es nicht leicht, sie zu adoptieren. Gott sei Dank kannte ich ein paar Leute, und mit viel Glück und Zufall schaffte ich es am Ende tatsächlich und konnte sie mit nach Amerika nehmen. Sie hat in Los Angeles studiert und ihren Doktor in Psychologie gemacht. Sie ist unser ganzer Stolz.«

Also, ich muss sagen, die Sponholzens haben mich schwer beeindruckt. Immer wieder eine neue Wendung. Wir fahren noch rüber zum *Peninsula Golf & Country Club*. In Uwes Leihwagen. Ein bisschen ärgert ihn das schon, dass ausgerechnet bei Besuch aus Deutschland der Mercedes 550 S AMG in der Werkstatt ist. Und in Ingrids »kleinen Jaguar« passen wir nicht alle rein. »Hach, das wird schon für mich alleine immer anstrengender, da einzusteigen, aber ich fahre ihn weiter, weil ich mir einfach noch nicht eingestehen will, dass ich zu alt dafür bin«, sagt Ingrid.

Im Golfclub geht Uwe quer über den gepflegten Rasen zum Restaurant, während Ingrid und ich über den Gehweg laufen.

»Das ist der Unterschied zwischen uns: Ich gehe deutsch über den Gehweg, Uwe, der Ami, geht über den Rasen«, sagt sie, und Uwe hat es gehört.

»Ja, ja, daran kann ich mich noch gut erinnern: ›Betreten des Rasens strengstens verboten!‹ Was für ein Blödsinn. So ein Rasen muss auch mal betreten werden!«

Die Krise ist auch am *Peninsula Golf & Country Club* nicht spurlos vorübergegangen. Vergangenes Jahr musste er die Preise senken: von 360 000 Dollar auf 210 000 Dollar für die eine Aktie, mit der man Teilhaber wird.

»Inzwischen feiern wir hier mehr Beerdigungen als Hochzeiten«, lacht Uwe.

Er hat gut reden, er ist – wie immer – mit dem richtigen Riecher gerade rechtzeitig ausgetreten und hat seine Mitgliedschaft noch gewinnbringend weiterverkauft, bevor die Preise verfielen.

Es war ein herrlicher Ausflug zu Ingrid und Uwe nach San Mateo. Eine Woche später bekam ich noch einen Brief:

Lieber Herr Kausch,
zu Ihrem Interview möchten wir noch ein paar Anmerkungen machen. Manchmal fallen einem gute Antworten erst etwas spät ein! Sie fragten, was uns an den Amerikanern gefällt. Die Amerikaner sind eine stolze, starke Nation. Sie besteht aus Einwanderern, und Einwanderer müssen wohl im Allgemeinen Durchsetzungsvermögen haben. Die, die das nicht haben, wagen den Sprung in eine neue Welt erst gar nicht. Die meisten sind unkompliziert und hilfsbereit, gastfreundlich, großzügig und flexibel, vor allem engagieren sie sich sehr karitativ.
Was uns nicht so gefällt: Sie könnten zur Umwelt freundlicher sein, müssten mehr Verantwortung für sich selbst übernehmen und sich nicht ewig gegenseitig verklagen, gesünder essen (weniger Fastfood) und sie sollten weniger auf Kredit leben. Die hohe Kriminalität natürlich. Das sind natürlich allgemeine Beobachtungen. Wir haben viele sehr nette Freunde und Nachbarn, die uns genauso lieb sind wie unsere Freunde in Deutschland. Ihnen ist sicherlich bekannt, dass Amerika eigentlich kaum noch ein Schmelztiegel ist, sondern mehr eine Salatschüssel, in der alle Nationen und Rassen zusammengewürfelt werden, aber nicht mehr so sehr miteinander verschmelzen, wie das einmal der Fall war. Der Schmelztiegel war wahrscheinlich die bessere Form, aber wir leben trotz allem verhältnismäßig friedlich miteinander. Zusammenkünfte von Freunden sind eigentlich immer wie die Vereinten Nationen, und wir selbst sind ja auch eine gemischte Familie. Die großen deutschen Vereine, die es mal gab, werden immer weniger, weil wenige Deutsche eine Green Card bekommen. Die zweite und dritte Generation hat schon nicht mehr das Interesse. Außerdem integrieren sich Deutsche sofort. Jetzt bilden andere Völkergruppen Vereine, nämlich die, die jetzt in

großen Massen einwandern: Asiaten, Inder, Mexikaner usw. Und von ihnen sollte man verlangen, dass sie Englisch lernen. Früher war das selbstverständlich, aber heute muss der Staat z. B. Wahlzettel in vielen fremden Sprachen drucken, obwohl man ja eigentlich beweisen muss, dass man Englisch lesen und schreiben kann, wenn man eingebürgert wird. Damit fängt es an, dass es den Schmelztiegel nicht mehr gibt, dabei vereint die Sprache doch eine Nation.

Mein Mann ist als junger Mann nach Amerika ausgewandert, um sein Glück zu suchen, und ist Amerikaner, da gibt es keine zwei Meinungen. Ich bin nicht ausgewandert, wie man das normalerweise versteht. Deutschland ist meine Heimat, und nach Amerika habe ich zufällig geheiratet. Uns geht es sehr gut, und ich lebe gerne in Amerika, aber ich habe sehr lange Heimweh gehabt. Das änderte sich eigentlich erst, nachdem meine Eltern gestorben waren.

Mit freundlichen Grüßen

Ihre Ingrid Sponholz

Lieber Herr Kausch,

auch ich möchte noch ein paar Sachen hinzufügen. Ich bin sehr stolz darauf, dass ich viele Jahre im Vorstand des Coyote Point Yacht Clubs war und dann auch 1994 Commodore wurde. Ich war auch einige Jahre im Vorstand des Broadway By The Bay (Sie könnten sich mehr darüber im Internet unter www.broadwaybythebay.org informieren), auch als Schatzmeister und schließlich auch President. Ich hatte erwähnt, dass ich in der Confrérie de la Chaîne des Rôtisseurs aktiv war. Auch hier war ich viele Jahre in höheren Positionen tätig und vier Jahre als President der Pacific Northwest Region, und damit auch im nationalen Vorstand. Auch war ich ein paar Jahre Co-Chair einer Weinauktion zugunsten

des Sequoia Hospitals in Redwood City. Wir haben in den Jahren mehrere 100 000 Dollar gespendet bekommen. Das werde ich auch wohl weitermachen.
Herzliche Grüße
Ihr Uwe Sponholz

Da darf man ruhig ein bisschen schmunzeln. Uwe ist schon ein ziemlicher Amerikaner geworden. Und trotzdem auch seit fast 60 Jahren ein Botschafter Deutschlands in den USA, zusammen mit seiner lieben Frau. Nur höchstens 30 Minuten entfernt lebt Professor Gerhard Casper von der Stanford-Uni. Er kam gut zehn Jahre später als Uwe Sponholz, und auch er und seine Frau sind deutsche Botschafter, die uns stolz machen können. Sie kennen sich untereinander nicht, sind völlig unterschiedlich und haben das Wichtigste doch gemeinsam: Sie alle haben in Amerika ihr Glück gefunden, selbst Ingrid, die es da gar nicht suchte.

Fred Irwin war Baby des Jahres

Auf der Rückfahrt von San Mateo nach San Francisco muss ich an Fred Irwin denken. Der ist sozusagen das umgekehrte Beispiel: Fred lebt seit nahezu 40 Jahren in Deutschland und ist der beste amerikanische Botschafter, den man sich vorstellen kann. Kurz bevor ich zu dieser Reise aufbrach, hatte ich ihn noch in Frankfurt besucht, um mir ein paar Anregungen zu holen. Fred Irwin ist in der breiten deutschen Öffentlichkeit nicht viel bekannter als Gerhard Casper in der amerikanischen, obwohl auch er ganz außerordentlich einflussreich ist. Viele sagen sogar, er sei einflussreicher als der echte amerikanische Botschafter in Deutschland. Das liegt zum einen daran, dass er schon seit 1991 Präsident der Amerikanischen Handelskammer in Deutschland ist, und zum anderen, dass er ein genialer und charmanter Netzwerker ist. Gerüchte besagen, selbst deutsche Regierungsmitglieder rufen bei Fred Irwin an, wenn sie kurzfristig einen Termin in Washington haben wollen. Und umgekehrt. Deshalb wurde er auch zum Vorsitzenden des Beirats für die Opel-Treuhandgesellschaft berufen, in der zwei Deutsche und zwei Amerikaner um den Verkauf von Opel rangen, und Fred Irwin stand als deutsch-amerikanischer Brückenbauer dazwischen.

Von außen betrachtet, war das ja ein ziemliches Theater, doch Fred würde das so nicht sagen. Er würde sagen, dass es eine sehr interessante Erfahrung für ihn war, und das Thema wechseln.

»Wenn ein Amerikaner einen Raum betritt, in dem dreißig Leute sind, von denen er vier kennt, dann geht er zu den vieren, unterhält sich kurz mit ihnen und geht dann zu den 26 anderen. Ein Deutscher bleibt die ganze Zeit bei seinen vier Bekannten stehen«, sagt Fred.

Das liege wohl in den amerikanischen Genen. Deshalb habe er immer den direkten Kontakt zwischen Deutschen und Amerikanern gefördert und so nach und nach sein Netz erweitert. Wenn amerikanische Politiker in Deutschland waren, hat er sie mit den richtigen Leuten bekannt gemacht, und wenn deutsche Firmen Probleme mit den Amerikanern hatten, flog er einfach mit dem deutschen Firmenchef nach Washington, stellte ihn seinen Landsleuten vor und erklärte ihnen, warum eine gute Zusammenarbeit im amerikanischen Interesse liege. Das klingt nach Supernanny, und ist es auch ein bisschen, aber anders geht es nicht.

»40 Prozent der amerikanischen Kongressabgeordneten haben keinen Reisepass, die kennen nur die USA«, sagt Fred. Das mag einem unglaublich vorkommen, aber Jack Janes hat es ja auch gesagt, Ecki van Kläden kommt gerne nach Amerika, aber umgekehrt tut sich wenig.

Bei Fred war das ganz anders. Er war 1967 zum ersten Mal in Deutschland, und das kam so: Als er ein Jahr alt ist, wird Fred Baby des Jahres in Dallas! Ja, da beginnt tatsächlich die Geschichte, die Fred mir erzählt, nachdem ich ihn gefragt habe, wie es ihn denn nach Deutschland verschlagen habe, damals. Ich hätte gar nicht gedacht, dass er sich so viel Zeit nehmen würde für dieses Gespräch. 1948 ist aus dem Baby des Jahres in Dallas, Texas, dann ein Grundschüler in St. Petersburg, Florida, geworden. Schon damals sei die Hälfte der Leute dort über 65 gewesen, erinnert sich Fred. Dann kommt die Highschool in Wickliffe, Ohio, dann die Universität in Cincinnati. Von zu Hause ist er mit Gütern nicht reich beschenkt, und deshalb muss er sich immer etwas dazuverdienen, ob als Zeitungsjunge, Schulbusfahrer oder Bouncer in Bars, weil er groß und stark ist. Diese Eigenschaften lassen sich wiederum noch nützlicher auf dem Basketballfeld einsetzen, und schließlich bekommt er ein Basketballstipendium, das ihn finanziell rettet. Den Basketballer sieht man Fred heute noch an, auch wenn er inzwischen ein Einstecktüchlein an der Brust trägt statt des Emblems seiner Mannschaft. 1962 kommt dann jemand von der Army und fragt, ob er nicht in das Army Reserve Officers' Training Corps eintreten wolle, das ROTC. Im Gegenzug bekäme er ein Stipendium von der Army. Fred stimmt zu, weil er ansonsten ohnehin Wehrpflicht leisten müsste, die es in den USA damals noch gibt. 1967 macht er dann seinen Abschluss in Wirtschaft an der Uni und in der Army ist er währenddessen automatisch schon bis zum Oberleutnant befördert worden, ohne je einen Tag da gewesen zu sein. Doch dann, 67, ist es so weit, und wer 67 einen Marschbefehl bekommt, der marschiert in der Regel nur in eine Richtung: Vietnam. Freds Befehl aber lautet: Abmarsch – nach Deutschland!

Da arbeitet er als Captain in der Verwaltung bei der Army in Frankfurt und lernt viele Deutsche kennen. Seine Liebe zu Deutschland beginnt, obwohl er kein Wort Deutsch spricht. Zwei Jahre ist er bei der Army in Deutschland in der Verwaltung, und das war's dann auch schon mit dem aktiven Militär. Unter Kosten-Nutzen-Aspekten war das keine schlechte Entscheidung mit dem ROTC-Stipendium. Er will in Deutschland bleiben und fragt bei der Amerikanischen Handelskammer, deren Präsident er später werden soll, nach amerikanischen Firmen in Deutschland, schreibt über 200 Bewerbungen – so was gab es also auch früher schon – und beginnt schließlich bei Dun & Bradstreet in New York. Das ist die größte Wirtschaftsauskunftei der Welt, und die hat auch damals schon Filialen in Deutschland. Seine ersten Kunden hat Fred aber im World Trade Center in New York, und als ich deshalb nach 9/11 frage und ob er da Bekannte gehabt habe, müssen wir das Gespräch kurz unterbrechen, weil ihm die Tränen kommen.

1974 geht er dann für Dun & Bradstreet als Geschäftsführer nach Frankfurt und seitdem ist er mehr oder weniger in Deutschland geblieben. 1984 wechselte er zur Citigroup, wo er auch heute noch ist. »Man kann besser in den USA leben«, sagt Fred, »aber schöner in Deutschland.«

Okay, was sind die besonderen Merkmale der beiden Länder, wenn man so dazwischensteht?

»1950 gab es 150 Millionen Amerikaner, heute über 300 Millionen. Der Großteil des Zuwachses kam durch Immigration, und diese Zuwanderer integrieren sich ganz schnell in die amerikanische Gesellschaft. Sie lieben ihre Muttersprache und ihr Erbe, aber sie werden zugleich auch patriotische Amerikaner. Das gibt es in keiner anderen Kultur so.«

Deutsche dagegen …

»Das ist das Einzige, was ich merkwürdig finde, nachdem ich so lange in Deutschland bin, dass Deutsche nicht besser über ihr eigenes Land sprechen. Wenn ich das anspreche, sagt man mir immer, das habe eben mit der deutschen Geschichte zu tun. Amerikaner schauen nach vorne, nicht zurück. Wir müssen auch in Deutschland mehr nach vorne schauen.«

Gutes Stichwort zur rechten Zeit, fast hätte es gekracht, wenn auch auf dem Freeway in San Francisco und nicht in Deutschland. Die fahren aber auch wirklich wie Hölle hier.

School of Rock

Dafür, dass San Francisco eindeutig überbewertet ist, war mein Aufenthalt bislang sehr interessant, das muss ich zugeben. Bevor ich abreise, schlendere ich noch über den Union Square und plötzlich bin ich im Film *School of Rock* mit Jack Black. Das gibt's doch nicht. Den Film hab ich doch schon an mehreren Sonntagen mit meiner Tochter gesehen. Aber jetzt stehe ich hier vor ein paar Kids, die ihre Gitarren stimmen, ein junger Typ mit längeren Haaren trommelt auf dem Schlagzeug herum, klebt die Felle ab, stimmt es ein bisschen. In einer Stunde soll es hier ein Konzert geben. Der Schlagzeuger heißt Jack, Jack McFadden, er ist zweiunddreißig und Rockmusiklehrer. Und zwar an der Paul Green School of Rock Music, die Pate gestanden hat für den Film *School of Rock*. Ist das nicht der Hammer? Die gibt's wirklich!

Die Kids in der echten School of Rock sind zwischen sieben und 18 Jahre alt. Rund 50 Filialen gibt es mittlerweile in ganz Amerika, seit Paul Green die erste Schule 1998 in Philadelphia aufgemacht hat. Jack, Jack McFadden, war selbst viele Jahre als Profimusiker auf Tour, »aber man wird halt erwachsen«, meint er, »irgendwann brichst du dir den Arm und dann merkst du, dass du gar keine Krankenversicherung hast und dass du vielleicht doch nicht den Rest deines Lebens im Van von Tag zu Tag und Stadt zu Stadt fahren solltest«.

Jack sieht aus wie ein Rockmusiker, den die Mädchen toll finden: lange Haare, Kinnbärtchen, Kapuzenpullover unterm ausgeleierten Anzugjacket, mit einem gewinnenden Lachen. Dass er ein paar Jahre on the road war, sieht man ihm nicht an. Er sieht aus wie Mitte zwanzig. Cool. So sah ich sicher auch aus, als ich Schlagzeug gespielt habe damals in einer Band mit dem etwas unentschlossenen Namen *Shy Cry*, der aber eigentlich ganz treffend war, denn wir hielten uns für coole Rocker. Unser Proberaum war allerdings direkt über der Sakristei der katholischen St.-Konrad-Kirche im kleinen Werne in Westfalen. Das war im Vergleich zu, sagen wir, Woodstock also tatsächlich ein eher »schüchterner Schrei« nach wilder Freiheit.

Na ja, jedenfalls wünscht man sich solche Lehrer wie Jack natürlich als Jugendlicher, und für ihn wiederum, sagt Jack, sei das eine große Genugtuung, den Kids Musik beizubringen, ihnen zu helfen, eine Identität zu finden.

»In den öffentlichen Schulen kümmert sich keiner darum. Da sitzt vielleicht ein Beethoven in der Klasse, und keiner merkt es.« Und außerdem: »Die Jugendlichen wollen, dass man sie ernst nimmt, sie wollen eine bessere Zukunft, sie wollen eine Regierung, die sich um diese Zukunft kümmert, sie wollen etwas Eigenes bauen und nicht nur reparieren müssen, was die Erwachsenen zerstört haben. Ich bin 32«, sagt Jack, »meine Generation muss reparieren. Und deshalb, ja, es wurde höchste Zeit für eine neue Mentalität, eine neue Hoffnung, einen wie Obama, wenn du mich schon danach fragst.«

Während Jack mit mir spricht, füllen sich die ersten Reihen mit Zuschauern. Jede Menge Obdachlose setzen sich da hin, so lange, bis die Polizei sie wieder vertreiben wird. Einer, dem ich vorhin nichts gegeben hatte, kam kurz darauf noch mal und fragte: »Did you change your mind?« Der hatte Humor. Extrem viele Obdachlose in San Francisco, das war mir schon vorher aufgefallen, wie in den 90ern in New York.

»Ja«, sagt Jack, »das stimmt, das ist seit gut zehn Jahren so. Wahrscheinlich sind das alles New Yorker. Guiliani hat sie hierher ausgeflogen, als er da als Bürgermeister aufgeräumt hat. Nein, im Ernst, in Kalifornien siehst du so viele Obdachlose, weil das Wetter hier eben besser ist. Hier lebt es sich einfach ein bisschen besser als Obdachloser. Ich kenne auch welche, die den Winter auf Hawaii verbringen. Oder in Santa Barbara, da sind auch viele.«

Na das werd ich ja sehen. Da fahr ich ja hin.

5. Puh, ganz schön weiß hier – in Santa Barbara

Der berühmte Highway 1 ist eindeutig überschätzt. Ich habe mir ein Auto geliehen und fahre ihn jetzt schon zum zweiten Mal in meinem Leben hinunter. Wer zum Beispiel schon mal auf Sardinien Auto gefahren ist oder in Portugal oder auch in Albanien an den Küsten, den haut das jetzt nicht so vom Hocker, wie immer getan wird. Carmel ist auch überschätzt. Nur weil Clint Eastwood da mal zwei Jahre Bürgermeister war von 1986 bis 1988. Hemingway, Jack London, Steinbeck, ja, die waren auch mal da, aber das weiß ja keiner mehr. Eastwood, das weiß man, und Brad Pitt oder Jennifer Anniston, das weiß man auch, die mögen Carmel. Das Klima soll da so gesund sein. Ja, aber irgendwie ist es da auch immer neblig, und das Örtchen ist so sauber, als sorge Dirty Harry da immer noch für Ordnung. Im Grunde alles richtig und alles wirklich toll, alles so, wie's sein soll, aber auch zu toll irgendwie. So Birkenstock-toll. Also, ich nehme jetzt den Freeway, den 101 immer Richtung Süden, immer Richtung L.A. Ubrigens ein Wahnsinn, dass man auf dem Freeway, der ja schon wie eine Autobahn ist, plötzlich auch mal Querverkehr hat. Meistens in der Nähe von Farmen kommt auf einmal ein Pick-up von rechts und überquert den Freeway wie ein Hase oder Wildschwein – wie Wildwechsel, nur mit Autos.

Vier Stunden noch bis Santa Barbara. Was will ich in Santa Barbara? Ich will das einfach mal sehen, das Stückchen vom Paradies, einen der reichsten Orte Amerikas, und auch mal ein bisschen Pause machen, statt durchzubrettern bis L.A.

23 und Single und politisch korrekt

Cori Johansing ist wirklich sehr hübsch. Sie ist aus Colorado, eher zierlich, strahlende Augen, ein intelligentes Lächeln und 23 Jahre alt. Eigentlich »dreiundzwanzigeinhalb«, was sie an diesem Tag auch noch feiern will. Sie hat zwölf Jahre in El Salvador gelebt, weil ihr Vater da Geologe ist. Das war nicht immer einfach. Freunde zu finden zum Beispiel. Ziemliche Rassisten seien die da, sagt Cori. Die Opfer in diesem Fall Weiße. Ihre Eltern sind noch immer da, aber Cori ging dann zum Studieren lieber in die USA. Für vier Jahre an die Hospitality School der Boston University. Sie wird sicher mal Hoteldirektorin, aber jetzt ist sie erst einmal Concierge im *Four Seasons* in Santa Barbara und sitzt mir gegenüber.

Das mit den Rassisten hat sie nicht so ernst gesagt, wie es sich jetzt hier anhört. Wir kamen auf das Thema, als wir über Santa Barbara sprachen, und ich sie fragte, wie die Leute hier so drauf seien, auch politisch. In Wirklichkeit liebt sie El Salvador, die Kultur, das Klima, die Menschen, nicht, dass da Missverständnisse entstehen.

»Wie Santa Barbara ist? Ich weiß nicht, wie soll ich sagen, ich bin aus Boston hierhergekommen. Das ist eine sehr smarte Stadt, viele verschiedene Colleges, viele verschiedene Religionen, viele verschiedenen Kulturen, verschiedene Rassen, jeder hat seine Meinung, es gibt immer Demonstrationen. Dann komm ich hierher, und es ist ein bisschen, wie soll ich sagen – nun ja, ich sag es nicht gerne –, es ist – weiß? Vielleicht ist es Ihnen aufgefallen.«

»Jetzt, wo Sie es sagen. Ich habe noch keinen Schwarzen gesehen, stimmt.«

»Für mich ist es nicht so schlimm, die Latinos sind immerhin hier, das ist wie zu Hause in Mittelamerika, aber politisch gesehen, wie soll ich sagen, Washington ist weit weg.«

»Wieso sagen Sie, ›ich es sag es nicht gerne‹?«

»Na ja, merkwürdig, eine Stadt ohne Afroamerikaner. In San Francisco ist das nicht so, in L.A. ist das nicht so. In den großen Städten. Aber in Orten wie Carmel oder Santa Barbara.«

Cori ist sehr vorsichtig. Es fehlt eigentlich nur, dass sie noch nach links und rechts schaut, ob auch keiner zuhört. »Ich hab das Gefühl, es fällt Ihnen ein bisschen schwer, darüber zu sprechen? Warum?«

»Ja, es ist ein sehr sensibles Thema. Ich bin offen dafür, gehöre selbst einer Minderheit an. Ich bin jüdisch und war, glaube ich, die einzige weiße Jüdin in El Salvador. Als ich nach Amerika zurückkam, war ich wieder fremd. Ich weiß also, wie es ist, irgendwo nicht hineinzupassen. Aber es ist ein sehr sensibles Thema, wenn man darüber diskutiert, so wichtig es ist, es ist ja auch immer unterschwellig da.«

»Aber warum ist es so schwer, darüber zu reden?«

»Man darf nicht politisch unkorrekt sein. Alles in Amerika dreht sich darum, politisch korrekt zu sein, man will nicht das Falsche sagen. Meine Mutter unterrichtet zum Beispiel Kinder mit Lernproblemen, und wenn man sie freundlich-vorsichtig als ›besondere‹ Kinder bezeichnet, ist das falsch. Man nennt niemanden Jude, wenn man nicht selber Jude ist.«

»Was sagt man denn dann?«

»Jüdisch – jüdische Person.« Wir lachen, weil es komisch klingt, wenn man es so explizit sagt und darüber nachdenkt und redet. Aber es stimmt schon.

»Es ist bei uns ähnlich«, sage ich, »man sagt lieber ›Deutscher jüdischen Glaubens‹ als Jude. Aber hat sich denn in Amerika nichts geändert? Ein Afroamerikaner wurde Präsident.«

»Ich glaube nicht. Die Sache mit dem Harvard-Professor und dem Polizisten hat es ja gezeigt. Jeder passt genau auf hier, was er sagt, denn man wird auch schnell verklagt.«

Der schwarze Harvard-Professor Henry Louis Gates wurde vor seinem Haus von einem weißen Polizisten verhaftet. Er hatte seinen Schlüssel vergessen und sich an der Tür zu schaffen gemacht. Nachbarn hatten die Polizei alarmiert. Die verhaftete ihn, obwohl er nachweisen konnte, dass es sein Haus war. Es hatte ein Wortgefecht gegeben, während dessen der Professor den Polizisten offenbar als Rassisten beschimpft hatte. Deshalb wurde er verhaftet. Und weil er verhaftet wurde, erschien der Polizist dann tatsächlich als Rassist.

Als Obama am Ende einer Pressekonferenz, bei der es eigentlich um die Gesundheitsreform ging, zu seiner Meinung gefragt wurde, sagte er, dass die Polizei sich dumm verhalten hätte und dass es eine Tatsache sei, dass Schwarze immer noch überproportional häufig verhaftet würden.

Es schien ihm wichtig zu sein, das rauszulassen, und vielen gefiel auch seine Direktheit, denn im Grunde hatte er ja recht, und wer soll für die Afroamerikaner sprechen, wenn nicht dieser Präsident. Andererseits war er angetreten und gewählt worden als einer, der über den Rassen steht, insofern war seine Aussage problematisch, und vor allem stellte sich dann noch heraus, dass ausgerechnet dieser weiße Polizist im Umgang mit anderen Rassen so vorbildlich ist, dass er sogar andere Polizisten für genau solche heiklen Situationen ausbildet. Es dauerte also nur bis zum nächsten Tag, und Obama bedauerte seine Wortwahl. Er lud zugleich den weißen Polizisten und den schwarzen Professor auf ein Bier ins Weiße Haus ein. Damit war erst mal der Dampf aus dem Kessel. Aber nicht nur Obama, die ganze Nation war erschrocken, wie schnell der alte Druck sich aufbauen konnte, nachdem man doch ein paar Monate lang geglaubt hatte, man sei bei der Überwindung des Rassismus durch die Wahl des ersten schwarzen Präsidenten ein großes Stück vorangekommen. Nein, es ist noch ein weiter Weg. Jedes Wort wird auf die Goldwaage gelegt, und jede Geste ist wichtig. Als der Polizist, der Professor und der Präsident dann im Garten saßen, wurde Vizepräsident Biden noch schnell dazugeholt, obwohl er ja nichts damit zu tun hatte. Warum? Weil es politisch korrekter aussieht auf den Bildern, wenn zwei Weiße und zwei Schwarze zusammensitzen statt zwei Schwarze und nur ein Weißer. Man muss aufpassen, das hatte ich ja auch schon gleich am Anfang im Taxi in Washington gelernt.

»Aber grundsätzlich muss die Wahl eines Schwarzen zum Präsidenten einen Schub ausgelöst haben«, sage ich.

»Oh ja«, stimmt Cori zu, »das hat jeder Rasse Auftrieb gegeben, Afroamerikaner, Lateinamerikaner, auch für Frauen, nur was die Art des Umgangs miteinander angeht, ist alles wie früher. Obama war ein echter Schub gegen den Rassismus, aber vielleicht passt man deshalb jetzt sogar noch mehr auf, bloß nichts Unkorrektes zu sagen. Aber die Hoffnung ist da, dass mal alles normal wird, das hat sich wirklich geändert.«

»Wie wurden Sie in El Salvador behandelt?«

»Es dauerte drei Jahre, bis ich Freunde hatte. Ich ging dort im vierten Schuljahr hin, sprach kaum Spanisch. Ich gehörte definitiv nicht dazu. Sie sind sehr rassistisch dort, ich glaube, das kann ich sagen, zumal die gleichen Kinder jetzt meine besten Freunde sind.«

So, damit wäre die Sache mit dem Rassismus in El Salvador also aufgeklärt.

»Und wie empfinden Sie Amerika, nachdem Sie zwölf Jahre weg waren?«

»Amerika ist sehr trendy. Jeder ist entweder ein Trendsetter oder einer, der dem Trend folgt. Die Popkultur ist so omnipräsent, Musik- und Fernsehstars und -sternchen, jeder will nur noch das machen, was andere machen. Keiner sucht mehr seinen eigenen Weg.«

»Obama?«

»Ich hab ihn gewählt, ich bin ein großer Fan, aber ich glaube, er wird es im Ausland leichter haben als zu Hause. Die Gesundheitsreform hat es gezeigt. Es wird erst mal hart werden hier in den USA, bevor es besser wird. Aber allein, was er schon geschafft hat, um unser Ansehen in der Welt wieder zu verbessern, ist enorm.«

»Was gefällt Ihnen besonders?«

»Er ist nicht George Bush!«, lacht Cori. »Er ist so viel intellektueller, er repräsentiert uns so viel besser. Das Einzige, seine Mittelamerika-Politik hab ich noch nicht durchschaut.«

»Immerhin hat er eine, im Gegensatz zu Bush.«

»Ja, aber Honduras, ich weiß nicht, ob er da nicht die Falschen unterstützt hat.«

In Honduras putschte das Militär im Sommer 2009 gegen den linken Präsidenten Manuel Zelaya, einen Hugo-Chavez-Zögling, der sich wie sein venezuelanischer Mentor die Möglichkeit zur unbegrenzten Wiederwahl hatte schaffen wollen. Früher konnte man davon ausgehen, dass die USA hinter solch einem Putsch stehen. Heute verurteilt Barack Obama den Staatsstreich und warnt vor einem »Rückfall ins Zeitalter der Militärputsche«, obwohl Zelaya alles andere als ein Freund der USA ist. Damit stellte sich Obama in eine Reihe mit den Vereinten Nationen, der Organisation Amerikanischer Staaten und der EU. Eine völlig neue Politik in Amerikas Hinterhof, wo sonst die CIA ihre Spielchen treiben durfte.

»Ja, ich weiß, es stimmt ja, trotzdem wurde aus den richtigen Gründen leider dem Falschen geholfen.«

»Obama ist Verfassungsrechtler. Was wird noch hart werden in den USA, bevor es besser wird?«

»Bildung zum Beispiel. Die Studiengebühren werden von Jahr zu Jahr teurer. Insbesondere an den privaten Schulen und Universitäten. Gleichzeitig geben die Universitäten weniger Mittel für Stipendien frei, und die Banken werden immer restriktiver bei der Vergabe von Darlehen zum Studieren.«

»Obama hat Bildung auf dem Radar.«

»Aber zuerst wird es um die unteren Bildungsebenen gehen. Erst später um die höheren. Schon aus dem Konjunkturprogramm ist viel in die unteren Bildungsebenen geflossen, und das ist großartig. Wenn die Wirtschaft wieder rundläuft, wird es auch an den Universitäten wieder besser. Viele haben Geld in der Krise verloren, Harvard, Stanford, und ich weiß, dass viele Universitäten auch Mittel aus Vorsicht geblockt haben, die sie dann wieder für Stipendien freigeben werden.«

»Ich war in Stanford, die werden überleben.«

»Na ja, zu meiner Uni in Boston kommen normalerweise alle großen Hotels und Restaurants, um die Studenten, die vor dem Abschluss stehen, gleich zu engagieren. Ich hab mit der Uni gesprochen, zuletzt kam nur noch ein Drittel der Arbeitgeber, keiner stellt ein.«

»Es gibt viele Obdachlose hier in Santa Barbara.«

»Ja, natürlich, weil das Klima hier angenehm ist und Santa Barbara eine reiche Gemeinde. Die Chance, etwas abzubekommen, ist hier höher als woanders. Wenn Sie sich entscheiden müssten zwischen Chicago und Santa Barbara als Obdachloser, würden Sie hierherkommen. Aber das soll nicht zynisch klingen. Man muss nur unterscheiden, denke ich, zwischen wirklichen Obdachlosen und solchen, die sich vor langem entschieden haben, so zu leben und nichts dafür tun, es zu ändern. Sie könnten auch in Obdachlosenheime gehen. Da ist es nicht mehr so schlimm wie früher, ich habe in Bosten freiwillig in einem gearbeitet, es gibt genug davon. Dagegen gibt es Leute, die Opfer der Krise wurden und plötzlich ihr Haus verloren haben. Die leben im Auto oder bei Freunden auf dem Sofa. Die sind wirklich obdachlos.«

»Gab's das auch in Santa Barbara?«

»Oh ja.«

»Wie sieht Ihre Zukunft aus? Wollen Sie mal in Europa arbeiten?«

»Definitiv. Da will ich hin.«

»Und dann mal ein Hotel leiten?«

»Das weiß ich noch nicht. Ich will auf jeden Fall eine Familie haben, Kinder, und als Hoteldirektorin ist das nicht einfach.«

»Die Familie kann doch mitkommen, wenn Sie mal versetzt werden.«

»In all den *Four Seasons Hotels* gibt es zum Beispiel nur vier Direktorinnen, und nur eine davon hat Familie. Da passt der Mann auf die Kinder auf.«

»Gibt es das inzwischen oft in Amerika, dass die Männer zu Hause bei den Kindern bleiben?«

»Ja, es nimmt zu, aber ich weiß nicht, ob ich das will. Aber ich bin sowieso noch so unentschieden. Jeden Tag eine neue Idee. Noch eine Sprache lernen. Ich bin 23 und Single und ich genieße mein Leben.«

»Was ist mit Michelle Obama, Frauen und Karriere, hat sie wirklich Einfluss?«

»Oh, sie ist so ein Vorbild. Sie ist intelligent und intellektuell und schön. Die ganze Obama-Familie, sie sind einfach großartig, so bescheiden. Es gibt so viele kaputte Familien hier in Amerika, und eine solche Familie als Vorbild zu haben ist großartig. Ich hab ja gesagt, mich stören die Trends und die Trendsetter, aber das sind mal gute Vorbilder, statt Britney Spears und all die anderen. Michael Jackson. Als er starb, war die Hölle los in Santa Barbara. Neverland, seine Ranch, ist nur 30 Minuten entfernt. Viele glaubten, er würde da beerdigt werden. Tag und Nacht riefen Journalisten und Fans bei uns an, um etwas herauszubekommen. Ob sich die Familie im Hotel eingebucht habe, das wäre dann ein Indiz für die Bestattung in Neverland gewesen. Einer wollte unbedingt einen Helikopter reservieren. Es war krank.«

Das war übrigens auch unglücklich für Angela Merkel. Ausgerechnet als sie ihren Antrittsbesuch in Washington macht, stirbt am Abend vorher Michael Jackson, und wer in aller Welt – und das ist wörtlich zu nehmen – interessiert sich da noch für den offiziellen Antrittsbesuch von Frau Merkel bei Präsident Obama? Aber die beiden kommen gut miteinander aus, wie gute Geschäftspartner, und mehr müssen wir doch nicht erwarten von unseren Regierungschefs. Die sollen gar nicht zusammen in die Sauna gehen und sich da beim Himbeergeistaufguss irgendwelche Schnapsideen ausdenken, von denen sie uns nichts erzählen. Mir ist es lieber, wenn die Versuche, sich mal in den Arm zu nehmen oder auch nur mal am Arm zu fassen, ungelenk bleiben zwischen Merkel und Obama – wie bei Teenagern, wenn bei denen die Zahnspangen beim Küssen gegeneinanderstoßen.

Oprah Winfrey wohnt auch in Santa Barbara, hat hier ihr Zweit- oder Fünft- oder Zehnthaus, man weiß es nicht, aber sie wird recht häufig gesehen. Ansonsten leben hier auch viele Promis, die inzwischen auf die B-Liste abgerutscht sind. Heather Locklear zum Beispiel, die spielte mal die Hauptrolle in der Serie *Ein Colt für alle Fälle* – mein Gott, das weiß ich, ohne nachschlagen zu müssen. Aber egal auf welcher Liste man steht, das hält keinen davon ab, zu zeigen, was man hat. Ferraris, Bentleys, Maybachs, in einem Mercedes oder BMW kommt man schon ziemlich unterschichtenmäßig daher in Santa Barbara. Wobei das natürlich nur die Aufschneider sind, die Goldkettchenträger. Und tatsächlich sind alle weiß.

Dann gibt es die Latinos, die für die Reichen arbeiten, die wohnen zwangsläufig auch unter Palmen und schauen mehrmals am Tag auf den herrlichen Pazifik. Und dann sind da noch die normalen Wohlhabenden, die es hierhergeschafft haben und trotzdem nicht unsympathisch sind. Die findet man frühmorgens mit ihren Hunden, Marke Labrador, am Strand des Pazifiks. Wie in den Filmen oder der Werbung: Gutaussehende Männer mit blauen Kaschmirpullovern über der Schulter schmeißen Holzstöcke ins Meer, die die weißen Labradore dann holen. Die Frauen tragen Windjacken und schauen dabei zu. Alle tragen Tod's-Schuhe, die aber schon sehr abgetragen sind. Nicht weil das Geld fehlt, sie halten einfach lange.

Es ist ein wunderbarer Morgen, noch so frisch, aber man spürt schon, wie die Sonne sich für den Tag warm macht. Eine Frau schaut ihrem Mann zu und der seinem Hund.

»Hi, ein wunderbarer Morgen, nicht wahr, noch so frisch, aber man spürt schon, wie die Sonne sich für den Tag warm macht. Ich heiße Thomas, ich komme aus Berlin.«

»Hi, ich bin Barbara ...«

»Oh, Barbara! Deshalb sind Sie hierhergezogen nach St. Barbara! Ha. Sorry, das haben Sie bestimmt schon oft gehört.«

»Ja. Sie sind aus Berlin? Wir haben mal in München gelebt, direkt nach den Olympischen Spielen 1972. Mein Mann war Speerwerfer, und er konnte da sehr gut trainieren.«

»Das ist ja interessant. Sagen Sie, es ist etwas kühl jetzt, hätten Sie vielleicht später Zeit, auf einen Kaffee? Ich schreibe gerade an einem Buch über die Amerikaner und was sich so verändert unter Obama.«

»Ja, ich weiß nicht, ich muss mal meinen Mann – Bruce? Bruce, kommst du mal, bitte.«

»Eine halbe Stunde, heute Nachmittag vielleicht?«

»Bruce, das ist Thomas, er ist aus Deutschland, er schreibt ein Buch über die Amerikaner unter Obama und er möchte ein Interview mit uns machen.«

»Ich bin nicht so politisch.«

»Oh, es geht nicht nur um Politik, ich interessiere mich einfach für die Menschen. Und da sie ja mal in Deutschland waren ... «

»Okay, heute Nachmittag um vier im *Casino Cafe*.«

Amerika.

Hochzeitsreise nach Tahiti fast geplatzt

Und wo sonst würde sich ein frischvermähltes Ehepaar am Tag nach der Hochzeit mit einem Deutschen treffen, nur weil der behauptet, ein Buch über Amerikaner zu schreiben? Cori hatte mir erzählt, dass in Santa Barbara zurzeit eine Hochzeit nach der anderen gefeiert wird, und ich fragte sie, ob sie mal versuchen könnte, mir solche Honeymooner zu vermitteln. Könnte ja ein Spaß für die sein, am ersten Tag ihrer Ehe gleich in einem Buch verewigt zu werden. Na ja, so könnte man sie ja zumindest locken. Und siehe da, Cori hat es geschafft – natürlich, sie ist Concierge – und kündigt mir die frischvermählten Mr. und Mrs. Perkins an. Wow. Das erste Interview nach der Hochzeitsnacht, da drängen sich interessante Fragen auf, die man natürlich nicht stellen kann.

»Ähm, Mrs. Perkins …«

»Ich heiße Mia.«

»Ehrlich? Super! In Deutschland haben wir eine Sängerin, die heißt auch Mia!«

»Oh, ja?«

Ja, sorry, man muss sich in so ein Gespräch mit einer Braut auch erst reinfinden, das ist alles noch so frisch, da ist man durcheinander, auch als Fragender, da muss man Vertrauen aufbauen, auch durch Nebensächlichkeiten, dafür hat man ja Menschenkenntnis. Mrs. Perkins, Mia, sieht hundertprozentig aus wie eine Eventmanagerin und benimmt sich auch so. Mr. Perkins, Greg, wie ein junger Investmentbanker im Freizeitlook, und er benimmt sich auch so. Mia hat diese langen blonden Haare, schwarze Sonnenbrille in den Haaren und den Ich-mach-was-mit-Medien-Blick, und Greg hat dieses selbstbewusste Wir-gehen-volles-Risiko-bestell-schon-mal-den-neuen-Ferrari-Gesicht unter den superdichten, kurzen, schwarzen All-American-Broker-Haaren und er spricht so unheimlich cool und lässig. Einfach ein Power-Couple. Mia ist also Grundschullehrerin, Greg ist Physiotherapeut. Das gibt's doch gar nicht. Seit fast drei Jahren kennen sie sich. Mia kommt aus Tusla, Oklahoma, das ist fast genau in der Mitte von Amerika, ein bisschen südlich davon, obendrüber ist Kansas, untendrunter Texas, rechts ist Arkansas, links New Mexico. Ein Koordinatensystem, das einen politisch ein wenig eingrenzt und einem keine große Wahl lässt.

»Ja, und vor sieben Jahren bin ich dann nach Santa Barbara gegangen und hab hier an der University of California studiert. Und Greg ist von hier, aus Santa Barbara.«

»Ja, ich bin hier geboren und aufgewachsen.«

»Das ist ja interessant, dass hier auch Menschen geboren werden. Ich dachte hier zieht man nur hin!« Noch so ein Brüller. Kausch ist in Form.

»Mein Vater ist auch schon hier aufgewachsen.« Greg schaut skeptisch zu Mia rüber und fragt sich gerade eindeutig, ob das eine gute Idee war, zu dem Fremden ins Buch zu gehen.

»Und hier werden Sie dann auch leben?«

»Ja, wir haben ein Haus hier.«

»Nicht billig, hier ein Haus zu kaufen.«

»Nein, ich hatte Glück, mein Bruder ist Immobilienmakler und er stolperte über Leute, die ihr Haus schnell verkaufen wollten und denen es nicht ums Geld ging.«

»Was ist das für ein Haus?«

»Ein wunderschönes!«, ruft Mia dazwischen.

»Ja«, sagt Greg in seinem lässigen Tonfall, »es ist im spanischen Stil, 220 Quadratmeter.«

»Platz genug für …«

»Kinder, ja, in ein paar Jahren, definitiv.«

»Wie alt sind Sie, Mia, wenn ich fragen darf?«

»Ich bin 26, und er ist 34.«

»Wie viele Kinder wollen Sie?«

»Ich wollte immer fünf, aber zwei oder drei sind wahrscheinlich genug.«

»Ja«, sagt Greg, »zwei oder drei.«

»Ich hab eine Tochter, das ist wunderbar, meine Frau, meine Tochter und ich, wir sind ein gutes Team.« Was rede ich denn da? Das klingt, als hätten wir keine weiteren Kinder bekommen können. Dabei stimmt das gar nicht! Warum hab ich das überhaupt …

»Oh, wirklich? Wie wundervoll!« Mia hat Mitleid, ich wusste es, jetzt muss ich das noch weiter ausführen.

»Ja, wir hätten natürlich auch noch weitere Kinder haben können, aber weil ich als Reporter und Korrespondent so viel im Ausland war …«

»Wow, das klingt toll!«

»… ja, es war ein ziemlich gefährlicher Job, den ich da gemacht habe. Es war nicht einfach. Es gab schon Situationen, na ja, jedenfalls war es da mit einem Kind natürlich besser, und noch ein zweites hätte die Sache kompliziert gemacht, und ich war ja kaum da, ich war immer weg.«

»Oh, das tut mir leid.«

Jetzt reicht es mir. »Habt ihr mal im Ausland gelebt?« Die Frage sitzt.

»Ich, nein, aber Greg.«

»Ich war mal vier Monate in Australien und habe es geliebt. Ich würde gerne mehr reisen, aber wir haben die Arbeit und den Hund.«

»Mein Vater ist aus Finnland, da war ich zweimal, einmal in England und einmal in Mexiko, das sind die einzigen drei Länder, in denen ich war.«

»Oh, das tut mir leid. Macht ja nichts.« Okay, Kausch, die beiden haben gestern geheiratet und sie sprechen mit dir, und du willst sie jetzt runtermachen, weil du das Interview nicht auf die Reihe kriegst. Das kann ja wohl nicht wahr sein! »Macht ihr auch eine Hochzeitsreise?«

»Ja, wir fahren morgen«, sagt Greg ganz cool, »nach Tahiti.«

»Wow«, rufe ich begeistert.

»Jaaa!«, ruft Mia. »Warst du mal da?«

Touché! »Nein, noch nie. Noch nicht, meine ich.«

»Ja, es wird toll.«

»Sagt mal, in den Filmen sieht man doch immer, dass die Hochzeitspaare gleich nach der Trauung losfahren. Ist das nur in den Filmen so, oder warum seid ihr noch hier?«

»Stimmt, viele Leute machen das so«, sagt Greg, »aber unsere Verwandten und Freunde sind von weit her gekommen, das wäre zu schade gewesen.«

Okay, kommen wir mal zum Punkt jetzt. Ich bin ja schließlich politischer Journalist: »Ihr habt zu einem Zeitpunkt geheiratet, an dem die Zukunft wieder heller aussieht, die dunklen Jahre sind vorbei. Empfindet ihr das auch so?«

»Ich habe Hoffnung«, sagt Greg, »Amerika wollte den Wandel, und es ist gut so. Wir wissen nicht, wie sich alles entwickelt, aber es ist gut.«

»Mia?«

»Ähm, …«

»Das ist wirklich erstaunlich«, fällt mir da wieder auf, »so viele Paare haben unterschiedlich gewählt. Meistens die Frauen für Obama und die Männer für McCain, aber bei euch war es umgekehrt?«

»Sie ist in Oklahoma aufgewachsen, die ganze Familie, alles Republikaner, sind sie ja alle in Oklahoma, und ich komme eben aus Kalifornien. Ich meine, wir verfolgen die Politik nicht so genau«, sagt Greg, »wir kennen uns ein bisschen aus. Aber das meiste wird doch hinter verschlossenen Türen besprochen. Und man weiß nicht, was wirklich passiert. Aber ich glaube, Obama hat viele gute Ideen und er möchte das Land wirklich zu einem besseren Platz für die Menschen machen, und das ist gut, das ist erfrischend.«

»Mia?«

»Hm.«

»Wie sehr hat Santa Barbara in der Krise gelitten?«

»Oh«, sagt Mia, »Lehrer hat es zum Beispiel schwer erwischt. Ich kann froh sein, einen Job zu haben.«

»Ich finde«, werfe ich scharf ein, um mal eine knallhart provokante deutsche Meinung zu äußern, »dass man an einer Sache nicht sparen kann, und das ist die Bildung, weil dann die neuen Defizite für die Zukunft schon wieder zementiert sind.«

»Ja, genau!«, sagt Mia.

»Ja, genau!«, sagt Greg.

»Ansonsten lebt es sich aber noch ganz gut in Santa Barbara?«

»Natürlich gibt es nach wie vor reiche Leute, aber wenn wir nur mal unsere Hochzeit nehmen,« sagt Greg, »wir haben unsere Flitterwochen in Tahiti bei einem Reiseunternehmen gebucht, das aber zwischenzeitlich pleite ging, unsere Anzahlung war damit auch weg. Unsere Hochzeitsfeier wollten wir eigentlich in einem Golfclub hier in Santa Barbara ausrichten, und vor fünf Wochen ruft der Club uns an, *Glenn Annie*, so heißt der, und sagt uns, dass er zumachen muss. Dann mussten wir in fünf Wochen etwas Neues finden. Also, gar nicht so leicht zu heiraten in diesen Zeiten.«

»Das ist ja der Hammer! Also, das tut mir leid, meine ich natürlich, das ihr solche Probleme hattet. Aber das zeigt wirklich mal auf ganz besondere Weise die Auswirkungen der Krise bis in alle möglichen Ecken. Und dann noch hier in Santa Barbara. Toll, dass ihr es trotzdem geschafft habt. Noch ein großartiges Leben – und tolle Flitterwochen in Tahiti!«

So führt man Interviews. Mal behutsam, mal aggressiv, so findet man am Ende die Wahrheit heraus. Die Krise ist bis nach Santa Barbara gekommen. Das ist die Wahrheit.

Wie viele Millionen sind in einer Billion?

Ich lege mich an den Strand und schaue aufs Meer, die endlose Weite des Pazifiks. Das andere Ufer liegt in Japan, China, Russland, je nachdem, wo man gerade so ankommt. Vielleicht bleibt man ja auch auf Hawaii schon hängen. Oder gleich an einer der sechs Ölbohrplattformen in genau drei Meilen Entfernung. Wie an einer Schnur aufgereiht, stehen sie da am Horizont, stoisch wie die Indianer, als warteten sie nur auf den richtigen Zeitpunkt, um loszuschlagen. Oder einfach eine ständige Mahnung, weniger Energie zu verbrauchen? Paul fällt mir ein, der Ölbohrer auf dem Flug von Chicago nach Dallas: »Erst wollten sie uns nicht mehr, weil sie so grün sind, und jetzt, wo das Geld ausgeht, sollen wir wieder bohren in Kalifornien.« Ich starre auf die riesigen Rigs. Kommen da bald noch mehr?

»Das ist unsere Weihnachtsbeleuchtung. Sie glauben nicht, wie toll das in der Dunkelheit leuchtet. Tausende Lampen. Wie Weihnachtsbäume in der Ferne.«

Der Mann neben mir könnte Ende 50 sein. Wahrscheinlich ist er Ende 60, braun gebrannt, geschorener Schädel, wettergegerbtes Gesicht, Falten von der Sonne und vom Lachen, von einem guten Leben. So sieht er aus, nach einem guten Leben.

»Sie sind aus Santa Barbara?«

»Ja, ich lebe hier.«

»Und – leben Sie gut?« Ich habe nicht wirklich Lust, mich schon wieder zu unterhalten. Aber meine Schroffheit spornt ihn an.

»Ich mache mir Sorgen, wie alle im Land.«

»Was sind Sie von Beruf?«

»Ich bin Surfer. Und Chirurg.«

Kein Wunder, dass er gut aussieht. Seine Sorgen möchte ich haben. Blöder Spruch, hab ja auch gerade keine großen Sorgen.

»Worüber machen Sie sich denn Sorgen?«

»Um die Wirtschaft, um die Verstaatlichung. Wie lange wir noch selbst bestimmen können, wie wir leben wollen.«

»Wieso haben die Amerikaner eigentlich so viel Angst vor dem Staat?« Das nervt mich langsam, diese ewige Staatsschelte. »In Deutschland kennen wir das nicht. Ich bin aus Deutschland. Da ist es höchstens andersherum. Die Menschen rufen zu viel nach dem Staat und verlassen sich zu sehr auf ihn, statt selber Verantwortung zu übernehmen. Trotzdem sind wir stolz auf unser Sozialsystem.«

»Es ist eine andere Philosophie. Wir haben dieses Land in Eigenverantwortung gebaut. Wo der Staat eingreift, gibt es meistens mehr Probleme als einfache Lösungen. Amerikaner wollen für sich selbst entscheiden. Das ist unsere Mentalität.«

»Und wir Europäer? Sind wir dann Schwächlinge, oder was?«

»Ich weiß nicht. Hier macht jedenfalls keiner vier Wochen Urlaub. Und wenn man hart arbeitet, will man auch die Früchte seiner Arbeit für sich. Dann will man nicht für andere bezahlen müssen, die sich um nichts kümmern. Deshalb wollte keiner eine staatliche Krankenversicherung, wo man für andere zahlen muss.«

Au, Mann, diese Gesundheitsreform war echt ein harter Brocken für Obama. Kennen wir ja auch aus Deutschland. Mit dem Thema macht man sich keine Freunde. Aber was die Republikaner da abzogen, würde es bei uns nicht geben. Die zogen die übelsten Register, inszenierten Demonstrationen, diffamierten Obama als Hitler und die Reformpläne als Euthanasiemaßnahmen – das muss man sich mal vorstellen! –, um alte Menschen zu töten, weil in einem Gesetzentwurf stand, dass eine neue staatliche Krankenkasse auch Beratungsgespräche über medizinische Behandlung am Lebensende bezahlen müsse, Thema Patientenverfügung also. Sarah Palin ruft da via Facebook: »Das Amerika, das ich kenne und liebe, ist keines, in dem meine Eltern oder mein behindertes Baby vor Obamas Todesrat erscheinen müssen.« Nichts ist zu blöd, um nicht geglaubt zu werden, wenn nur genug Leute es wiederholen, und natürlich entwickelt sich eine Eigendynamik, die nur noch schwer zu stoppen ist. Dabei wissen auch die Republikaner ganz genau, dass das Gesundheitssystem ohne Reform den ganzen Staat erdrücken wird, aber das ist ihnen scheißegal, weil sie jetzt erstmals die Chance sehen, Obama wirklich beschädigen zu können. Dafür geben sie alles. Sie haben Blut geleckt. Diese bigotten, verlogenen, diese – sorry, aber da kann ich mich wirklich reinsteigern – Pissnelken.

In den USA haben 46 Millionen Amerikaner gar keine Krankenversicherung. Da kann man doch nicht noch ernsthaft darüber diskutieren, ob sich etwas ändern muss oder nicht. Das »sozialistische« Frankreich gibt elf Prozent seines Bruttoinlandsprodukts für den Gesundheitsbereich aus, und alle sind versichert, Amerika gibt 16,5 Prozent aus, mehr als jeder andere Staat der Welt, aber 20 Prozent der Amerikaner unter 65 sind unversichert. Klarer Fall also. Nur heißt das zugleich, dass knapp 250 Millionen Menschen eine Versicherung haben. Das sind ziemlich viele Menschen, und die meisten sind mit dem System zufrieden. Sie bekommen den Versicherungsschutz von ihrem Arbeitgeber, und der kann ihn wiederum voll steuerlich absetzen. Und wenn die Arbeitnehmer in Rente gehen, übernimmt der Staat die Versicherungskosten. Fantastisch, alle sind zufrieden. Und die Ärzte, die Krankenhäuser und die Pharmaindustrie bekommen so ihre hohen Rechnungen stets bezahlt ...

»Die Arztrechnungen sind auch deshalb so hoch, weil wir Rücklagen bilden müssen beziehungsweise Versicherungen bezahlen, weil wir ständig damit rechnen müssen, auf aberwitzige Summen verklagt zu werden«, wirft der surfende Chirurg ein.

Na, jedenfalls werden alle, die im System sind, schön bedient. Deshalb gefällt es denen, und sie fragen die eine Frage: If it ain't broken, why fix it? Weil es natürlich unsozial ist, da kann man auch nicht mit dem amerikanischen Mythos von der Selbstverantwortung kommen, und weil es teuer und ineffektiv ist, wie der Vergleich mit anderen Ländern zeigt. Auch das Argument, der Staat soll sich nicht einmischen, ist Blödsinn. Denn die Programme Medicare für die Pensionäre und Medicaid für Bedürftige werden ja vom Staat bezahlt. Er mischt also doch längst mit, der böse Staat, wie in Frankreich, ach du Schreck. Na ja, deshalb war das also so ein dicker Brocken, diese Gesundheitsreform.

»Was ist mit den ganzen Immigranten?«, erweitert mein Gesprächspartner das Spektrum. »Wenn wir für alle zahlen, wer hält dann noch die Welt davon ab, dass alle zu uns kommen?«

Vor uns segelt gerade eine Luxusjacht vorbei. Das sind jedenfalls keine Immigranten.

»Früher haben die Reichen für die Armen gezahlt und die Mittelklasse für sich selbst. Das war ausgeglichen. Jetzt zahlen die Top 10 oder 20 Prozent für die restlichen 80 Prozent.«

»Ja, das ist bei uns ähnlich. Komisch, oder? Ähnliche Probleme, unterschiedliche Mentalitäten und unterschiedliche Herangehensweisen. Irgendwie merkwürdig doch, dass wir in Europa mit unserem System ja auch ziemlich erfolgreich sind, oder?«

»Und deshalb sind wir so gute Freunde!«

»Ich heiße übrigens Thomas.«

»Thomas? Ich bin Hewitt. Hewitt Lang. Möchtest du ein Wasser?«

»Nein, danke.«

»Es ist französisches Wasser!«

Guter Joke, Hewitt hat Humor. Und Frankreich ist wirklich ein Schlüsselreizland für die Amerikaner. Da ist Deutschland weit entfernt davon. »Wir wollen nicht wie Frankreich sein!«, wer hat mir das noch zuerst gesagt? Paul, der Ölbohrer? Oder war's Ron, der Bartender in Dallas? Weil Frankreich so sozialistisch ist, die neue Sowjetunion. Aber edles Mineralwasser machen sie auch.

»Ihr habt wirklich einen Frankreich-Tick hier.«

»Na ja, wie hoch ist die Arbeitslosenquote in Frankreich?«

»Ich weiß nicht, acht, neun Prozent vielleicht, wie bei uns. Wie bei euch. Ungefähr.«

»Das ist alles? Ich dachte, sie wäre höher.«

»Frankreich hat auch eine konservative Regierung und einen konservativen Präsidenten. Nur mal so nebenbei bemerkt.«

»Ach.«

»Es ist trotzdem nicht gut für die Umwelt, französisches Wasser den ganzen Weg bis Santa Barbara zu importieren, Hewitt.«

»Ich mache mir ganz andere Sorgen, Thomas. Wie viele Millionen sind in einer Billion?«

»Äh, tausend?«

»Und du bist ein Journalist. Eine Million. Eine Billion Dollar sind eine Million Millionen Dollar. Und wir werfen nur noch mit solchen Zahlen um uns. Unsere Staatsverschuldung liegt bei über 11 Billionen Dollar.«

»Man gewöhnt sich an die Zahlen. Es fühlt sich auch nicht real an. Vielleicht ist es Fiktion?«

»Nein, ist es nicht.«

»Alle haben gigantische Summen ausgegeben. Soweit ich das verstanden habe, war das die Lehre aus der Weltwirtschaftskrise im vergangenen Jahrhundert. Jetzt bloß nicht noch sparen.« Hab ich dem Ron in Dallas doch auch schon erklärt. Dabei bin ich doch kein Wirtschaftsweiser, Mensch.

»Hoffen wir, es funktioniert.«

»Du hörst dich nicht so an, als wärst du ein großer Obama-Unterstützer.«

»Er hat sehr starke sozialistische Tendenzen.«

»Ein Franzose im Weißen Haus!«

»Damit scherzt man nicht. Was fährst du für ein Auto? BMW?«

Sehe ich etwas so aus? »Ja, ich fahre einen BMW.«

»Ich habe gerade auch einen bekommen. Ich wollte ihn mit Gangschaltung, hat dadurch lange gedauert. Ein 335er. Und deiner?«

»320.«

»Ach so.«

»Cabrio.«

»Ach ja?«

Den musste ich Hewitt noch mitgeben, und Hewitt muss jetzt auch los. Operieren oder Surfen, ich weiß nicht. Leider habe ich vergessen, ein Foto von ihm zu machen. Na ja, surfender Chirurg in Kalifornien eben, kann man sich ja vorstellen.

Edward hasst grobe Düsseldorfer und Franzosen

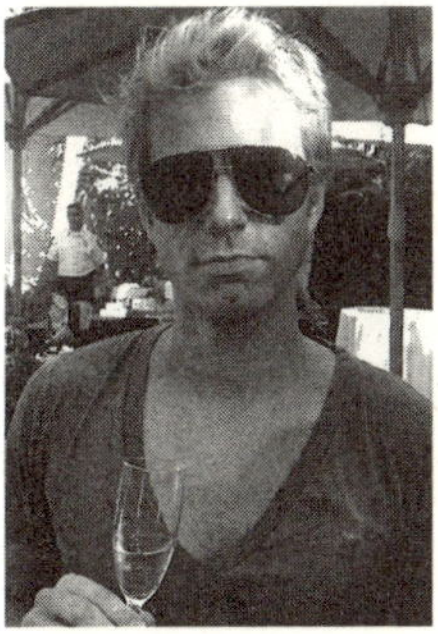

Aber von Edward hab ich ein Foto gemacht. Hühnerbrust, rasiert, entsprechend dekolletiert, lass uns anstoßen, Champagner!

»Hi, ich bin Edward. Edward Morgan.«

»Oh, das ist ein schöner und auch seltener Name, Edward.« Wir stehen bei so einer Verkaufsveranstaltung von allerlei Modesachen und Accessoires in Strandnähe herum.

»Ja, ich hab ihn auch lange gehasst, aber seit *Twilight* zahlt er sich endlich aus. Wenn ich im Restaurant unter ›Edward‹ reserviere, denken die sofort, ich sei Robert Pattinson. Ich wohn in Los Angeles, deshalb.«

»Ich bin Thomas. Aus Berlin«, und kurz abgelenkt, denn da fällt mir wieder ein, dass ich ja auch an Stephenie Meyer geschrieben habe, die Twilight-Autorin. Das hätte ich fast vergessen.

Ja, erst mal hab ich an ihren Verlag hier in Deutschland gemailt, den Carlsen-Verlag, und die gefragt, ob sie einen Brief weiterleiten würden. Das wollte man gerne tun. Also hab ich geschrieben:

Dear Mrs. Meyer,
I don't know what critics in America say about your books. In Germany almost all of them complain that they are too pure and chaste. I find that remarkable: teenagers obviously like a rather conservative than open sexually attitude and adults complain about it. Isn't it the other way around normally? At least when I was a teenager it was. And now that I am a father of a teenager I behave like my parents did, of course. So I have to admit that although I regard myself as a liberal person I have no problem with the fact that my daughter doesn't come across vivid sex scenes when she reads your books.
On the contrary, I am grateful since our television program is already loaded with sex. During a casting show in Germany called Mission Hollywood *for example, which was clearly aimed at teenagers, young girls had to re-enact three famous movie scenes – the all-men jury called them »the greatest moments in movie history«: the fake orgasm in* Harry and Sally, *the striptease in* Nine ½ Weeks *and the lesbian kiss of two girls in* Cruel Intentions. *When one of the girls hesitated to take off her bra, she was told not to make such a fuss and be so prudish. Can you believe this? If it wasn't on televison it would be a clear case of sexual harrasment, wouldn't it? But there's even more to it: The winner of this humiliating »casting« will get a minor role in the next*

installment of The Twilight Saga! Isn't that ironic? And sad for that matter.
But don't get me wrong, please. Even though I am a protective father, I don't consider sex before marriage unsaintly and much less do I consider sexual abstinence as an adequate method of contraception. It's perfectly clear that former President Bush's policy has done nothing that way to reduce teenage pregnancy in the U.S. And I am pro-choice with regard to abortion as well.
I only talk about it because in Germany all of this has been more or less generally accepted for a long time. And that's why among other things the doctrinal, and as we perceived it, bigoted morality of President Bush alienated us from America. And at the same token it is one of the reasons why we sympathize with America led by President Obama now. Which you probably don't do as far as your books are being interpreted. And isn't that ironic again? Teenagers all over the world love your allegedly conservative books and at the same time young people in so many countries cheer the liberal policy of Barack Obama. It's all a bit confusing or else we are simply overinterpreting all of this.
What do you think? Has America changed at all and for the better? Do you consider President Obama a role model for young people? Does he inspire you, even if you don't share the same opinion on all issues? Could he be the model of a character in a book of yours yet to be written? And would he be the hero then?
Best wishes
Thomas

Zwei Wochen später:

Von: Thomas Kausch
BetreffFwd: Letter to Mrs. Meyer
An: Katrin Hogrebe

Liebe Frau Hogrebe,
konnten Sie meinen Brief denn weiterleiten?
Fragt herzlich grüßend Thomas Kausch

Zwei Minuten später:

Vielen Dank für Ihre Nachricht! Ich bin zurzeit nicht im Verlag. Mit besonders eiligen Anliegen wenden Sie sich bitte an Antje Richers.
Mit freundlichen Grüßen!
Katrin Hogrebe

Liebe Frau Richers,
vielleicht können Sie mir ja auch eine Antwort geben?
Herzliche Grüße
Thomas Kausch

Einen Tag später:

Lieber Herr Kausch,
vielen Dank für Ihre Mail. Leider können wir Ihnen in dieser Angelegenheit nicht behilflich sein, da Stephenie Meyer derzeit nicht für Journalistenanfragen zur Verfügung steht. Sie hat sich eine Auszeit genommen, der Trubel war die letzten Monate enorm, und sie hat sich jetzt eine Pause erbeten. Das möchten wir gerne respektieren und bitten daher um Ihr Verständnis, dass wir Ihren Brief nicht weiterleiten können. Wann sie wieder – auch für deutsche Medien – erreichbar

sein wird, ist nicht gewiss. Daher können wir leider auch nicht auf einen späteren Zeitpunkt vertrösten.
Viel Erfolg für die Arbeit an Ihrem Buch wünscht
Antje Richers

Liebe Frau Richers,
danke für Ihre Nachricht. Ich bin ein wenig irritiert. Bevor ich mir die Mühe gemacht habe, den Brief an Frau Meyer zu schreiben, hatte ich Frau Hogrebe gefragt, ob sie ihn weiterleiten könne. Nachdem Frau Hogrebe das zusagte, habe ich mich an die Arbeit gemacht. Natürlich respektiere ich den Wunsch nach Ruhe. Da ich aber nicht um ein Interview bitte, sondern nur einen Brief schreibe, wäre ich Ihnen dankbar, wenn Sie ihn vielleicht doch einfach nur weiterleiten könnten, und Frau Meyer kann ja dann entscheiden, ob sie mir eine kurze Antwort schickt oder nicht?
Herzliche Grüße
Thomas Kausch

Lieber Herr Kausch,
wir haben uns in der Zwischenzeit mit der amerikanischen Agentin von Stephenie Meyer kurzgeschlossen, und die bat uns ausdrücklich darum, keine Anfragen weiterzuleiten. Natürlich ist Ihre Anfrage von der Form her ein Brief, doch was Sie möchten, sind ja Antworten auf konkrete Fragen, die dann in einem Buch veröffentlicht werden. Das ist natürlich streng genommen kein journalistisches Interview, kommt dem aber doch sehr nahe. Zumindest wäre Stephenie Meyer gefragt, sich öffentlich zu dem von Ihnen gesetzten Thema zu äußern. Ebendies ist aus schon genannten Gründen zurzeit leider nicht möglich.
Freundliche Grüße
Antje Richers

Mormonen.

Aber wo waren wir stehengeblieben? Hühnerbrust, glatt rasiert, Prosecco. Edward, richtig, also noch mal von vorn:

Edward hasst grobe Düsseldorfer und Franzosen

»Thomas, ich war im vergangenen Jahr in Deutschland.«

»In München?«

»Düsseldorf. Zuerst war ich in Düsseldorf. Aber, Thomas, du glaubst es nicht, die Düsseldorfer sind ja so grob! Und solche Snobs! Sie halten sich für etwas Besonderes. Ich meine, alles, was die haben, haben andere auch, oder nicht? Ungehobelte, unhöfliche Menschen. Sie haben mich angeschrien! Der Hotelbesitzer. Nur weil ich ein paar Freunde mit aufs Zimmer genommen hatte?«

»Aha?«

»Vielleicht hatten wir auch ein bisschen viel getrunken, aber das ist doch kein Grund, grob zu sein. Ich meine, in Amerika werden wir jedenfalls dazu erzogen, höflich zu sein. Und insbesondere, wenn ich jemanden bezahle, kann ich Höflichkeit erwarten. Aber er schrie mich an. Natürlich auf Deutsch, er konnte kein Englisch!«

»Und dann?«

»Dann hab ich ›Nazi‹ zu ihm gesagt, und dann war er so wütend, du glaubst es nicht. Am nächsten Tag bin ich gleich weiter, habe vorher aber einen Düsseldorfer gefragt, ob er mir Hamburg oder München empfehlen würde. Und als er Hamburg sagte, bin ich natürlich sofort nach München gefahren. Das war wunderbar. München ist einfach wunderbar, der Englische Garten, die Italiener, München gefällt mir sehr.«

»›Nazi‹ ist natürlich problematisch. Könnte sein, er war keiner, das ist problematisch, könnte sein, er war einer, das ist auch problematisch.«

»Ja, kann sein. Für mich hatte das keine große Bedeutung.«

»Warst du auch schon mal in Frankreich?«

»Ja, aber die Franzosen sind auch unmöglich, arrogant und grob.«

»Sozialisten, Edward, was will man da anderes erwarten?«

»Die Kellner haben mich beleidigt, nur weil ich mit der Speisekarte nicht klarkam. Ungebildetes Schwein, haben sie zu mir gesagt, das musst du dir mal vorstellen, auf Französisch, weil sie dachten, ich verstehe es nicht.«

»Ich hoffe, du hast ihnen kein Trinkgeld gegeben?«

»Natürlich nicht, obwohl das ein komisches Gefühl ist, wir geben ja immer Trinkgeld. Wir werden dazu erzogen, höflich zu sein.«

»Ja, ich weiß, und manchmal denke ich, so ein Kellner – vor allem in einem angesagten und teuren Restaurant – verdient viel mehr als ich, und trotzdem muss ich ihm noch was geben. 100 Dollar sind ja schnell auf der Rechnung, und wenn du 20 Prozent gibst – das erwarten ja manche –, dann sind das 20 Dollar, und wie viele Rechnungen verteilt ein Kellner in einem angesagten Laden am Abend? 30? 40? Das wären 600 bis 800 Dollar an einem Abend. Lass es nur 500 sein, und er arbeitet 20 Tage im Monat, dann kommt er auf 10 000 Dollar brutto. Ich weiß ja nicht, wie viel er davon versteuert.«

»Ja, aber er bekommt ja auch von seinem Arbeitgeber nichts.«

»Ja, der ist fein raus. Seine Kellner werden von den Gästen finanziert. Er verdient also an einem Essen viel mehr als ein Restaurantbesitzer in Deutschland, der ein Gehalt mit allen Lohnnebenkosten von den Einnahmen fürs Essen zahlt. Ich finanziere also in Amerika nicht nur den Kellner, sondern subventioniere zugleich auch noch den Restaurantbesitzer. Wieso? Ich geb ja auch nicht dem Autohändler 10 000 Dollar fürs Auto und zahl dem Verkäufer auch noch dessen Monatsgehalt extra.«

»So ist das eben. Man erkauft sich die Freundlichkeit von den Kellnern.«

»Das mag ich nicht. Man spürt in Amerika viel mehr als in Europa, dass alles nur um Geld geht. Tut es bei uns ja letztlich auch, aber man hat bei uns nicht so stark das Gefühl, für alles abkassiert zu werden. Dass einem nichts geschenkt wird, dass nichts umsonst ist. Dass auch ein Lächeln seinen Preis hat. Und wenn du den nicht zahlst, bekommst du kein Lächeln mehr.«

»Deshalb zahle ich lieber.«

»Naja, wie du meinst. Aber ich muss zugeben, ich habe in französischen Restaurants auch schon schlechte Erfahrungen gemacht.« In einer Brasserie zum Beispiel, in die ich eigentlich immer gerne ging – Präteritum –, wenn ich in Paris war.

Also, da bestelle ich das Tagesmenü, ein Kalbsschnitzel und ein Dessert hinterher, und der Garçon erklärt mir vorher, das koste 23,50 Euro. Am Ende soll ich aber 28 Euro bezahlen, und das kommt so: Das Schnitzel des Tages kostet 19 Euro. Wenn ich es als Menü kombinieren will, zahle ich einen Grundaufschlag von 2 Euro dafür, damit ich das erst mal überhaupt darf. Dann zahle ich für das Dessert einen weiteren Aufschlag von 2,50 Euro. Macht zusammen 23,50 Euro. Voilà, der Preis des Menüs. Aber jetzt, sagt der Garçon, soll ich die 2 Euro Kombinationserlaubnisgebühr und die 2,50 Dessertgebühren nicht auf die 19 Euro Schnitzelgrundgebühr zahlen, sondern auf die 23,50 Euro Menügesamtgebühr. Gesamt-gesamt also 28 Euro. Und zwar hänge das auch damit zusammen, dass ich mir das Dessert mit meiner Tischbegleitung geteilt habe. In dem Falle gehöre es also nicht mehr direkt in mein Menü und hätte extra à la carte bestellt werden müssen, was noch teurer gewesen wäre, nämlich 10 Euro für das Dessert alleine. Zusammen mit den 19 Euro für das Schnitzel hätte das 29 Euro gemacht, da sei ich doch mit den 28 Euro gut weggekommen.

Ich übertreibe nicht, wir haben das vollkommen ausdiskutiert. Es kamen noch mehrere Kellner dazu, die alle gegen mich waren, mich, den Gast, den König. Ich habe am Ende nur deshalb kapituliert, weil auch die Dame des Hauses kam, die wirklich furchterregend aussah und meinen coolen Hinweis, sie hätte jetzt für immer einen Kunden verloren, mit einem Achselzucken quittierte. *Chez Flottes*, heißt das Geschäft, Rue Cambon/Ecke Rue St. Honoré. Es ist meine Mission geworden, alle davon abzuhalten, dort hinzugehen. Haltung, bitte! Mit einem Achselzucken gehen wir an diesem Restaurant vorbei!

»Franzosen sind noch schlimmer als Düsseldorfer,« sagt Edward.

»Wo wohnst du noch mal?«

»In Los Angeles. Das ist genau richtig. Liberal, aber cool liberal, nicht mit diesem Zwang. Zu viel Liberalität ist nicht gut. Ich meine, ich bin nun wirklich liberal, ich hab lange in San Francisco gewohnt, aber da ist es zu liberal. Verstehst du? Da muss man liberal sein. Liberalitätszwang sozusagen, und das ist ja wohl nicht liberal. Los Angeles ist cool liberal.«

»Obama-mäßig cool liberal?«

»Ich hab ihn gewählt.«

»Und was machst du in L.A.?«

»Ich bin Friseur, Stylist.«

»Oh, und wen stylst du so?«

»Janice Dickensen, zum Beispiel, Jackie Warner, Rosanna Arquette.«

»Hm, muss ich mal googeln, wenn ich wieder daheim bin.«

»Du kennst sie nicht?«

»Nein.«

»Auch nicht Rosanna?«

»Hm.«

»Rosaaanna, Rosaaanna – von Toto? Der Song? Das ist sie.«

»Ah! Sie ist schon älter?«

»45 vielleicht. Sie sind alle – na ja, ist ja auch egal, sie wollen jedenfalls gut aussehen, und ich helfe ihnen dabei. Jeder will gut aussehen in Los Angeles, das ist das Wichtigste. Jeder lässt auch was machen.«

»Operieren?«

»Natürlich. Und Botox nehmen alle. Hab ich auch in der Stirn. Hier, siehst du? Keine Falten!«

»Tatsächlich. Ich muss los, Edward, leider, ich bin mit einem Speerwerfer verabredet.«

»Einem Speerwerfer?«

»Ja.«

»Aha?«

»Wie findest du eigentlich die Deutschen so generell, mal abgesehen von den Düsseldorfern?«

»Reserviert. Die Deutschen denken: Warum redest du mit mir, ich kenne dich nicht!«

»Warum redest du mit mir, ich kenne dich nicht! Kleiner Scherz, ich muss wirklich los. Was machst du eigentlich in Santa Barbara?«

»Eine Kundin von mir aus Los Angeles macht diese Verkaufsveranstaltung hier, Kleider und Accessoires. Sie hat mich mitgenommen, damit ich ihr zwischendurch die Haare mache.«

»Natürlich.«

Bruce Kennedys Speer ist niemals olympisch geflogen

Barbara und Bruce warten schon auf mich. Sie sind tatsächlich gekommen. Was hätte ein Deutscher an der Ostsee gesagt, wenn ein Amerikaner ihn morgens angesprochen hätte und nachmittags treffen wollte? »Warum redest du mit mir, ich kenne dich nicht!« Da hat Edward wohl nicht ganz unrecht.

Bruce kommt ursprünglich aus Rhodesien, als es noch nicht Simbabwe hieß und eine widerspenstige britische Kronkolonie war. Ein Apartheidstaat ähnlich Südafrika. Er ist ein weißer Afrikaner und seit 1977 auch Amerikaner. Streng genommen also auch ein Afroamerikaner, was ein bisschen lustig ist, aber man muss ja aufpassen in diesen Dingen und bloß nichts Falsches sagen. Den Speerwerfer sieht man Bruce zwar nicht mehr direkt an, aber den Briten, das ist schon erstaunlich, obwohl er nur aus einer Kolonie kommt. 58 Jahre ist er jetzt. Und seit einem Jahr arbeitslos. Damit hatte ich ja nun gar nicht gerechnet. Aber der Reihe nach:

»1972 war ich in München. Ich war Speerwerfer im olympischen Team von Rhodesien. Wir hatten schon unser Quartier bezogen, aber kurz bevor es losging, wurden wir von den Spielen ausgeschlossen.« Das ging als »olympische Erpressung« in die Geschichte ein. 27 afrikanische Staaten hatten mit ihrer Abreise gedroht, sollte das IOC die Kronkolonie zu den Spielen zulassen. Die hatte zwar zugesagt, weiße und schwarze Sportler nach München zu schicken, und das auch getan, aber es half nichts. In einer knappen Abstimmung gab das IOC dem Druck nach und schloss Rhodesien aus.

»Ich habe dann immerhin 1973 in München trainieren können«, erzählt Bruce. Aber das muss ja wohl ein bitteres Training gewesen sein. Der Speerwerfer Bruce lebte einfach sein Speerwerferleben lang zur falschen Zeit in den falschen Ländern. Auch 1976 bei den Spielen in Montreal wurde Rhodesien wegen seiner Apartheidpolitik ausgeschlossen. Und als Bruce dann 1977 endlich amerikanischer Staatsbürger wurde und im amerikanischen Olympiateam für die Spiele in Moskau 1980 stand, da boykottierten die USA die Moskauer Spiele, weil die Sowjetunion in Afghanistan eingefallen war. Es ist wirklich tragisch für Bruce, aber sein Speer ist nie geflogen bei Olympischen Spielen.

»Aber das war früher und hat mit meinem heutigen Leben nichts mehr zu tun«, sagt Bruce, und sicher bilde ich mir nur ein, dass da immer noch Bitterkeit mitschwingt.

»In Berkeley habe ich dann Barbara kennengelernt, sie ist aus Kalifornien.«

»Was haben Sie beide studiert?«

»Ich Geschichte«, sagt Barbara, »und Bruce Wirtschaft. Seinen Abschluss hat er dann in Stanford gemacht.«

»Barbara hat auch ihren Master gemacht«, ergänzt Bruce sofort. Ich weiß nicht, wie ich das finden soll, toll, dass beide studiert haben, toll, dass sie sich gegenseitig die Meriten zuteilwerdenlassen, aber irgendwie auch ein bisschen verzweifelt, so nach dem Motto: Die Zeiten waren mal besser.

»Toll. Ich war kürzlich in Stanford, wirklich eine tolle Universität.«

»Oh ja«, schwärmt Bruce, »sehr kalifornisch, tolles Wetter, toller Campus, tolle Gebäude, alles sehr luxuriös, großartige Sportmöglichkeiten, großartige Forschung, alles großartig.«

»Und was war dann Ihr Job?«

»Ich habe im Finanzmarkt gearbeitet, 25 Jahre lang. 2004 habe ich mit einem Partner einen eigenen kleinen Hedgefonds gestartet, und das lief sehr gut, bis Mitte 2007 die Krise begann. Im ersten Quartal 2008 mussten wir den Fonds schließen, und seitdem suche ich einen neuen Job, aber das ist nicht einfach, in Santa Barbara gibt es in der Branche nicht viele Möglichkeiten.«

»Aber mit den Profiten, die Sie mit dem Hedgefonds gemacht haben, müssen Sie doch wahrscheinlich gar nicht mehr arbeiten?«

»Na ja, man will nicht als Pensionär leben, bevor man im Ruhestand ist. Ich kann und will noch arbeiten mit 58. Aber es ist schwer. Unsere Tochter hat letzten Sommer ihr Studium abgeschlossen und hatte schon eine Jobzusage von einem Hedgefonds in London, die aber dann zurückgezogen wurde.«

»Hätte ich nicht gedacht, dass mir ausgerechnet in Santa Barbara die Krise immer wieder begegnet. Selbst Heiraten ist schwierig hier. Ein Paar hat mir heute Morgen erzählt, dass der Golfclub geschlossen wurde, in dem sie feiern wollten.«

»*Glenn Annie*? Oh ja, nicht nur der, viele Geschäfte haben zugemacht, Hotels haben Leute entlassen, auch die Bank im Ort: 20 Prozent ihrer Leute entlassen.«

»Und Sie glauben nicht, dass Obama der Richtige ist, um die Probleme zu lösen? Barbara hat das am Strand angedeutet heute Morgen, dass Sie kein Obama-Fan sind.«

»Ich halte ihn für naiv. Nehmen Sie nur Guantanamo. Er sagt mal schnell, wir schließen das, aber er weiß nicht, wohin mit den Gefangenen.«

»Da waren wir Deutsche ja auch nicht sehr behilflich.«

Also, da muss ich noch mal Anlauf nehmen. Jack Janes hat ja schon gesagt, dass es peinlich ist, dass Amerika da im Ausland nachfragen muss. Aber auch, dass es eine Geste gewesen wäre, die Uiguren zum Beispiel aufzunehmen. Jedes Mal, wenn wir Obama im Regen stehen lassen, werden wir auch nass, darüber sollten wir uns im Klaren sein. In Sachen Guantanamo muss er herumeiern zwischen Recht und Moral auf der einen Seite und andererseits muss er die Vergangenheit ruhen lassen, um das Land nicht weiter zu spalten und die Republikaner noch mehr gegen sich aufzubringen, was ihm wieder bei anderen Reformen schadet«, erkläre ich Bruce. »Ich frage mich, warum er keine unabhängige Untersuchungskommission aus Historikern einsetzt. So wie das in Deutschland zum Beispiel Unternehmen machen, wenn sie die Verstrickung ihrer Firma in das Naziregime aufarbeiten lassen. Unabhängig, wissenschaftlich und in Ruhe, ohne tägliche Wasserstandsmeldungen, das ist der beste Weg. Und am Ende ein Abschlussbericht. Dann kann man über die Konsequenzen diskutieren. Oder eine Wahrheits- und Versöhnungskommission wie in Südafrika. Könnte Amerika auch nicht schaden. Beides, Wahrheit und Versöhnung.

»Ich gebe zu«, sagt Bruce, »er kann gut reden, ja, aber was er sagt, ist auch ein bisschen oberflächlich. Wir haben so ein großes Land, aber wir finden keinen, der es vernünftig führen kann. Reagan war der Letzte mit Statur.«

»Wir haben da unterschiedliche Meinungen«, schaltet sich Barbara ein. Sie wirkt auf den ersten Blick etwas blass-blond, aber man kann sich auch vorstellen, dass sie viel zu sagen hat, wenn sie mal aufgetaut ist.

»Es war so beschämend, George Bush als Präsidenten zu haben. Wenn er sprach, dachte man einfach, das ist ein Clown, und der traf Entscheidungen, und auch noch, ohne sich den besten Rat zu suchen. Ich habe viel mehr Vertrauen in Obama. Wie er spricht. Er ist bereit und gleichzeitig auch in der Lage, Fehler zuzugeben: die Sache zum Beispiel, als er den Polizisten dumm nannte, der den schwarzen Professor festgenommen hatte. Als er dann herausfindet, dass es noch eine andere Seite der Medaille gibt, da rückt er das gerade. Es ist einfach so ein dramatischer

Unterschied zu früher, und die Bedeutung für die Rassenprobleme in unserem Land kann gar nicht überschätzt werden. Er ist einfach ein wunderbares Beispiel für den intellektuellen Schwarzen, der Karriere macht. Er ist inspirierend, er kümmert sich um seine Familie, und man sieht ihn immer und überall. Bush hatte Angst vor der Presse, Angst, Fehler zu machen. Obama geht raus und er versucht es.«

Bruce bleibt skeptisch: »Je mehr kritische Berichterstattung, desto weniger offen wird er sein.«

»Das hoffe ich nicht.«

Ich geh mal dazwischen: »Es ist wirklich erstaunlich, reiner Zufall, aber kein einziges Paar, mit dem ich gesprochen habe, war einer Meinung. Immer pro und contra Obama. Als sollten die Paare repräsentativ für das Land stehen, der Meinungsriss geht mitten hindurch, 50/50, Amerika ist immer noch gespalten.«

»Ich widerspreche Barbara gar nicht, aber so viel von dem Positiven, das man über Obama sagt, kommt schlicht aus dem Vergleich zu Bush. Die Leute hatten den einfach so satt. Als ein gebildeter Mensch hat man sich derart geschämt. Er konnte nicht reden, er hatte die Fakten nicht parat, es war traurig. Und dann McCain, der sich im Wahlkampf verbog und dann diese ungebildete, dumme Frau, Sarah Palin, zur Vizepräsidentschaftskandidatin ernennt. Ich meine, wie ist die überhaupt Gouverneurin geworden, selbst in Alaska. Wir brauchen einfach eine neue Qualität in der Führung und auch in den unteren Ebenen eine neue Moral und Ethik. Na ja. Vielleicht werde ich auch einfach nur alt und skeptisch.«

»Nein, das stimmt schon«, sagt Barbara, »es ist einfach viel zu viel Geld im Spiel. Ein normaler Mensch kann es sich gar nicht leisten, in die Politik zu gehen, schon finanziell nicht.«

»Und was ist mit den ganzen Immigranten?«, fragt Bruce.

»Ich erinnere mich, als ich bei euch in Deutschland war, die Gastarbeiter aus der Türkei, ihr wolltet sie nicht mehr …«

»… das war damals, inzwischen leben die Kinder und Enkelkinder der Gastarbeiter bei uns, aber wir haben immer noch ein großes Integrationsproblem …«

»… und wir haben hier die endlose Grenze zu Mexiko. Schauen Sie sich mal die Zahl der illegalen Einwanderer in den Gefängnissen an, die schwere Straftaten verübt haben. Santa Barbara war, als wir hierherzogen vor 19 Jahren, eine verschlafene, kleine Stadt. Keine Morde, keine Banden. Das hat sich in den letzten Jahren geändert, wir hatten einige Morde, vor einem Jahr wurde ein Schulkind erstochen. Und es kostet die Regierung auch noch sehr viel Geld, sich um die Illegalen zu kümmern.«

»Na ja«, sage ich, »Sie müssen den Mexikanern eben in Mexiko helfen und den Drogen- und Waffenhandel wirklich und wirksam bekämpfen, damit es nicht hierher rüberschwappt. Hillary Clinton hat ja zugegeben, dass die USA mit ihrer ›unersättlichen Gier nach Rauschgift‹, das hat sie so wörtlich gesagt, eine Verantwortung für die Probleme in Mexiko tragen.«

Das muss man sich mal vorstellen: Weit über 10 000 Menschen sind schon gestorben, seit Präsident Calderón der Drogenmafia im Dezember 2006 den Krieg erklärte. Sprengstoffanschläge und Entführungen wie im Irak sind da an der Tagesordnung. 3144 Kilometer ist die amerikanisch-mexikanische Grenze lang, die meistfrequentierte weltweit. Geschätzte 250 Millionen Pendler mit und ohne Papiere passieren diese Grenze jedes Jahr. Aus Mexiko werden tonnenweise Rauschgifte aller Art in die Vereinigten Staaten transportiert, im Gegenzug wandern Milliarden Dollar und Zehntausende Waffen aus den USA nach Mexiko. Das ist ein Wahnsinn.

»Die Dinge werden schon besser werden, es wird länger dauern, als man glaubt, aber es wir schon«, sagt Bruce, und dabei belassen wir es doch mal an dieser Stelle, ich mag die beiden und ich will nicht streiten, nachdem sie wirklich gekommen sind.

»Wenn ein Amerikaner ein deutsches Ehepaar an der Ostsee so angesprochen hätte, hätte das vermutlich gedacht: ›Warum redest Du mit mir, ich kenne Dich nicht!‹«

»Oh nein«, sagt Bruce, »das glaube ich nicht, und außerdem hätte der Amerikaner kein Deutsch gekonnt. Wie viele Amerikaner haben Sie getroffen, die eine zweite Sprache sprechen, so wie Sie Englisch. Sehr wenige wahrscheinlich. Wir sind zwar offen, aber auch sehr auf uns selbst fokussiert.«

»Wir bessern uns aber«, sagt Barbara, »früher sind die Amerikaner kaum außer Landes gereist, jetzt machen sie das viel mehr.«

»Und das ist wichtig«, mein ich dann auch noch pathetisch zum Schluss, »in einer globalisierten Welt. Alles hängt mit allem zusammen und wir müssen es besser verstehen. Ob in China ein Sack Reis umfällt, kann uns ja nicht mehr egal sein. Wir müssen reisen und die Welt sehen und uns besser kennenlernen.« Oh Mann, Kausch, jetzt geht das wieder los.

»Waren Sie schon mal in Los Angeles?« Bruce holt mich zurück.

»Nein.«

»Sie werden es lieben.«

6. Ein Leben ohne Tüten ist sinnlos – in Los Angeles

Los Angeles ist eindeutig unterschätzt. Das ist der Beweis, dass man reisen muss, dass man sich ein eigenes Bild machen muss. Mir hat man immer den Eindruck vermittelt, als sei diese Stadt nicht zu beherrschen. So riesig, so unüberschaubar, so lang gezogen, so viele Städte in einer, dass du gar nicht weißt, wohin du sollst. So viele Highways, die ständig verstopft sind, ein Knotengewirr aus Straßen, so gefährlich die Stadt auch an jeder Ecke, einmal verfahren, und du bist verloren und wirst dein Zuhause nie wiedersehen. Klar, irgendwo muss es offensichtlich auch Ecken für Reiche und Schöne geben, sonst würde ja andererseits nicht auch geschwärmt von L.A., aber diese Ecken musst du schon kennen, so wurde mir immer vermittelt, wenn nicht, dann bist du verloren.

Man hat mich jahrzehntelang in die Irre geführt! Ich wäre viel früher hierhergekommen, hätte ich das gewusst. Die Stadt zu verstehen ist überhaupt kein Problem. Ich hab sogar mein Navi, das sowieso immer spinnt, endgültig ausgeschaltet. Man kann hier wunderbar nach Karte und Orientierungssinn fahren. Alles ist schön geordnet. Und die Horrorberichte über ständige Staus kann ich auch nicht bestätigen – nirgendwo hab ich im Stau gestanden. Man muss nämlich gar nicht ununterbrochen über Autobahnen fahren. Man kommt wunderbar durch, wenn man normale Straßen benutzt. Teilweise sind die Wege idyllisch. Von Beverly Hills zum Beispiel nach Norden quer durch die Stadt, um nach Studio City zu kommen, einfach den Coldwater Canyon entlang, eine herrliche Fahrt über Berg und durch Tal, am Haus von Britney Spears vorbei. Und es lauern auch gar nicht hinter jede Ecke, auch in anderen Gegenden nicht, finstre Gestalten mit Messern herum. Und die Mülleimer brennen auch nicht, zumindest nicht, während ich hier bin. Ganz im Gegenteil, das ist eindeutig eine der saubersten Städte, die ich je gesehen habe. Und ich rede jetzt nicht nur von Beverly Hills, wo auf Hundescheiße-liegen-lassen bis zu ein Jahr Gefängnis steht, was man übrigens bei der Doppeldecker-Tour erfährt, die ich natürlich auch in L.A. gemacht habe.

Außerdem gibt es in Beverly Hills die schönsten Feuerwehrautos der Welt. Noch schöner als die in New York, und das will was heißen. So glänzend und sauber und so ein dunkles, edles Rot, dunkler und edler als das New Yorker Rot, Feuerwehrautos genau so, wie man sie sich als Junge in der 70-cm-Modell-Ausführung wünscht. Und nie bekommt, weil viel zu teuer, es sei denn, man ist in der glücklichen Lage und hat einen Onkel in Amerika, der einem so was schickt. So einen Uwe Sponholz.

Oder Thomas Kausch. Als ich in New York lebte, hab ich nämlich genau das gemacht, da hab ich als Patenonkel aus Amerika meinem zweijährigen Patenkind in Münster ein riesiges Feuerwehrauto zu Weihnachten geschickt. New Yorker Feuerwehr, okay, nicht das ganz edle Rot, und mein Patenkind war auch ein Mädchen und mit zwei Jahren auch wohl zu jung, und, ja, okay, es liegt auf der Hand, ich hab mir meinen eigenen Traum erfüllt. Aber es war wirklich ein tolles Geschenk. Vom Onkel aus Amerika. Als sie vier wurde, habe ich ihr einen original New Yorker Kindersandsack und Kinderboxhandschuhe geschickt. Angeblich hat sie geweint, als sie das Geschenk aufmachte, und deshalb musste ich blöde Barbies oder so was nachschicken. Ich erinnere mich nicht mehr genau, was ja alles über das nachträgliche Zweitgeschenk sagt. Im Gegensatz zu Boxhandschuhen, bum, bum!, und dem Sandsack. Aus New York, Mensch. Cool. Was das auch an Porto gekostet hat.

Na ja. Das einzig wirklich Schmuddelige jedenfalls in L.A. sind jetzt die kleinen Stoffteddybären und die verwelkten Rosen auf dem Stern von Michael Jackson im Walk of Fame direkt vor dem Chinese Theatre. Und wie dicke, verschwitzte Menschen sich mühsam ächzend danebenknien, um von ihren dicken, verschwitzten Partnern maulend fotografiert zu werden an diesem verloschenen Stern, das schreckt vielleicht auch noch ab, aber deshalb muss man trotzdem unbedingt nach Los Angeles fahren.

Außerdem gibt es ja die andere Seite, all die schönen Menschen hier, die noch schöner sind als anderswo, weil L.A. einen tiefen Einschnitt in ihrem Leben bedeutet hat. An Bauch, Brust, Beinen und Po. Das ist auch abschreckend, klar, aber auch auf eine amüsante Art. Die Frauen völlig aufgetakelt, ihre ganze feminine Macht in zwei kugelrunde Brüste und einen gepushten Hintern gequetscht und Botox im Gesicht, dass einem das Lachen gefriert und damit das Gesamtkunstwerk auch zu sehen ist, wird es nur ganz leicht verhüllt auf sehr hohen Absätzen herumgetragen. Ganz vorsichtig, es kann schnell kaputtgehen. Understatement ist anderswo. Aber Natural Beauties gibt es schon auch. Oder sie sind noch besser gemacht, man weiß es nicht, man ist in Hollywood, man sieht vielleicht nur den schönen Schein. Vor allem aber den grünen Schein, den Dollar, denn hier ist ohne Moos wirklich nix los.

Der Japaner hätte gerne einen Militärhund zum Mitnehmen

»Der größte Schock war für uns, als wir nach und nach registrierten, dass unsere Gäste nach dem Shoppen ohne Einkaufstüten zurück ins Hotel kamen.« Charles A. Hawkins, der Concierge des *Beverly Willshire Hotel*, schüttelt immer noch ungläubig den Kopf, nur ein wenig, nicht übertrieben, Charles ist ein sehr britischer

Concierge, auch wenn er Original-Amerikaner ist. Britisch in seiner Zurückhaltung, britisch in seinem Sinn für Humor, britisch in seinem Aussehen, kleiner Hang zu Hamsterbäckchen, wenn er einen freundlich anlacht. Charles ist Profi, das merkt man gleich.

»Es macht einfach keinen Sinn, ohne Tüten zurückzukommen. Ohne Tüten aus dem Rolls-Royce zu steigen, mit dem wir die Gäste zum Shoppen bringen, das ist nicht richtig.«

Wie gesagt, Charles benutzt auch Ironie.

»Wir können uns ja nicht nur auf die arabischen Gäste verlassen. Die sind nur kurz hier, bevor sie in London und Paris weiter einkaufen. Ich hoffe wirklich, dass Präsident Obama die Shopping-Wirtschaft wieder in Schwung bringt.«

Auf dem Rodeo Drive, einer der teuersten Straßen der Welt, sind wirklich zahlreiche Geschäfte geschlossen, nicht über Mittag, sondern vorübergehend für immer. Und jede Menge Büroflächen sind zu mieten. Selbst im Flynt-Building – Larry Flynt? Der Hustler-Gründer? Verrückter Typ – wird auf großen Schildern das ganze Erdgeschoss angepriesen.

»Werden Sie trotzdem immer noch gefragt, wo Britney Spears shoppt oder Jennifer Anderson?«

»Jennifer Aniston? Daran hat sich nichts geändert. Auch, wo die Stars essen gehen, wollen viele Gäste wissen. Und ich schicke sie dann auch dahin, denn die meisten Stars haben damit kein Problem. Die einen wollen ohnehin gerne gesehen werden – das sind die, die berühmt sind, und man weiß nicht, warum. Und die anderen stört es nicht. Wer seine Ruhe haben will, der weiß, wie er das macht. Wenn man also in Los Angeles an der Ampel steht und denkt: ›Hey, ist das nicht Brad Pitt?!‹, dann ist die Wahrscheinlichkeit hoch, dass es tatsächlich Brad Pitt ist.«

»Woher kommen Sie, Charles?«

»Vierte Generation Kalifornien, meine Urgroßmutter fuhr noch mit dem Planwagen über die Berge in Santa Barbara, um einzukaufen. Ich bin Pionier-Nachfahre.«

»Respekt. Und wo haben Sie gearbeitet?«

»In Santa Barbara, in New York, in Las Vegas und in L.A.«

»Okay, vergleichen wir die Städte.«

Charles überlegt kurz. »Lassen wir Santa Barbara raus, das ist einfach nur meine schöne Heimat. Da bin ich befangen. New York ist: Ich brauch es jetzt und sofort, gib es mir gestern. Las Vegas ist: Lass uns alles drei Wochen im Voraus planen. Und Los Angeles ist: Ich bin nicht sicher, wo ich hinwill, aber ich will das Beste, jetzt sofort, aber lass uns in zwei Stunden noch mal drüber reden.«

»Und warum wollen die Menschen in L.A. so gut aussehen?«

»Es ist unsere Kultur. Ich bin selber in einer Strandgemeinschaft aufgewachsen. Die Leute wollen gut aussehen, sie wollen gesund sein, und leider ist es natürlich auch Hollywood. Dort werden Standards gesetzt, die nicht sehr gesund sind. Size 0 bei einer Frau ist schlicht nicht gesund. Warum wollen die Leute das perfekte Lächeln, die perfekten Beine, was man sonst noch so Perfektes braucht? Es hat sich einfach so entwickelt, gleich gegenüber sind einige der besten Schönheitschirurgen der Welt, und wir haben viele Gäste, die gehen dahin und kommen mit den Nasenbandagen, Kinnbandagen und Augenverbänden zurück, man glaubt es nicht.«

Ah, jetzt wird's interessant. »Erzählen Sie mal, was Sie so Verrücktes erleben.«

»Na ja, das ist schwer, für mich ist vieles so normal.«

»Erzählen Sie mal was Normales.«

»›Ich reise morgen ab und ich möchte einen militärisch ausgebildeten Wachhund mit zu meiner Familie nach Japan nehmen. Können Sie mir einen besorgen, bitte?‹ Und in den nächsten drei Stunden stellte ich dann fest, dass es offenbar eine große Nachfrage nach solchen Hunden gibt.«

»Und haben Sie einen bekommen?«

»Natürlich, zwei. Ich habe ihnen einen Fahrer geschickt und ein Auto, und abends hatte der Gast die Hunde zur Auswahl.«

»Respekt. Was noch?«

»›Ich war gerade in Las Vegas in den Forum Shops in Caesars Palace, und in dem Versace-Fenster stand ein Paar Schuhe, ziemlich weit links, braun, ohne Streifen, können Sie mir die sofort in Größe 39 kommen lassen für meine Frau, bitte?‹«

»Und?«

»Am nächsten Tag standen sie in seinem Zimmer.«

»Respekt.«

»Leider vergesse ich auch viel. Tatsächlich war eine ziemlich erfolgreiche Filmproduzentin hier und hat mir ein wundervolles in Leder gebundenes Buch mit leeren Seiten geschenkt und einen teuren Montblanc-Kugelschreiber – schauen Sie«, Charles zückt den silbernen Stift aus seiner Innentasche, »der hier. Sie sagte mir, ich solle alles aufschreiben. Und ich habe mich tatsächlich mit dem Gedanken beschäftigt, aber Recherchen ergaben, dass ich als Erstes hier kündigen müsste, und da habe ich nein gesagt.«

»Ich verstehe.«

»Nicht alle Geschichten sind ja auch lustig. Manche Menschen glauben, wenn sie in ein Hotel kommen, haben sie das Recht, Leute herumzukommandieren. Und es gibt Gäste, die vergessen, sobald sie in einem Hotel sind, dass sie zu Hause Frau und Kinder haben, wenn Sie verstehen, was ich meine. Und als Concierge ist man dann auch noch in der unangenehmen Situation, die Integrität eines solchen Mannes schützen zu müssen. Es gibt ein Buch, das heißt *Hotel Babylon*, von einem ehemaligen Hotelmanager geschrieben, und viele mögen denken, das gibt's doch gar nicht. Ich dachte, ich lese meinen Morgenbericht. Der Gentleman, der um zwei Uhr nachts im Negligé einer Frau in die Lobby kommt? Das ist mir passiert. Zwei Gentlemen, die sich in der Toilette prügeln, bis das Blut fließt? Ich habe es gesehen. Von A bis Z, von Astronauten bis Zebras, es gibt alles im Hotel. Und alle Arten von Prominenten, auch die, von denen man nicht weiß, warum sie prominent sind. Und die wenigsten sind bescheiden.«

»Zum Beispiel?«

»Nein, ich nenne Ihnen einen bescheidenen: Sean Connery läuft durch die Lobby und wartet dann auf den Aufzug. Die Aufzugtür geht auf, und Garth Brooks kommt aus dem Aufzug. Er ist einer der größten Country-&-Western-Stars in Amerika, und der Mund geht ihm auf, als er Sean Connery sieht. Er kann es nicht glauben, kommt zu mir und sagt: ›Das war Sean Connery.‹ Er fasst es nicht, ›das war wirklich Sean Connery‹, und ich muss schmunzeln und denke: ›Und du bist Garth Brooks, du bist einer der berühmtesten Musiker Amerikas.‹«

Sympathisch finde ich das, und ähnlich sympathisch bescheiden muss auch Barack Obama gewesen sein, als er im *Beverly Willshire* übernachtete. »Ein ganz normaler, netter Mann«, hat jedenfalls die Hotelmanagerin Katja Henke gesagt, die ich zufällig traf auf dem Weg zum Ausgang nach dem Gespräch mit Charles. Katja Henke, eine Deutsche, die es bis an die Spitze eines der schicksten Hotels von L.A. gebracht hat. So was beeindruckt mich ja.

Attentat auf Obama, Nordkorea befreit, schwerer Rennunfall

Zum Mittagessen bin ich mit Tom Pabst verabredet. Er ist Drehbuchautor, und er hat *Hugo's* als Treffpunkt vorgeschlagen, oben in Studio City, da, wo die Filmleute hingehen, hauptsächlich die, die arbeiten, nicht die Stars und Sternchen. Ich lass meinen Wagen mal stehen und nehme ein Taxi. Peter aus St. Petersburg ist ein sehr gesprächiger Fahrer, einer der vielen Russen oder auch Ukrainer, die hier Taxi fahren. Einer hat angefangen, und dann hat sich das wohl rumgesprochen, und die Ersten, die die amerikanische Staatsbürgerschaft hatten, haben dann die nächsten Familienangehörigen gesponsert und rübergeholt und so weiter. Und so ist eine russisch-ukrainische Taxifahrerdynastie in L.A. entstanden, könnte ich mir vorstellen. Peters Vater ist 1991 zu einer Tagung hergekommen, und weil er als Ingenieur, der Wasserkraftwerke baut, interessant war, haben die Amerikaner ihn gleich eingeladen, hier zu leben. »Die klauen die Gehirne, wissen Sie«, sagt Peter.

Seitdem ist er jedenfalls auch hier mit seiner Frau und seinen Kindern. Seine Heimat sei das zwar immer noch nicht, »Heimat kann man nicht ersetzen, dein Herz schlägt nur für ein Land«, aber zurück, »nein, um Gottes willen«.

»Warum nicht?«

»Schau dich um.« Wir fahren den besagten Coldwater Canyon Drive entlang, über Berge und durch Täler, links liegt Bel Air, schöne Häuser und geschmacklose stehen am Wegesrand.

»Beneiden Sie die Reichen nicht, ärgert Sie das nicht? Die haben so viel mehr als Sie.«

»Wieso das denn? Man muss sich nicht ärgern. Warum soll man sie beneiden? Das ist anders hier als in Russland und Europa. Hier versuchen wir lieber, von den Reichen zu lernen, das hat mehr Sinn, Neid hilft nicht. Sei nett zu ihnen, sprich mit ihnen, frag sie um Rat, lerne von ihnen. Außerdem ist es hier nicht wie in Europa. Hier gehen die Reichen und die Armen zum selben Markt. Die sind nicht eingebildet. Hier sitzen ein Milliardär und ein Taxichauffeur im gleichen Restaurant, verstehst du?«

»Verstehe.«

»Woher kommst du?«

»Berlin.«

»Ah, DDR.«

»Nein, ich bin aus Westdeutschland.«

»Nicht Honecker.«

»Nein, Kohl.«

»Ah. Und die Ostdeutschen, die beneiden doch auch die Westdeutschen oder nicht?«

»Zum Teil, ja.«

»So was gibt es hier nicht. Das bringt nichts.«

»Was halten Sie von Obama?«

»Der ist gut. Ach, das war Britney Spears' Haus da hinten, ich hab vergessen, es dir zu zeigen.«

»Ach ja.«

Hugo's ist gleich an der Ausfahrt Coldwater Canyon und Riverside Drive, sieht aus wie eine hölzerne Strandhütte. Gleich nebenan ist eine Tankstelle und schräg gegenüber noch eine, vorsichtshalber. Strand gibt's keinen. Da dies mein erstes Interview in L.A. ist und ich noch nicht weiß, wie man sich hier zu solchen Terminen kleidet, habe ich vorsichtshalber die Krawatte weggelassen, aber das Jackett anbehalten. Kann man nicht viel falsch machen so, oder? Dachte ich. Tom, Ende 40, kommt im ausgewaschenen T-Shirt zur ausgewaschenen Jeans. Ich bestelle mir einen Salat, er sich Turkeyburger mit Pommes. Hm. Ich lerne minütlich dazu. Es war wohl auch ungeschickt, meine Neugier auf ihn damit zu begründen, dass man ja im Internet so gut wie nichts über ihn findet. Denn es stellt sich heraus, dass er die Berichte nicht unterdrückt, sondern dass es sie nicht gibt.

»Da sprichst du einen schmerzhaften Punkt an«, sagt Tom und schaut aus dem Fenster. Eigentlich sieht er schon zu alt aus, um in so einem olivgrünen T-Shirt rumzulaufen. Die kurzen Haare auf dem großen, aber irgendwie dünnen Kopf sind an den Schläfen schon ziemlich grau. Er könnte ein entfernter Verwandter von Ulrich Wickert sein. Also, ich will ihn jetzt hier nicht schon stigmatisieren, aber im Drehbuch einer amerikanischen Sitcom wäre ihm bestimmt die Rolle des netten Nachbarn zugedacht, der wirklich mal einen Erfolg verdient hätte, aber es ist wie verhext, und er bleibt am Ende einfach immer der Loser. Aber hier soll jetzt wirklich kein falscher Eindruck entstehen. Nicht, dass man jetzt voreingenommen ist, bevor das Gespräch überhaupt losgeht. Wir kennen Tom ja noch gar nicht.

»Die Drehbücher, die ich schreibe, sind meistens Dramen, ernsthafte Geschichten, das verkauft sich nicht so gut. Die großen Studios haben sich alle von ihren Independent-Filmabteilungen getrennt, Warner Brothers, Universal, alle, die haben einfach die Art Movies gekappt. So was wie *There Will Be Blood* wird nicht mehr gemacht, und der hat endlose Preise erhalten, Golden Globe als bester Film, Oscar für Daniel Day-Lewis als bester Hauptdarsteller.«

»Lief auch auf der Berlinale. Hat da aber nicht gewonnen, war nicht independent genug, waren keine aserbaidschanisch-litauisch-nigerianischen Koproduzenten dabei, vermute ich. War zu sehr Mainstream für uns.«

»Paramounts kleine Boutique-Filmabteilung hat den gemacht. Die existiert heute aber nicht mehr. Eingespart. Solche Filme machen die Studios derzeit nicht mehr.«

»Stattdessen?«

»*Star Trek, Hulk, Iron Man*, alles, was auch Kids gefällt. Was Teenagern nicht gefällt, wird kaum noch gemacht, das sind die wichtigsten Kunden.«

»Schwierige Zeiten für dich. Wo ist der Hoffnungsschimmer?«

»Der Intellekt kommt zurück in Teilen der Gesellschaft.«

»Obama?«

»Für Independent-Filmemacher die größte Hoffung.«

»Ja, ich kann mir auch vorstellen, dass Obama einen Film wie *There Will Be Blood* schaut, allerdings auch *Star Trek* und *Hulk* mit seinen Mädchen.«

»Ja, es ist eine sehr optimistische Idee, dass sich durch Obama die Filmindustrie ändert, du hast recht. Aber ich glaube, es wird langfristig Fortschritte geben. Er ist ein Trendsetter, ein Tempomacher, wenn er Jazz hört, hören viele wieder Jazz. Und wer Jazz hört, schaut auch Independent-Filme, verstehst du?«

»Ich verstehe.«

»Ich bin ein Fan. Ich denke, er ist ein extrem begabter Politiker, wie es sie nicht oft gibt. Er versemmelt es nicht oft, er ist ein unglaublicher Performer. Und seine sehr amerikanische Geschichte, er kommt aus dem Nichts und kommt bis nach oben, eine unglaubliche Geschichte, das hat Kraft.«

»Filmstoff, oder?«

»Hoffentlich nicht in den nächsten Jahren schon. Aber irgendwann bestimmt, egal ob seine Präsidentschaft ein großer Erfolg oder eine große Tragödie sein wird. In meinen dunklen

Momenten denke ich, wie dicht wir bei aller Begeisterung zugleich vor Unruhen stehen. Wenn Obama ermordet werden würde, hier in Amerika, dann würde es furchtbare Unruhen geben. Das wäre das tragische Ende im Film. Und er hat ja auch mächtige Gegner. Die Powerbroker, die Pharmakonzerne, die Republikaner, sie haben ein großes Interesse daran, ihn als Angeber und falschen Fuffziger hinzustellen, und jeden, der für ihn war, als naiv. Es könnte große Intrigen geben.«

»Spinn weiter, ich sehe den Film langsam vor mir. Wer würden seine Feinde im Film sein?«

»John McCain, immer noch.«

»Ja, aber der würde ja keinen Auftragskiller bestellen.«

»Ach so, diese Art von Feind. Na ja, die rechte Basis wird stark von Rassisten unterstützt, Rednecks. Sie stellen ihn als Faschisten hin, sie behaupten, er bringe den Kommunismus ins Land – damit macht man vielen einfachen Leuten aus dem rechten Lager Angst –, und so ein Redneck könnte dann mal durchdrehen.«

»Die Rednecks sagen, die Franzosen seien Sozialisten.«

»Weil sie die Franzosen für Pussys halten, für schlechte Kämpfer.«

»Kommen noch andere Feinde ins Drehbuch? Aus der Geschäftswelt?«

»Die Ölindustrie ist absolut gegen ihn, wegen seiner Umweltpläne, die Pharmaindustrie wie gesagt, mit der Gesundheitsreform ist er an ihre Profite gegangen. Aber ich glaube nicht so sehr an Mordkomplotte in der Geschäftswelt. Hast du den Film *Michael Clayton* gesehen?«

»Ja. So was wie John Grisham.«

»Daran glaube ich nicht. Ich fürchte eher, dass aus dem Zorn und der Wut auf der Redneck-Ebene heraus etwas passieren könnte.«

»Und wenn du ein Happy End schreiben müsstest?«

»Obamas Anstrengungen werden gewürdigt. Die öffentliche Bildung ist verbessert worden. Wir sind nicht mehr so abhängig vom Öl. Wir haben alternative Energieideen gefunden. Und wir können das alles ja wirklich tun. Nimm zum Beispiel meine Kinder, sie sind 17 und 14 Jahre alt, Mädchen und Junge, die interessieren sich so viel mehr für Politik seit Obama. Mein Sohn ist ein absoluter Obama-Fan und streitet darüber mit seinen Freunden. Das ist ein neuer Enthusiasmus, und daraus kann etwas entstehen.«

»Ja, das klingt sehr vernünftig und ist auch ein schönes Ende, aber es fehlt ein bisschen Dramatik für einen spannenden Film, ehrlich gesagt. Was packst du noch rein, sagen wir bis zum Ende der ersten Amtszeit?«

»Lass mich nachdenken. Hm. Aufstand in Nordkorea, sodass wir reingehen müssen – mit anderen Nationen natürlich – und den Menschen helfen, die Schwachköpfe in der Regierung da loszuwerden. Nicht unbedingt umbringen, aber loswerden. Ist nicht völlig außerhalb dessen, was wirklich passieren könnte.«

»Stimmt. Aber komplizierter und vielleicht auch realistischer wäre dieses Szenario: Die Taliban erobern Islamabad und bekommen die pakistanischen Atomwaffen in ihre Gewalt. Das wäre nicht so leicht wie in Nordkorea: reingehen, die Idioten rausschmeißen und bis zum Abend fertig sein.«

»Ja, das ist realistischer. Aber vergiss nicht, wir reden hier von einem Film, und keiner will mehr Middle-East-Stuff sehen.«

»Verstehe. Ist bei uns leider auch so.«

»Eine Auseinandersetzug zwischen dem Iran und Israel ist natürlich auch ein Szenario. Obama unterstützt Israel ja nicht blind, so wie Bush.«

»Er muss ja auch neutraler sein, sonst braucht er keine Reden in Kairo zu halten.«

»Ein Attentatsversuch könnte auch eine Rolle spielen. Ich frage mich sowieso, wie viele es schon versucht haben, ohne dass wir es wissen. Nicht nur Rednecks. Für Terroristen ist Obama das Schlechteste, was passieren konnte, mit seinen ausgestreckten Händen, dem Respekt, mit dem er von den Muslimen spricht. Bush war ein Bösewicht, mit dem man den Nachwuchs rekrutieren konnte. Barack Hussein Obama nimmt ihnen den Wind aus den Segeln. Deshalb ist er ihr schlimmster Feind.«

»Zawahiri, also die Nummer zwei bei Al-Quaida, hat ja gesagt, Radio ausmachen oder Fernseher, wenn Obama spricht, Desperate Terrorists.«

»Was Obama sagt, klingt vernünftig. Das ist das Schlimmste sowohl für Terroristen als auch für Ultrarechte.«

»Und für Republikaner. Okay, aber wir wollen keinen Lee Harvey Oswald hier, am Ende siegt dann die Vernunft. Das ist unser Happy End.«

»Gut.«

»Na ja, müssen wir noch mal dran feilen, glaube ich. Welche Filme hast du wirklich gemacht?«

Tom konzentriert sich erst mal auf seinen Turkeyburger. Ist schon fast kalt geworden vor lauter Drehbuchschreiben.

»Oh, einige, aber ich bin nicht immer genannt worden. Das passiert öfter. *Fracture* zum Beispiel mit Anthony Hopkins. Ich habe sechs Monate am Skript gesessen, das Studio hatte mich angeheuert, und dann wurde ein Regisseur engagiert, der seinen Lieblingsautor mitbrachte. Aber dann gefiel dem Studio nicht, was der schrieb, und sie holten mich zurück. Ich änderte es ,und dem Studio gefiel es, aber dann holte der Direktor seinen Autor wieder zurück. Wenn so was passiert, dann entscheidet am Ende der Autorenverband, wer die Credits bekommt.«

»Und?«

»Ich habe verloren.«

»Schade.«

»Ja, für Sydney Pollack habe ich auch zwei Drehbücher geschrieben. Es war alles schon fertig, und als es losgehen sollte, starb er.«

»Das ist aber wirklich Pech, Tom. Und was machst du aktuell?«

»Einen Film, der vielleicht in den Babelsberg Studios in Berlin gemacht wird. *Blind Curve.* Es ist eine wahre Geschichte über den italienschen Rennfahrer Achille Varzi, einen der besten Rennfahrer in den 30er Jahren. Erst von Mussolini vereinnahmt und später von Hitler entdeckt, das ist der politische Kontext. Er hatte einen italienischen Rivalen, der viel beliebter war als Achille, dem alles leichterfiel. Darunter litt er sehr, und als er von Alfa, dann Maserati und dann Bugatti zu den Deutschen bei Auto Union wechselte, verziehen ihm die Italiener das nicht. Ich glaube, er hatte sich in eine deutsche Frau verliebt. In Deutschland erging es ihm aber noch schlechter, weil die Deutschen lieber einen Landsmann oben auf dem Podest haben wollten. Sie nutzten ihn aus, Rosemeyer lernte alles von ihm. Sie gaben Rosemeyer den besseren Wagen, und dann begann Achille zu verlieren und nahm Drogen und fuhr noch schlechter. Er realisierte, dass es ein Fehler war, Italien verlassen zu haben, und in Deutschland wurden die Wolken auch immer dunkler. 1937 entschied er sich, zurück nach Italien zu gehen. Mit seiner deutschen Freundin. Aber an der österreichischen Grenze wurden sie gestoppt, er wurde nach Italien geschickt, und Ilse musste zurück nach Deutschland. Ilse, so hieß sie. Achille wurde schwer krank, psychisch, kam ins Sanatorium, bekam Schockbehandlungen, aber es war ein gebrochenes Herz. Und nach dem Krieg schließlich – er hatte inzwischen eine andere Frau kennengelernt – ging es ihm besser. Er fuhr wieder Rennen und feierte 1946 ein unglaubliches Comeback mit einem Sieg in Turin für das Alfa-Romeo-Team. Das ist alles wahr, und dann haben wir ein bisschen Fiktion hineingebracht. Nach dem Drehbuch trifft er dann bei einem Rennen in Deutschland seine alte Liebe Ilse wieder, und sie sind endlich und für immer zusammen, aber dann verunglückt er tödlich. Was wieder stimmt, allerdings beim Training für den Grand Prix in der Schweiz 1948, da ist er tödlich verunglückt.«

»Wow.«

»Ja, das ist das Drehbuch, das ich gerade fertig gemacht habe.«

»Ich würde sagen, das hat Drive, um mal im Bild zu bleiben. Und du glaubst, das wird auch ein Erfolg?«

»Ja, wir haben die Faszination für schnelle Autos, große Namen, Alfa Romeo, Ferrari, Maserati, Bugatti, die Geburt des Rennsports, großartige Rennszenen, wir haben eine tragische Liebesgeschichte, wir haben ein Comeback, wir könnten sowohl die Jungs als auch die Mädchen damit ins Kino bekommen.«

»Und ihr habt die Nazis. Die gehen ja immer.«

»Ja, aber es geht nicht so sehr um die Nazis hier. Ich finde es übrigens faszinierend, wie offen und ehrlich die Deutschen mit diesem Thema umgehen, wie ernsthaft, wie bewusst ihnen ihre Schuld ist.«

»Gott sei Dank. Wir wurden dazu erzogen. Aber es hat auch eine Generation gedauert. Es war eine große Wunde, und es ist gut, dass wir die Narbe sehen. Damit wir nichts vergessen. Und glaubst du, dass der Film auch in Amerika läuft?«

»Wenn die Rennszenen gut sind.«

Einen Rennwagen könnte ich jetzt gut gebrauchen, denn ich muss weiter zum nächsten Termin, ich mach heute schwer in Hollywood. Zur Vorspeise einen Drehbuchautor, als Hauptspeise eine Produzentin und zum Dessert den Regisseur. Mein Taxifahrer kommt diesmal aus Kiew, und auch er hat mir viel zu erzählen, im Großen und Ganzen aber das Gleiche wie Peter aus St. Petersburg.

Wir fahren zu Beau St. Clair. Ich schreib es noch mal, um die Phantasie anzuregen: Beau St. Clair. Einfach mal ein bisschen wirken lassen diesen Namen … Beau St. Clair. Der Weg zu Beau St. Clair führt mich nach Santa Monica. In ein Haus am Strand, und Beau St. Clair wartet auf der Terrasse, der Wind spielt mit ihren goldenen Haaren. Ich sehe sie etwas im Gegenlicht, weil die Sonne glühend im Pazifik versinkt. Sie scheint einen Drink in der Hand zu haben und in Gedanken versunken zu sein. Als sie plötzlich meine Schritte hört und sich umdreht, fällt das dünne, seidene Tuch, das ihren … Nein, so ist es nicht. Das macht nur der Name. Ist doch ein geiler Name, oder? Beau St. Clair. So wie Beau Bridges. Beau ist einfach ein … Beau Bridges? Da fällt mir auch noch Joseph »Beau« Biden ein, das ist der älteste Sohn von Vizepräsident Biden, Justizminister in Delaware, ein Sohn, keine Tochter. Beau, natürlich, ›das ist ein Beau‹, sagt man zu einem hübschen Mann oder zumindest einem, der für hübsch gehalten werden möchte. Vielleicht ist Beau St. Clair also gar keine schöne Frau, sondern ein … Denn das Genus des französischen Adjektivs beau ist Maskulinum. Und ein schöner Mann ist nur aussprachetechnisch ein *bel* homme. Ganz klar,

Beau wird völlig falsch als weiblicher Vorname geführt. Wow, was man so aufdeckt, nebenher.

Der Weg zu Beau St. Clair führt mich jedenfalls über den hässlichen Olympia Boulevard in ein endlos langes Bürogebäude, das zweckmäßiger nicht sein könnte und überhaupt nicht beau ist und irgendwie auch nicht St. Clair. Der Gang im ersten Stock ist maximal einen Meter breit. An der Wand stehen ein paar junge Mädchen hintereinander und warten auf Einlass an einer offenen Tür, an deren Rahmen ein Zettel klebt, auf dem »Casting« steht. Dahinter, in dem zehn Quadratmeter kleinen Raum, ist irgendein Gewusel. Auch die nächste Bürotür ist wieder offen und gibt Einblick in ein kleines Zimmer, im Türrahmen diesmal ein Kindergitter für zwei Hunde, die schlafend im Zimmer liegen. Kinder gibt es hier nicht. Das dritte Büro schließlich ist es dann. Suite 3220. Auch satte zehn Quadratmeter. Minimum. Darin zwei kleine Schreibtische und zwei Frauen. Die eine, rechts, ist Amanda, die Assistentin von Beau, vermute ich jedenfalls, denn die andere links sieht einfach mehr nach Beau aus: ganz in Weiß, Leinenbluse und Leinenhose, fast wie auf der Terrasse vorhin, nur die Lesebrille baumelt jetzt unerotisch und eher sachlich am Schlüssel, der am Band um den Hals hängt, auf dem ein stolzer Kopf ist mit schulterlangem blondem Haar und einem etwas gelangweilten Gesicht. Gesamtausdruck: nichts, was ich noch nicht gesehen hätte. Kurzer, abschätzender Blick auf mein blaues Konfirmanden-Jackett, und bevor es überhaupt zu einem enthemmenden Hallo kommt, sagt sie mit einem skeptischen Ton, halb zu mir, halb zu ihrer Assistentin: »Ich hoffe, dass hier wird casual.«

Dazu muss man wissen, dass Beau St. Clair verwöhnt ist. Ihr Partner in ihrer nur scheinbar so kleinen Firma ist nämlich Pierce Brosnan. Bond? Ex-Bond? Irish DreamTime nennen sie sich, und so ziemlich alle Filme, die Brosnan nicht als James

Bond gemacht hat, wurden von ihnen produziert. Der erfolgreichste war die *Thomas Crown Affair*, von der es dementsprechend bald einen zweiten Teil geben wird. Ich meine, hey, dass Beau überhaupt mit mir redet, die ist Bond-Liga, und ich bin, ja, ich bin aus Bochum ursprünglich.

Wir gehen in einen anderen Raum, der allerdings genauso klein ist wie der erste und wie die Büros in Washington, Chicago und wo ich sonst war, nur ist es nicht mal im vierten oder 40. Stock, weil die Häuser in L.A. so niedrig sind und die Dächer flach. Viele Straßen sehen ja wirklich so aus, als wären die alten Westernkulissen aus den Zeiten der Pioniere einfach stehengeblieben, nur jetzt mit Biobistro statt Sauf-Saloon an der Ecke. Wir gehen also in den anderen Raum, in dem die Teppichfliesen auch schön sind. Sie setzt sich ganz in weißem Leinen schräg aufs weiße Ledersofa, den linken Arm auf der Rückenlehne, das linke Bein auf dem Sofa, alles cool, schieß los, du Konfirmand.

»Warum sind Nazis immer noch so populär in amerikanischen Filmen?«

»Weil sie einfach großartige Bösewichte abgeben, das ist alles. Terroristen haben zu viele aktuelle politische Bezüge.«

»Warum werden keine Independent-Movies mehr gemacht?«

»Sie sind schwierig, und es gibt kein Geld. Für Independents braucht man auch viel ausländisches Geld, das ist auch nicht da. Aber das ist zyklisch, es wird wieder besser werden.«

»Was hat Pierce von seinem Besuch im Weißen Haus bei den Obamas erzählt?«

»Dass der Präsident einen ansteckenden Optimismus ausstrahlt.«

»Und?«

»Dass er einen großartigen Koch hat.«

»Was halten Sie von ihm?«

»Dem Koch?«

»Ja, dem Koch.«

»Nun …«

»Nein, Obama, natürlich.«

»Als Filmemacher ist man viel in der Welt unterwegs. Das war sehr unangenehm in den vergangenen Jahren, weil man natürlich wusste, was die Welt über Amerika dachte. Es ist schwer für Kreative, wenn man immer in einer Entschuldigungshaltung sein muss. Und der Moment, als er nach Verkündung des Wahlsiegs in der Nacht seine Rede hielt, der war unglaublich befreiend. Ein Moment, der ja um die Welt ging.«

»Ja, ich war in Straßburg und hatte Tränen in den Augen.«

»Er ist so intelligent, so eloquent, er weiß so sehr, was dieses Land braucht, er beendet die Angst vor der muslimischen Welt, er hat eine Makrosensibilität. Er kann das große Bild sehen und kann zugleich mit seinem Juristengehirn gliedern, wie er Schritt für Schritt das große Ganze erreichen will. Er ist ein extrem schneller Denker. Ich bin jetzt sehr direkt und offen, aber ich glaube, dass meine Meinung in der Filmbranche geteilt wird.«

»Sie sind ein großer Fan.«

»Er versucht, dieses Land in eine dringend notwendige neue Richtung zu bekommen. Was das Zusammenleben der Rassen angeht, das immer noch nicht wirklich gut ist, was den Gierfaktor betrifft, diesen unfassbaren Materialismus, um den es nur noch ging. Wir waren an einen Punkt gekommen, an dem die Reichen obszön reich geworden waren und die anderen auf der Strecke blieben. Alle waren nur noch gierig und dachten an sich selbst. Keiner dachte mehr daran, was er diesem Land zurückgeben muss, insbesondere, was Bildung angeht. Wir müssen doch eine Balance schaffen zwischen Reich und Arm. Diese Mentalität, nie zufrieden zu sein, das ist leider eine Begleiterscheinung des Kapitalismus.«

»Viel zu tun für einen Mann. Was ist mit Ihrer Verantwortung als Produzentin, die neue Mentalität unter die Leute zu bringen?«

»Das sehe ich nicht als meinen Job an. Oliver Stone würde das vielleicht machen. Ich glaube, in diesen Zeiten wollen die Leute Unterhaltung, sie wollen lachen und abgelenkt werden, das ist der Job, den Filmemacher haben. Die neue Moral wird sich in den Charakteren finden, die in den Filmen spielen. Das wird subtiler durchkommen.«

»Ja, das meine ich ja auch. Sie brauchen einen starken Schauspieler, von dem man weiß, dass er auch politisch denkt, Brad Pitt, George Clooney, Tim Robbins, Pierce Brosnan, und dann kommt die Message so rüber.«

»Wir versuchen ja gerade, einen Film zu finanzieren, der von Südamerikanern handelt, die auf eine Art Urlaub von der Hölle gehen wollen, von den politischen und sozialen Intrigen. Und man sieht diese schwierige Welt durch die Augen unserer Charaktere. Das ist eine Brücke über diese riesige Schlucht im Verständnis zwischen Nord- und Südamerika. Wir versuchen das, aber es muss auch auf eine unterhaltende Art und Weise sein.«

»Wie wird der Film heißen?«

»*Redset*. Wir versuchen gerade, die Finanzierung hinzubekommen. Es sieht vielversprechend aus, aber es ist sehr schwierig, Geld aufzutreiben.«

»Mit Pierce in der Hauptrolle?«

»Ja. Die großen Stars können ihr Image nutzen, um gute Dinge zu propagieren, das stimmt. Pierce hat auch schon riskante Sachen gemacht, die nicht in eine Schublade passen, ohne Erfolgsgarantie, dafür bekommen wir vor allem in Europa viel Unterstützung, und wir werden es auch weitermachen.«

»Das ist gut zu hören, Beau St. Clair. Sie haben einen wunderschönen Namen.«

»Danke, Thomas. Soll ich Ihnen jetzt ein Taxi rufen?«

»Ja, wenn Sie meinen. Danke.«

Johnny Depp ist in Wirklichkeit sehr klein und normal

Der Regisseur, mit dem ich im *Cafe Lux* am Montana Boulevard in Santa Monica verabredet bin, kommt in einem kleinen, metallicblauen Subaru. Sieht ungefähr aus wie ein Opel Kadett heute aussehen würde, wenn er konsequent weiterentwickelt worden wäre, falls sich noch jemand an das letzte Modell erinnern kann. Dieser kleine Pinscher hier wurde aber motorisch aufgemotzt, und auf dem kleinen Hintern ist ein mindestens 30 Zentimeter hoher Spoiler angebracht, was so was von lächerlich aussieht, ein Manta mit Fuchsschwanz ist ein Bentley dagegen.

»Das kann doch nicht Ihr Ernst sein?«

»Ich hatte vorher einen 7er-BMW, den hab ich mittags verkauft und bin dann mit diesem hier abends nach Hause gekommen. Meine Frau hat mich für verrückt erklärt«, erzählt Roger und lacht mit einem Großer-Junge-Stolz.

»Wie konnten Sie das auch tun?«

»Ich liebe Rallyeautos. Du weißt ja gar nicht, was in dem Kleinen hier steckt.«

Okay, natürlich duzen wir uns. »Ich will's gar nicht wissen.«

»Mein Großvater war Chirurg, er hatte das erste Röntgengerät in der englischen Armee. Der war der erste Autoverrückte in unserer Familie. Das hat er an meinen Vater weitergegeben, die Autoverrücktheit, der war Kampfpilot im Zweiten Weltkrieg, er ist gegen die Deutschen geflogen, und meine Mutter war in der australischen Airforce. Mein Vater hat es an mich weitergegeben. Und die Eltern meiner Frau sind aus Deutschland, aus Leipzig und Berlin, in den 50ern nach Amerika gekommen. Deutsche lieben Autos ja auch.«

Jetzt weiß ich auch, warum Tom Pabst mit der Geschichte über Achille Varzi, den italienischen Rennfahrer, zu Roger Donaldson gegangen ist, damit der den Film macht. Und jetzt weiß ich auch, warum er optimistisch ist, die Rennszenen gut hinzubekommen. Roger ist selbst ein Rennfahrer. Und wie er da vor seinem Wagen steht, die Hand stolz auf dem Spoiler, sieht er fast ein bisschen aus wie Michael Schumacher mit grauen Haaren, nur das Kinn ist nicht so groß. Und er ist nicht in der Eifel, sondern in Australien geboren und emigrierte dann nach Neuseeland. Was er noch mit ihm gemeinsam hat: Er muss niemandem mehr etwas beweisen. *Die Bounty* mit Liam Neeson, *No Way Out* mit Gene Hackman, *Cocktail* mit Tom Cruise, *Dante's Peak* mit Pierce Brosnan, *Thirteen Days* mit Kevin Costner, *Der Einsatz* mit Al Pacino und noch einige Filme mehr gehen auf Rogers Konto, auch Rennfilme, darunter *The World's Fastest Indian* mit Anthony Hopkins.

»Wen stellst du dir vor für die Rolle von Achille, den tragischen Rennfahrer? Wer passt dazu?«

»Ich weiß nicht. So weit sind wir noch nicht.«

»Aber du musst ja jemanden vor Augen haben?«

»Hm. Johnny Depp? So jemand wäre gut, einer, der ein bisschen ein Chamäleon sein kann.«

»Johnny Depp. Alle lieben Johnny Depp. Ich finde übrigens, dass er geschminkt als Jack Sparrow viel besser aussieht als in Natur. Als würde eine Frau ihr Make-up ablegen, und du bist ein wenig enttäuscht.«

»Ha, ja, stimmt. Er ist ein sehr kleiner, ganz normaler Typ.«

»Und ihr dreht in den Babelsberg Studios?«

»Ja, das hoffen wir, Sommer 2010.«

»Es wird aber kein Independent Art Movie?«

»Ich mache kommerzielle Filme, die aber einen Inhalt haben.«

»Könntest du einen Film über Obama machen?«

»Immer schwer, Filme über Ereignisse und Personen zu machen, die jeder vor Augen hat. Ich hab es einmal gemacht, in *Thirteen Days* über die Kubakrise.«

»Da hast du Original-Filmmaterial mit Fiktion gemischt, Dokufiction.«

»Ja. Das reicht. Anstrengend.«

»Macht die neue Politik das Leben als Filmemacher leichter? Hat das Einfluss?«

»Einfluss hat der Wechselkurs von Dollar und Euro. Und politisch höchstens umgekehrt. Hollywood hat Einfluss auf Washington. Vor allem finanziell.«

»Wen hast du gewählt?«

»Gar keinen, ich habe die Staatsbürgerschaft nicht. Ich hab eine Green Card.«

»In der Green-Card-Lotterie gewonnen?!«

»Nein, ich lebe schon lange hier. Man dachte wohl, ich könnte zum Wohlstand des Landes etwas beitragen, und so bekam ich sie einmal. Ich hab sogar mal darüber nachgedacht, amerikanischer Staatsbürger zu werden. Aber irgendwie hab ich es verpasst und jetzt habe ich drei amerikanische Kinder und eine amerikanische Frau, jetzt braucht mich das Land auch nicht mehr als Bürger.«

»Na ja.«

»Weißt du was, ich würde dich gerne zu einem Freund von mir schicken, einem verrückten Amerikaner, der eine irre Obama-Ausstellung hat. Obama-Plakate von Afrikanern in Ghana gemalt. Ich hab gerade eins davon gekauft. Wann hast du Zeit? Morgen?«

»Ja, oder jetzt.«

»Es ist schon sieben.«

»Ja.«

»Ich ruf ihn an.«

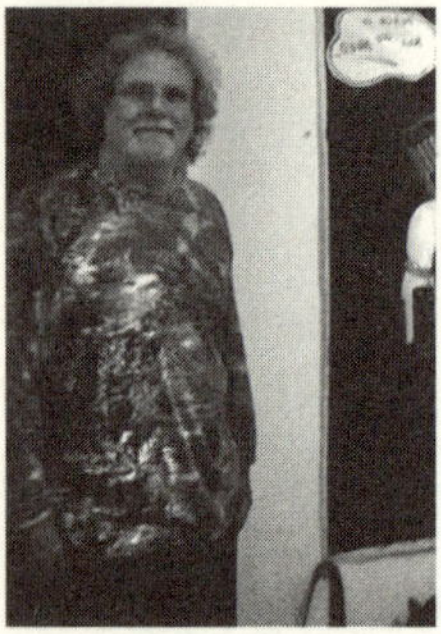

Ernie Wolfe, der verrückte Amerikaner, hat Zeit und fährt jetzt rüber in seine Galerie und wartet da auf mich. Roger versucht, mir den Weg zu erklären, und entschließt sich dann aber, einfach vorauszufahren, obwohl es ein ziemlicher Umweg für ihn ist. »Das würdest du doch für mich auch machen, wenn ich in Berlin wäre.« Natürlich. Ja? Ich hoffe. Ich meine, wir kennen uns ja erst seit einer Stunde. Auf jeden Fall ist es so was von lächerlich, wie der kleine blaue Rallyewagen da vor mir durch die Straßen von Los Angeles flitzt mit seinem Riesenspoiler auf dem kurzen Hintern. Ein Witz. Aber ein wirklich guter. Und es ist dann doch ein ganzes Stück bis zu der Galerie. Na ja, Galerie?

Ernie Wolfe III., um ganz korrekt zu sein, hat in einem Hinterhof irgendwo in einer Seitenstraße des Santa Monica Boulevards so eine Art große Garage, und darin hängen die Plakate aus Ghana. Ernie ist ein ziemlich bekannter Händler afrikanischer Kunst. Wäre man auf der Suche nach dem letzten 68er gewesen, man wäre endlich am Ziel. Ernie Wolfe III. sieht genauso aus und benimmt sich auch so, wie ein Mann, der drei Tage in Woodstock war und sich seitdem weigert, älter zu werden. Nur die langen Wuschelhaare spielen nicht so richtig mit und sind irrtümlicherweise grau geworden. Der gemütliche Wohlstandsbauch schreit auch nicht mehr danach, entblößt zu werden, und die kurzen Bermudas sind auch nicht so sexy wie die engen Jeans damals, mit nichts als sich selbst darunter und dem Wissen um die Macht der Liebe, die damals noch in der Hose lauerte.

Auf seinem Hinterhof stehen zwei große Container, mit Dingen, die er gesammelt hat, was genau, kann er jetzt auch nicht sagen, Hüllen von Hummern zum Beispiel, und warum auch nicht einfach mal Hüllen von Hummern sammeln, und daneben, ja, so eine Art stehender Sarg? Aber so was von schief und schlecht gezimmert, das muss Absicht gewesen sein. Nein? Nein, der kam so original aus Afrika, sagt Ernie, und drinnen ist eine Statue von Michael Jackson. Natürlich. Ein Lagerhaus hat Ernie auch noch, knapp 500 Quadratmeter groß, da hat er unter anderem einen kompletten afrikanischen Rasiersalon eingelagert. Mal was anderes. Ernie ist wirklich ein Original. Jedenfalls ist er verrückt genug, um auch für Leute wie Andy Warhol interessant genug gewesen zu sein, dem er die afrikanische Kunst erklärte.

Die Plakate von Obama, die er gerade ausstellt, sind eine Konsequenz aus der afrikanischen Kinoplakatmalerei. Afrikanische Kinos können schon mal einfach nur aus einem alten Fernseher bestehen, der mitten im Dorf steht, angeschlossen an einen Generator, drei Bänke davor für die Zuschauer, warten, bis es dunkel wird, und dann die Raubkopie eines Hollywood-Films rein in den alten Videorekorder. Für solche Raubkopie-Kinoabende braucht man entsprechende raubkopierte Plakate, und damit ist eine ganz eigene Kunstgattung entstanden. Afrikanische Kinoplakate für amerikanische Filme, sehr frei nach dem Original. Wesley Snipes in *Passenger 57*, Harrison Ford als *Indiana Jones* – ein bisschen Original ist immer erkennbar, aber afrikanisch interpretiert. Manchmal sehr einfach und naiv, lustig aus Westkonsumentensicht, der gescheiterte Versuch, dem Original so nah wie möglich zu kommen. Manchmal auch extra ein wenig abstrakt und durchaus auch verstörend, immer ist viel Gewalt im Spiel. Ich hab dabei an Kinder gedacht, die ihre schlimmen Erlebnisse malen. Der Psychologe nickt wissend dazu und wertet das dann aus, Tausende Kilometer entfernt in Ernies Galerie. Aber das Buch, das Ernie dazu und daraus gemacht hat, heißt nicht Rorschach-Test, sondern *Extreme Canvas, Hand-Painted Movie Posters from Ghana.*

Einige dieser Kinoplakatmaler hat Ernie also dafür begeistert, Wahlplakate für Obama zu malen, und das Ergebnis ist ganz ähnlich. Zum Teil hat es nicht ganz geklappt mit dem Fotorealismus, aber da, wo die Maler sich vom Original gelöst haben, sind tolle Arbeiten entstanden. Mein Lieblingsbild zeigt Obama mit einem aufrechtgestellten Surfbrett vor sich. Das hat Sinn, er ist ja aus Hawaii. Erst beim zweiten Hinschauen sieht man, dass es gar kein Surfbrett, sondern ein afrikanischer Schild ist, und das hat auch Sinn, denn er ist ja auch aus Afrika. Ernie kann kaum an sich halten, während er mir alles zeigt, das sind »seine« Jungs. Zum Teil seit 20 Jahren schon verfolgt er ihre Karriere, betreut und fördert sie. Lange bevor Barack Obama Ghana als afrikanisches Vorbild auswählte und deshalb auch besuchte, lange davor war Ernie Wolfe III. schon da.

Alle wollen einen über den Tisch ziehen

Bevor ich L.A. als neuer Hardcorefan dieser Stadt verlasse, treffe ich noch Sandra Cook, ehemals aus Montabaur in Rheinland-Pfalz. Über Heirat, Neuseeland und London ist Sandra 2008 in L.A. gelandet. Und sie fand es gar nicht so leicht, hier Fuß zu fassen, »weil Amerikaner, wenn die einen nicht kennen, zwar alle nett sind, aber, ich meine, warum sollen sie mir jetzt helfen? Deshalb helfen sich die Deutschen hier untereinander, und das läuft auch genial.« Und deshalb ist sie die Vorsitzende der Deutsch-Amerikanischen Business Association in L.A. geworden. Blaue Augen, blond, dünn.

»Gefällt es Ihnen denn hier trotzdem?«

»Für mich war es erst mal ein Schock, hierherzukommen. Vielleicht auch im Vergleich zu Neuseeland, das ja mehr in den sozialistischen Bereich hineingeht. Man wird hier an jeder Ecke über den Tisch gezogen, das ging beim Autokauf los und hat aufgehört beim Telefon. Überall versuchen sie, einem was zu verkaufen oder einem etwas zu berechnen, das man gar nicht gemacht hat. Also, es ist anstrengend.«

»Ja, das stimmt, man spürt in Amerika viel mehr als in Europa, dass alles nur um Geld geht. Das hab ich auch zu Edward schon gesagt, der ist Friseur hier, aber der findet das normal. Er findet es besser, sich Freundlichkeit und Service mit Geld erkaufen zu können, als von der Willkür eines anderen abhängig zu sein. Ob der dich jetzt mag oder nicht.«

»Man muss lernen, sich durchzusetzen. Und da bin ich froh, Deutsche zu sein. Mit Höflichkeit kommt man zu nichts, man muss denen direkt ins Gesicht sagen, so und so und bitte, mich jetzt mal in Ruhe lassen, oder bitte jetzt mal Service. Die haben kein Taktgefühl, ich weiß nicht, das ist irgendwie nicht da. Am Anfang dachte ich, das ist nur Unhöflichkeit, aber ich glaube, das ist einfach nicht in der Kultur. Ich glaube, dass wir einfach was mitbekommen, wenn wir erzogen werden, das gibt es hier nicht.«

Na, das wollen wir mal besser den Edward nicht hören lassen. Der würde der Frau Cook mal schlankerhand erzählen, dass es ja wohl genau umgekehrt ist, und würde ihr was von Düsseldorf erzählen und auch Paris. Sandra Cook war im Gespräch aber nicht so unsympathisch, wie das jetzt hier im ersten Eindruck rüberkommt. Sie setzt sich in der deutsch-amerikanischen Handelsgesellschaft ja auch für die deutsch-amerikanische Zusammenarbeit ein, und außerdem hatte mir irgendwer gesagt, ich solle mich doch mal mit Sandra Cook unterhalten. Ich weiß bloß nicht mehr wer und warum.

»Die Sonne hilft jedenfalls, mit dem Alltag hier klarzukommen«, sagt Sandra Cook, »und wenn Obama nicht gewonnen hätte, wären wir eh nach Neuseeland zurückgegangen. Selbst beim Zoll sind die Beamten ja netter geworden, seit Obama Präsident ist, und das will was heißen.«

Das stimmt allerdings. Das hatte ich ja auch schon in Washington festgestellt bei Ms. Crookstone, der kleinen Ganovin, jetzt, da ich drin bin im Land, kann ich's ja sagen.

Der vorletzte Eindruck, den ich von Los Angeles habe, bevor ich in den Flieger steige, ist vielleicht mit der beste. Denn als ich mir ein Bier bestelle, fragt mich die Kellnerin am Flughafen nach meinem Ausweis. Die Stadt war ein Jungbrunnen für mich! Oder sie hält mich für einen Schauspieler? Wollte aber sichergehen und lieber mal den Ausweis sehen, ob ich's denn auch wirklich bin? So macht man das ja hier. Wie Charles, der Concierge, sagte: »Wenn du glaubst, das ist Brad Pitt, dann ist es wahrscheinlich Brad Pitt.« Das könnte dann erklären, warum sie sich so plötzlich abwendet und mir das Bier eher lustlos bringt. Gehöre ich doch nicht hierher? Zu den Reichen und Schönen von L.A.? Noch nicht? Bin ich deshalb in diesem Flugzeug? Es ist nämlich ganz zweifellos so, dass alle nicht so Schönen die Stadt sofort verlassen müssen. Erlass des Bürgermeisters. So was. Kein einziger Passagier geht an Bord, der auch nur annähernd attraktiv ist. Alle ab nach Fort Lauderdale, wo Gerd Müller mal Fußball gespielt hat. Genauso sehen hier alle aus, wie Gerd Müller. Und der Mann, der neben mir sitzt im Flugzeug, könnte Katsche Schwarzenbeck sein. Und da vorne sitzt Bulle Roth! So sehen die alle aus. Wieso bin ich auf diesem Flieger?

Weil ich nach Palm Beach will. Es ist spät. Ein Nachtflug. Die Maschine surrt leise vor sich hin, ich döse so weg, und im Halbschlaf geht mir noch das eine oder andere durch den Kopf: An deutschen Geldautomaten kriegt man immer erst die Karte zurück und dann sein Geld. In Amerika kriegt man aber erst das Geld und dann die Karte. Deshalb habe ich die Karte in San Francisco im Automaten stecken lassen, weil ich glaubte, sie schon zu haben. Das ist die Erklärung! Ich hab das Geld genommen und bin gegangen, so wie in Deutschland. Aber ohne Karte. Da muss man unbedingt was machen, da muss man einen Standard machen. Einen weltweiten Standard. Damit anderen dieses Schicksal erspart bleibt. Da muss man eine große Aktion machen. Vielleicht müssen sich Prominente dafür einsetzen? Eine Event-Gala vielleicht, gegen Kartenverlust. Auch beim Tanken. Das muss auch globaler werden. Das geht so auch nicht. Wieso soll ich denn erst bezahlen in Amerika und dann tanken? Wenn ich dann feststelle, dass so viel gar nicht reinpasst, kriege ich dann wieder Geld zurück. Wie umständlich. Ich meine, ich geh ja auch nicht im Supermarkt erst mal an der Kasse zahlen, suche mir meine Einkäufe, gehe wieder zur Kasse, und wir schauen mal, ob das wohl hinkommt oder ob ich noch was zurückbekomme. Warum nicht wie bei uns? Tanken, Liter wissen, Preis wissen, noch ein Bier dazurechnen und dann zahlen und tschüs. Wird da zu viel Benzin geklaut in Amerika? Das kann ich mir nicht vorstellen. Endlich schlaf ich richtig ein.

7. Die Nummer von Sotheby's ist 659-3555 – in Palm Beach

In Palm Beach muss man nicht schön sein wie in L.A., man muss nur reich sein wie in L.A. Oder noch reicher, weil man ja vielleicht nicht so schön ist. In Palm Beach behauptet man, den wertvollsten Zip Code Amerikas zu haben: 33480. Wenn man den im Internet eingibt, erfährt man bei city-data.com unter anderem, dass es in Palm Beach im Jahr 2007 einen registrierten Sexualstraftäter gab, einen Weißen, Jahrgang 1927, verurteilt wegen sexuellen Missbrauchs Minderjähriger. Das Durchschnittsalter in Palm Beach lag 2007 bei 66,6 Jahren. Ein Haus von weißen, nicht hispanischen Eigentümern war 2007 im Schnitt 2 472 105 Dollar wert. Ein Haus von Hispanics war im Schnitt 240 288 Dollar wert. Manche Werte sind schon älter, aber die aktuellsten, die man auf dieser Seite findet. Im Jahr 2004 lag demnach das Durchschnittseinkommen bei 512 703 Dollar, 55 408 Dollar davon wurden steuerwirksam gespendet. 0,3 Prozent aller Haushalte haben sich als lesbische Lebensgemeinschaften registrieren lassen. 0,5 als schwule. Was die Rassen betrifft, ist in einem Tortendiagramm nur ein sehr kleines Stückchen nicht so weiß wie Käsekuchen oder Céline Dion oder Rod Stewart, die hier auch leben. Schwarze sieht man ungefähr so oft wie in Santa Barbara. Sehr viele Einwohner von Palm Beach wurden von Bernie Madoff betrogen. Dadurch hat sich für wenige viel geändert und für viele wenig.

Ganz viel hat sich für Madoff selbst verändert. Er wurde zu 150 Jahren Gefängnis verurteilt. Wenn er wieder rauskommt, ist er 221 Jahre alt. Das ist ein gesegntes Alter und viel Zeit, um nachzudenken. Madoff hatte jahrzehntelang Tausende Anleger in aller Welt mit einem Schneeballsystem betrogen. Laut Staatsanwaltschaft jonglierte er mit bis zu 170 Milliarden Dollar in der Spitze. Statt das Geld der Anleger zu investieren, so wie sie glaubten, parkte er es in einer Bank. Forderten Anleger Geld zurück, bediente er sich aus dem Pool. Damit das System funktionierte, musste er nur immer neue Anleger auftreiben, was ihm dank seines guten Rufs mühelos gelang. Nur wenn alle auf einmal ihr Geld haben wollten, dann würde das System zusammenbrechen. In der Finanzkrise kam es dann so, und damit stand der ehrenwerte Bernie Madoff plötzlich als der größte Betrüger der Finanzgeschichte da.

Was die Ausstrahlung angeht, kann man sich Palm Beach wie einen Golfplatz vorstellen, so ordentlich und gepflegt und so aufregend. Oder vielleicht auch wie eine mit Rasen ausgelegte Landebahn vor der Küste im Meer, denn Palm Beach ist ja ganz schmal und lang und eine Insel. Der teuerste Teil der Landebahn ist natürlich der schmalste, da passen maximal drei Häuser mit Garten nebeneinander. Auf manche Stellen passt auch nur ein Haus mit Garten, und das hat dann nach vorne heraus den Atlantik und nach hinten heraus den Lake Worth. Gärtner müssen sich hier dumm und dämlich verdienen, denn es gibt unglaublich viel Rasen zu pflegen und Hecken zu schneiden. Manche Hecken sind nach meiner vorläufigen Schätzung bis zu sieben Meter hoch, plus/minus einen Meter. Das hat eine enorm abschreckende Wirkung, Jurassic Parc könnte dahinterliegen, mit Dinosauriern, die bei näherer Betrachtung Menschen sind, ich würde da jedenfalls nicht einbrechen. Vor vielen Häusern stehen zur Abschreckung auch Löwen aus Stein, von denen manche sogar mit Gold überzogen sind, ich weiß nicht, ob mit echtem, aber alles andere wäre eigentlich peinlich hier. Und irgendwo in der Welt noch Ado-Gardinen hängen, die mit der Goldkante, dann ganz bestimmt hier. Ein Haus, das von zwei goldenen Adlern geschützt wird, heißt »Sanssouci«, man gönnt sich ja sonst nichts. Es liegt sehr schön am South Ocean Boulevard an einer der schmalen Stellen der Landebahn. Es gehört einem Anwalt, der für die US-Bundesstaaten an einem der zahlreichen Schadenersatzprozesse gegen die amerikanische Tabakindustrie beteiligt war. 1998 schlossen die meisten amerikanischen Bundesstaaten dann einen 200 Milliarden-Dollar-Vergleich mit der Tabakindustrie. Danach kaufte der Anwalt das Haus mit den Goldadlern von seiner Prämie.

Es gibt auch Häuser mit Papageien aus Stein davor, und welche mit Elefanten. Und welche mit kleinen Schildern, ungefähr so groß wie eine CD-Hülle. Diese Häuser sind dann zu verkaufen. Während Elefanten so groß sein können, wie sie wollen, dürfen die Schilder auf Behördenanordnung nur so klein sein, dass sie niemanden in seinem ästhetischen Empfinden stören. Misserfolg, Pleite, Ruin, das sind so Dinge, die stören das ästhetische Empfinden. Seit der Madoff-Krise gibt es mehr Schilder als Elefanten und Adler, aber immer noch nicht so viele wie Löwen vor den Häusern. Die Schilder vor den edelsten Häusern weisen auf entsprechend edle Makler hin. Sotheby's etwa ist unter der Nummer (561) 659-3555 zu erreichen. Falls man sich für die 235 Banyan Road interessieren sollte zum Beispiel, vor dem das kleine Schildchen steht. Und das sollte man, wenn man zehn Millionen Dollar übrig hat, wie die weitere Recherche ergibt, zumal man dann schon zwei Millionen gespart hat, weil mal um zwölf gebeten worden war. Es handelt sich hier laut Sotheby's »um ein klassisches Beispiel toskanischer Renaissance-Architektur«, die sich der Architekt Howard Major 1926 von einer Villa am Comer See abgeschaut haben soll, der zwar in der Lombardei liegt, aber bitte, darauf soll es bei dem Preis ja wohl nicht mehr ankommen, Toskana ist geschenkt.

Dieses Haus, die »Villa Leoncini« war das Anwesen der 2008 im Alter von 84 Jahren verstorbenen Wynne »Didi« Ballinger, einer Ärztin, die mit dem Architekten Robert I. Ballinger verheiratet war. Das ist insofern erwähnenswert, als es »typisch Palm Beach« ist, dass die armen alten reichen Männer vor den dann reichen jungen armen Frauen sterben. Es gibt auch das MWS, das Multiple-Witwen-Schicksal. Didi Ballinger war allerdings ganz offensichtlich eine eigene starke Persönlichkeit, und deshalb wollen wir sie hier nicht in den großen schwarzen Witwentopf werfen mit dem ganzen Veuve Clicquot. Das Haus ist auch schon vor der Madoff-Krise auf dem Markt gewesen, steht allerdings, als ich es sehe, nun bereits fast zwei Jahre zum Verkauf, daher der Preisverfall von zwölf auf zehn Millionen. Aber, man muss sagen, auch läppische zehn Millionen Dollar zahlen nicht mehr so viele aus der Portokasse heutzutage. 300 Orchideen in Didis Garten hin oder her.

Und auch viele »günstigere« Häuser im einstelligen Millionenbereich stehen zum Verkauf – viele wirklich wegen Madoff. Aber sie sind nicht an den Mann zu bringen, es sei denn mit ordentlichen Rabatten. Die Nummer 100 in der Via Del Lago zum Beispiel, »großartiger Ocean View, drastische 2,4 Millionen Dollar Preisreduktion bei sofortigem Kauf« steht in der Anzeige in der Palm Beach Daily News. »Jetzt nur noch 5,5 Millionen Dollar.« Manche Häuser stehen auch leer, weil die Möbel verkauft werden mussten. Da haben die Löwen und Adler und Elefanten nichts mehr zu bewachen. Aber ich will gar nicht spotten. Abgesehen von der einen oder anderen Geschmacklosigkeit, habe ich noch nie so viele so bestaunenswerte Häuser auf so dichtem Raum gesehen. Aber würde ich so eins haben wollen? Ja, klar.

Und was die Krise betrifft: »Na ja«, sagt Jimena Feldman, die Concierge im *Four Seasons,* »es ist ja nur ihr Winterhaus von Januar bis März. Dann ziehen sie wieder weiter. Nach Long Island oder Europa. Wir nennen sie die Bluebirds. Sie sind immer da, wo der Himmel blau ist. Sie verlieren ein Haus, okay, sie haben immer noch vier.«

Jimenas Mutter stammt aus dem Libanon, ihr Vater aus Italien, sie wurde in Peru geboren und ging dann in Lima aufs College der British Academy – und genauso sieht sie aus, eine Mischung aus all dem. Klein, smart, gemütlich, freundlich. Mehr Europäer würden inzwischen nach Palm Beach kommen, mehr Südamerikaner und auch mehr US-Bürger, weil der Urlaub hier inzwischen billiger sei als auf den Bahamas zum Beispiel. »Palm Beach ist ein Lebensstil, luxuriös und elegant, das kann man mögen oder auch nicht«, sagt Jimena und gibt mir den Rat, doch mal bei James Ponce vorbeizuschauen, und allein dafür hat sich mein traditionelles Concierge-Gespräch schon wieder gelohnt.

Ponce. James Ponce

Meines Erachtens ist die Frisur original Sean Connery, nur hinten sind die Haare kürzer, der gepflegte Oberlippenbart im passenden Grau, das asiatisch anmutende Hemd mit Reißverschluss – könnte aus *Der Mann mit dem goldenen Colt sein*, der wurde zum Teil ja in Asien gedreht. Allerdings mit Roger Moore. Mir gegenüber sitzt aber Ponce. James Ponce. 92. Das einzige »offizielle lebende Denkmal« von Palm Beach. Beurkundet vom Bürgermeister. Die Urkunde hab ich gesehen. Sie hängt in James' Wohnung, zwischen ganz vielen anderen Urkunden. Von den Palm Beach County Diplomats, mehrere auch aus der Zeit bei der Navy und, und, und. James Ponce hat sein ganzes Leben lang im Grunde zwei Leben geführt. Das eine auf der Landebahn, drüben in Palm Beach, bei Prinzen und Prinzessinnen. Das andere hier in West Palm Beach, auf der Aschenputtelseite. Dazwischen ist besagter Lake Worth und welch ein Name in solch einer Lage: Worth – der Wert des Lebens wird auf der einen Seeseite ganz anders bemessen als auf der anderen.

»Der See trennt nicht die Insel vom Festland, der See trennt zwei Welten, sagen wir hier«, sagt James und lächelt. Er sitzt mir gegenüber in seinem weißen Lederfernsehsessel, in seinem Haus, das so groß ist wie eine Doppelgarage, wobei Garage einen in die falsche Richtung führt. Häuser in Florida oder Los Angeles oder Mexiko sind so. In James' Haus gibt es auch einen Kamin und einen Deckenventilator. Es ist einfach, aber gemütlich, und der Garten ist ein Dschungel, in dem Mangos wachsen und Orchideen, wenn auch nicht 300 wie bei Didi Ballinger, dafür aber einfach so auf einem windschiefen Baumstamm zum Beispiel.

Es könnte keinen gelasseneren Menschen diesseits und jenseits des Sees geben. James hat alles gesehen. Er war Direktor diverser kleiner Hotels in Palm Beach, und zuletzt war er lange Zeit Vizechef im ehrwürdigen – und wenn man ein bisschen Sensibilität für Hotels mitbringt auch ehrfurchtgebietenden – *The Breakers*. Ein Hotel, um es einfach, aber deutlich zu sagen, wie man es großartiger kaum bauen kann. Wer dieses Hotel geleitet hat, und sei es stellvertretend, verdient Respekt per se.

»Henry Flagler hatte ja nur einen Hauptschulabschluss«, erzählt mir James Ponce, »eine typische amerikanische Geschichte. Der Pioniergeist ist es, der zählt, sonst nichts. Der Mut, neue Wege zu gehen.«

Henry Flagler ist erwähnenswert, nicht nur weil er das *Breakers* gebaut hat, Flagler hat Palm Beach erschaffen, nachdem er da 1897 den ersten 9-Loch-Golfplatz in Florida gebaut hatte. Flagler hat ganz Florida erschlossen. 1870 war er zusammen mit

Rockefeller Gründungsaktionär der Standard Oil Company, die heute Exxon Mobil heißt, und ab da lief es wie geschmiert. Er baute die Florida East Coast Railway, und weil er eben schlau war, baute er die Hotels für die Touristen, die seine Eisenbahn fortan benutzten, gleich mit, sodass ihm beim Geldverdienen kaum noch einer dazwischenkam. 1901 heiratete er mit 71 Jahren. Seine Frau, Mary Lily Kenan, war 34. Auch in dieser Hinsicht setzte Flagler einen Trend, der bis heute anhält hier. Zur Hochzeit schenkte er ihr ein Haus aus Marmor mit 55 Zimmern, das heute das Flagler Museum in Palm Beach ist. Klotzen, nicht kleckern, alles wie heute, kommt alles vom alten Flagler. Und weil James Ponce in derselben Stadt geboren wurde wie der große Henry Flagler, interessierte er sich natürlich schon früh für ihn. Dass er dann tatsächlich einmal Flaglers schönstes Hotel leiten – stellvertretend, okay – würde, das ist Schicksal oder Konsequenz, ganz wie man will. Und seit 26 Jahren, seit er sich aus der aktiven Leitung zurückgezogen hat, veranstaltet James Ponce nun Touren durch Palm Beach auf den Spuren seiner Erbauer und Architekten.

Oder, wenn die Zeit es erlaubt, verdingt er sich als Gentleman-Escort-Service, als Walker, wie man hier sagt. Und das finde ich natürlich noch interessanter. Walker sein ist eine sehr ehrwürdige Aufgabe, wenn Herren sie wahrnehmen, und durchaus üblich. Anzeige in der *Craig-List* im Internet:

I am a sophisticated, handsome and charming 57 year old gentleman offering my time as your personal companion, guide and escort for your trip to Palm Beach. I am socially savvy at the highest levels and I am comfortable with ladies of all ages. I have a very pleasant personality with a lively sense of humor. I can arrange social and cultural events, fine dining, golf, tennis and yachting at exclusive local clubs, expert shopping excursi-

ons (Worth Avenue isn't the only shopping in Palm Beach!) *and so much more.*

Die war jetzt nicht von James – der muss keine Anzeigen aufgeben –, aber mal ein Beispiel, »komfortabel mit Damen jedes Alters«, da muss man doch den Hut ziehen. Und was der Herr sonst noch alles draufhat. Respekt.

Wenn Frauen das machen, nennt man es auch Escort-Service, geht aber weniger davon aus, dass es sich um ehrwürdige Damen der Gesellschaft handelt, als vielmehr davon, dass das teure Nutten sind. Was *Elite Palm Beach Escorts* natürlich nie so sagen würde. Britney, 20 Jahre alt, zum Beispiel ist sehr gebildet, kann sich gut ausdrücken und ist bei jeder Gelegenheit perfekt gekleidet, eine aristokratische Schönheit mit amerikanischer Körbchengröße 34 c, laut Homepage im Internet, Preise zwischen 1600 und 1800 Dollar für zwei Stunden. Das »Drei-Stunden-Paket« gibt es zwischen 2200 und 2500 Dollar. Hm. Das muss man sich natürlich mal durchrechnen. Für viele ältere Herren hier kommt es allerdings auf ein Stündchen nicht an, die haben Zeit und die haben Geld.

Aber mit diesen Gedanken möchte ich James Ponce, 92, in seinem weißen Fernsehsessel mir gegenüber jetzt nicht konfrontieren. Stattdessen frage ich noch mal behutsam nach: »Das hört sich ja interessant an, erzählen Sie doch mal von Ihrer Zeit als Walker.«

Und James beginnt tatsächlich zu erzählen, von den Witwen in Palm Beach, und dass die Männer halt meistens vor den Frauen sterben.

»Wie bei Didi Ballinger«, werfe ich ein.

Ja, aber dass sie natürlich trotzdem gerne noch weiter ausgehen möchten, die Frauen, sagt James. »Was sollen sie hier auch sonst tun?«, fragt er.

Und so viele Männer gibt es hier auch nicht.

»Und ich bin Junggeselle«, betont James.

Da ist wirklich alles in Ordnung. Der perfekte Junggeselle. Gebildet und eloquent mit besten Manieren, der perfekte Walker.

»Mitzi Newhouse habe ich länger begleitet«, sagt James, und jetzt habe ich ihn aber so was von an der Angel, wie er da aus dem Fenster schaut und den ganz offensichtlich sehr romantischen Erlebnissen nachhängt. Er will schon weiter aus dem Nähkästchen plaudern, als ich den tödlichen Fehler mache:

»Äh, Mitzi, wie buchstabiert man das?« Das war's. Der Zauber ist gebrochen. Wie buchstabiert man das?! IDIOT! So buchstabiert man das..

»Ich buchstabiere hier gar nichts«, sagt James, schüttelt sich innerlich wieder wach und kehrt zurück aus der Vergangenheit ins Hier und Jetzt zu einem Journalisten aus Deutschland, den er noch nie gesehen hat und mit dem er eigentlich sowieso nicht sprechen wollte, weil die eh alle nur schlecht über Palm Beach schreiben heutzutage.

»Ich bereue schon, dass ich es erwähnt habe«, sagt James.

»Nein, bitte«, ich muss eindringlich werden, »Sie müssen nichts bereuen, James, es wird nichts Schlimmes mit dieser Information passieren.« Und so ist es ja auch. Es tut mir wirklich nur unendlich leid, ihn in diesem zauberhaften Moment verunsichert zu haben.

Samuel I. Newhouse hatte Mitzi sehr geliebt. Ich hab mich nachträglich schlaumachen müssen. Auch wieder so eine amerikanische Geschichte, die aus dem Nichts entstanden ist. Newhouse startet mit einer Drückerkolonne, kauft nach und nach Zeitungen auf, wird größer und größer, und schließlich, »als Geschenk zum 35. Hochzeitstag«, wie im *Time Magazin*e am 17. Juli 1962 halb spöttisch, halb bewundernd zu lesen ist, kauft er für Mitzi den Condé Nast Verlag mit der *Vogue* und *Glamour* und was man so braucht. Bis heute ist alles in der Familie. Und James Ponce hat Mitzi, eine der reichsten Frauen Amerikas, viele Jahre nach dem Tod ihres Mannes 1979 als Gentleman durch die langen Abende von Palm Beach begleitet.

Er will mir gerade davon erzählen, und was gäbe es da nicht alles zu erzählen, und die Stimmung ist perfekt dazu, sentimental, das Licht, früher Abend, er ist so weit, endlich soll alles mal raus, eine Befreiung auch nach so vielen Jahren, der Fremde gegenüber ist gar nicht mehr da, die Worte wollen gerade zu fließen beginnen – als der Fremde fragt: WIE BUCHSTABIERT MAN MITZI? HALLO! AUFWACHEN, ALTER MANN! WIE MAN MITZI BUCHSTABIERT!? ICH BRAUCH DAS FÜR MEIN DEUTSCHES BUCH, IN DAS ICH ALLES GANZ GENAU REINSCHREIBE, WAS SIE MIR HIER JETZT ANVERTRAUEN! So kam das jedenfalls rüber. Ich fasse es nicht. Wie kann man das so versemmeln? Kein Wunder, dass James wieder sachlich wird.

»Ja, vielleicht ist das alles obszön hier, der Reichtum und so weiter. Ich kann mich allerdings nicht erinnern, dass sich jemals jemand beschwert hätte. Auch nicht hier in West Palm Beach, wo die Leute wohnen, die die Häuser drüben auf der anderen Seite instand halten. Aircondition, Gärtner usw. Hier beneidet die Reichen keiner. Wir leben von ihnen und wir lernen von ihnen. Vom Reichtum der Insel profitieren wir alle.« James steigert sich jetzt richtig rein, nachdem ich ihn aufgeschreckt habe, und er erzählt das Gleiche wie Peter aus St. Petersburg, der Taxifahrer in L.A.

»Viele haben es aus dem Nichts geschafft, also kann es jeder schaffen. Reiche schrecken uns nicht ab, Reiche geben uns Hoffnung. Wissen Sie, dass die Reichen hier früher ihre eigenen Zugwaggons stehen hatten, so wie heute ihre Learjets?«

»Nein. Beeindruckt Sie das?«

»Einfach nur eine Tatsache. Ich halte mich an die Geschichte.«

»Wo stehen Sie politisch, James? In Ihrem Leben stehen Sie ja ein bisschen zwischen den Stühlen.«

»Ich habe noch die große Depression erlebt, wenn auch als Kind, mein Vater hat damals sehr viel Geld verloren. Was Palm Beach angeht, sind die meisten natürlich Republikaner, und sie sind nicht sehr glücklich im Moment«, James gluckert ein bisschen vor Lachen in seinem Stuhl, »während sie in der Bush-Zeit sehr glücklich waren wegen der vielen Steuererleichterungen, die Investitionen richtig lohnenswert machten. Inzwischen können Sie ahnen, dass ich ein Demokrat bin – aber ich war früher ein Republikaner!«

»Warum wurden Sie Demokrat?«

»Weil ich Bush nicht mochte. Ich fand, dass die Demokraten unter Clinton die Nation in einen ziemlich guten Zustand gebracht hatten. Ausgeglichener Haushalt! Und jetzt schauen Sie sich an, in welchen Zustand Bush das Weiße Haus verlassen hat.«

»Aber die meisten sind ja Republikaner hier. Was machen die denn jetzt?«

»Oh, eine einflussreiche Gruppe von Leuten, die natürlich offiziell nicht existiert, versucht alles, um Obama zu schaden. Rush Limbaugh lebt hier und sendet von hier auch sein Radioprogramm. Darf er eigentlich nicht von seinem Wohnhaus aus, macht er aber trotzdem. In der Gesundheitspolitik greifen sie Obama an. Die ist ja für sie persönlich kein Problem. Sie sind ja gut versichert.«

»Depressionen hat also im Großen und Ganzen keiner hier?«

»Die Reichen haben in den Bush-Jahren so viel verdient, dass sie bestimmt auch durch die Obama-Jahre kommen. Ich glaube, um die müssen wir uns keine Sorgen machen«, sagt James und bringt mich noch nach draußen durch seinen Dschungel an den

Orchideen vorbei. Nachdem wir uns verabschiedet haben, schaue ich von der Straße aus zu, wie er gedankenverloren durch den Vorgarten zu seinem Haus zurückgeht. Er denkt an Mitzi, keine Frage.

Gleich aus der ersten Ausgabe der *Palm Beach Post*, die ich in Händen halte, fällt mir die Beilage der Gander Mountain Company in den Schoß. Und damit auch alles, was das Waffennarrenherz begehrt, inklusive halbautomatischer Gewehre, wie sie unter Clinton verboten und unter Bush wieder erlaubt waren. Und es auch unter Obama noch sind, weil er sich vorerst nicht noch zusätzlich mit der mächtigen Waffenlobby anlegen will. In dem Prospekt finden sich halbautomatische Pistolen, Bogen, Pfeile mit beeindruckenden Widerhaken und Jägertarnkleidung, die man ohne weiteres auch im Afghanistankrieg tragen könnte. Herb Epstein hat für die *Palm Beach Post* geschrieben. 2008 wurden 300 Mitarbeiter in den vorzeitigen Ruhestand geschickt. Herp war dabei. Er muss trotzdem keinen Hunger leiden, das sieht man ihm an, ein kleiner Mann, der aber ganz korrekt ist.

»Was sagen Sie, Herb, wie schauen die Menschen in West Palm Beach auf die andere Seite der Welt?«

»Mit Überdruss. Die führen ein Leben da, dass sie nie führen werden. Aber sie brauchen die Reichen. Sie geben ihnen Arbeit und ziehen die Touristen an, die gerne in der Nähe der Reichen Urlaub machen möchten.«

»Wir Deutsche beneiden die Reichen ja.«

»Das ist weltweit so, oder nicht?«

»Aber doch nicht in Amerika? Der amerikanische Traum? Jeder kann es schaffen? Von den Reichen lernen?«

»Der Traum ist im Moment auf Eis gelegt. Über Generationen hat man daran geglaubt, dass man es besser haben wird als seine Eltern. Jetzt ist man oft froh, einen Lebensstandard wie den seiner Eltern halten zu können. Trotzdem träumt natürlich jeder den Traum weiter. Aber ist das nicht überall so?«

»Die Amerikaner glauben daran, diesen Traum auch verwirklichen zu können. Das ist der große Unterschied. Ein armer Amerikaner in Detroit glaubt daran, dass es möglich ist, eines Tages auch ein Haus in Palm Beach zu haben. In Deutschland glaubt man höchstens an die Chance, im Lotto zu gewinnen. Auch wenn die viel geringer ist, als durch Arbeit reich zu werden. Ein Arbeiter aus Castrop-Rauxel träumt von seiner Chance genauso wie ein Arbeiter in Detroit, aber er glaubt nicht daran, dass der Traum je in Erfüllung geht. Das unterscheidet ihn vom Kollegen in Detroit. Er glaubt einfach nicht, dass er mal ein Haus auf Sylt besitzen wird. Und wenn man so denkt, wenn man glaubt, ohnehin keine Chance zu haben, können Reiche natürlich kein Vorbild sein oder zumindest Ansporn. Dann sind das immer ›die da oben‹ und ›wir hier unten‹. Wie viele Steuern sie von ihrem Reichtum für die Gemeinschaft zahlen, interessiert uns dann auch nicht mehr. Der Glaube an die Chance macht den Unterschied und der Wille, sie zu erzwingen und zu nutzen.«

»Es ist sicherlich exzessiv hier, das sehen wir auch so.«

Exzessiv? Ja, aber das meinte ich ja gar nicht. Das ist doch egal, Herb, Geschmacklosigkeiten halt, die Reichen hier sind doch auch nur arme Würstchen am Ende. Sie liegen nur auf dem teureren Grill. Der Glaube ist wichtig, dass man etwas schaffen kann. Weil das den Geist einer Gesellschaft bestimmt, das zieht eine ganze Gesellschaft mit, auch wenn man nicht bis nach ganz oben kommt. Oder es gibt eben keine Dynamik, wenn sich alle von vornherein damit abfinden, nur Senf zu sein. Der Senf für die armen reichen Würstchen, mittelscharf. Willst du Senf sein, Herb? Nein. Du willst ein scharfes Würstchen sein.

Twilight – ImBis(s) zum Schluss

Ich will noch ins altehrwürdige *Breakers*, bevor ich abreise, in die berühmte *Seafood Bar*, auf einen Champagner und ein paar Austern. Es ist 19.30 Uhr. Der Herr an der Bar ist um die 70. Die Dame daneben Ende 20. Er trägt den Haarkranz eng am Kopf. Sie die blonde Mähne offen. Er trägt ein weites, kurzärmeliges Hemd. Sie ein weitausgeschnittenes, kurzes Kleid. Sie schaut ihm ins Gesicht, er schaut ihr auf die Brüste. Sie flirten, aber die Sache zieht sich, sie kommen nicht richtig zu Potte. Gelegenheit, sich umzuschauen.

Die *Seafood Bar* ist zweifellos eine der schönsten Bars der Welt. Da, wo hinter dem Tresen normalerweise Gläser und Flaschen stehen, ist anstelle des Spiegels ein breites Fenster zum Atlantik. Die Eine-Million-Dollar-Aussicht, die man nicht reservieren kann. Das gefällt mir besonders. Man kann nicht reservieren hier. First come, first serve, gleiches Recht für alle, selbst für Fremde wie mich. Und zwischen den balzenden Rentnern sitzen auch ganze Familien. Fernseher an der Decke gibt es auch, aber die hängen in edlen Holzrahmen, und es läuft nur Tennis und Golf statt Baseball und Football wie üblicherweise.

Bei dem Paar an der Bar kommt Bewegung ins Spiel. Auf der linken Flanke hat sich eine zweite Blondine offenbar selber eingewechselt und geht direkt an den Mann. Der schon sicher geglaubte Sieg für die Stürmerin rechts gerät in Gefahr. Der alte Libero ist hin und her gerissen und weiß nicht, wohin mit dem Ball. Da kommt von rechts eine richtige Grätsche, und sie schmeißt sich um seinen Hals und lässt ihn bis zum Abpfiff nicht los. Das müsste eigentlich einen Freistoß geben, aber vermutlich wird es eher teuer.

Eine zwielichtige Bar. Twilight. Mein Imbis(s) zum Schluss. Austern. Kleiner Gruß an die Mormonin. Während der Dämmerung wird kein Licht angemacht, und man erlebt die schönste Stunde des Tages, die blaue Stunde, live. Ein Champagner dazu, und hinten glitzert der Atlantik. Immer weniger und immer weniger. Und ganz langsam, ganz behutsam wird es dunkler, man merkt es erst gar nicht, und dann ist es drinnen plötzlich so dunkel wie draußen, fast schwarz. Aber nein, nicht ganz, denn irgendwann muss irgendjemand irgendwo ganz vorsichtig der Dunkelheit über den Dimmer mit einem leisen Licht entgegengekommen sein. Plötzlich ist es Abend in der Bar und nicht mehr Tag, und alles ist gut. Das habe ich noch nie so erlebt. Und aus den Lautsprechern kommt The Cure, nicht Sinatra oder so was, *A Forest* von The Cure. Das passt so scheinbar gar nicht hierher und doch so wunderbar, auch wenn ich auf den endlosen Ozean schaue und nicht in den Wald. »Ich bin verloren im Wald, das Mädchen war nie da, es ist immer das Gleiche, ich laufe dem Nichts entgegen, immer wieder und wieder und wieder«, singt Robert Smith, und damit kann ja wohl nur der alte Lüstling an der Bar gemeint sein, der den Wald vor lauter Brüsten nicht mehr sieht. Aber das Mädchen ist sehr wohl da, und er sollte aufpassen, sonst läuft er bald auch dem Nichts entgegen. Welch wunderbarer Widerspruch, die coole Musik und dieses alte Ambiente, wie kann hier jetzt The Cure laufen?

Es ist schön, dabei die Gedanken noch mal fliegen zu lassen, quer durch dieses widersprüchliche, große Land. Zu Julie Saunders, der Concierge, die wieder aufrecht durch Washington geht. Und zu Michel Richard, dem verrückten Franzosen, der für die Apachen Croissants gebacken und für die Obamas gekocht hat und dieses Land liebt, weil alle einen Akzent haben, weil sie von überall gekommen sind, um dieses Land zu bauen. Die Franzosen, die alten Sozis. Jackson Janes, Jack, der Deutschland rät, Amerika ein echter Partner zu sein, dann würden beide profitieren. Das sagt auch Lester Brown, der Umweltphilosoph, besonders in der Klimapolitik gäbe es dafür große Chancen. Da habe Deutschland was zu bieten, es müsse aber weiter mutig vorangehen. J. D. Bindenagel in Chicago sagt das auch, in der Klimapolitik, da sei Deutschland besonders glaubwürdig. Drei Profis in Amerika sagen das unabhängig voneinander. Aber statt dieser positiven Außenwahrnehmung gerecht zu werden und zu versuchen, weiterhin unangefochtener Klimaschutzweltführer zu sein – moralisch und wirtschaftlich –, hat die deutsche Regierung in der Klimapolitik auf halbe Kraft zurückgeschaltet. Das wird sich nicht erst in ferner Zukunft als ein großer strategischer Fehler erweisen.

Vielleicht sollten wir auch mal wieder mehr die rechte Gehirnhälfte trainieren, wie Steve in der Sauna in Chicago, Investmentbanker und Actionfilmer. Oder Nicholas, der in der Welt Computerprobleme löst und daheim in Chicago malt. Beide waren sie so froh und dankbar, dass sich diese Welt endlich wieder positiv für Amerika interessiert. Dass sie im Ausland nicht mehr länger das Arschloch sind, sorry, ums deutlich zu sagen. Paul, der Ölbohrer auf dem Flug nach Dallas, der genau das nicht verstehen konnte, wieso man Amerika nicht mochte, so ein richtiger Südstaatler, der bei Obama gar kein gutes Gefühl hat, aber er hofft trotzdem von Herzen, dass er es schafft, die Amerikaner wieder zu einen. Und Ron, der Bartender in Dallas, der Polizist in San Diego war und jeden Tag drei Zeitungen liest und von Chamberlain und Appeasement spricht, mitten in einer Bar in Dallas, der Stadt, von der ich dachte, dort seien alle so schlau wie ein Steak. Europäer hält er für Weicheier, ist allerdings dann doch bereit, seinen Standpunkt noch mal zu überdenken, und kommt am Ende zu dem Schluss, dass wir endlich wieder alle zusammenhalten müssen! Für Bush will er sich nicht schämen, aber wenn Obama seine Versprechen hält, wer weiß, ob der nicht beim nächsten Mal eine zusätzliche Stimme aus Dallas bekommt. Ich bin ein Missionar. Schade, dass Larry Hagman so over scheduled war, den hätte ich gerne mal getroffen. Wer hätte den für einen grünen Demokraten gehalten? Hätten wir erst mal einen schönen Whiskey aus der Glaskaraffe genommen – aber der darf bestimmt nichts mehr trinken.

Dafür habe ich in Stanford Gerhard Casper kennengelernt, und das war mir noch wichtiger und wirklich eine Ehre, denn es hat mich, auch wenn's blöd klingt, tatsächlich stolz gemacht, dass »einer von uns« so eine Rolle in Amerika gespielt hat. Und Uwe Sponholz, der als deutscher Auswanderer den amerikanischen Traum gelebt hat, der hätte seine Karriere genauso wenig wie Gerhard Casper in Deutschland machen können. Völlig unterschiedliche Typen, aber beide wären sie hier an der gleichen Hürde, dem Hierarchiedenken, gescheitert. Schon bemerkenswert. Ich muss Casper und Sponholz mal einander vorstellen. San Francisco wird eindeutig unterschätzt.

Santa Barbara auch. Cori, die junge Concierge, die zwölf Jahre in El Salvador lebte, die einen ganz klaren Blick hat für die Probleme der USA, die großen wie Rassenprobleme oder Bildungsprobleme, aber auch die vermeintlich kleinen, die aber alles entscheidend sind: »Keiner sucht mehr seinen eigenen Weg.« Und deshalb ist sie so froh über die Obamas, Barack und Michelle, weil die symbolisieren, dass es sich lohnt, diesen Weg zu suchen und vor allem auch zu gehen. Cori ist erst 23, sie wird noch vielen Menschen guttun, da bin ich mir sicher. Bruce, der weiße Afroamerikaner, der nie an Olympia teilnehmen konnte mit seinem Speer – auch nicht für Amerika, weil das Schicksal da einfach gegen ihn war –, der Obama für naiv hält, aber Bush verachtet und eine liebe Frau hat, die sich von einem Deutschen am Strand ansprechen lässt und Obama dagegen unterstützt, genau wie Ingrid Sponholz übrigens gegen ihren Mann. Bruce ist ein intelligenter Konservativer, die gibt es nämlich auch, man hört nur immer von den Fundamentalisten, weil die am lautesten schreien.

Nur bei Mia und Greg, den Frischvermählten, bei denen die Wirtschaftskrise fast zur Hochzeitskrise wurde, da war es umgekehrt, da war mal die Frau Republikanerin und der Mann Demokrat. Aber egal, wie herum, fast immer ging da ein Riss durch die Paare, so wie immer noch durchs Land. Und trotzdem kann man zusammenleben, das zeigen diese Paare auch. Aber generell, es stimmt schon, Nicholas und auch Jack haben es ja gesagt: Dieses Land hat immer schon mit sich gekämpft, und das wird es auch weiter tun. Die fundiertesten Amerika-Kritiker findet man in Amerika selbst. Das wird auch unter Obama so bleiben. Aber fest steht auch, es gibt kein Zurück in die Zeit der Cheney'schen Hexenverfolgung, auch wenn verzweifelte Republikaner versuchen, neuen Hass zu säen. Bis auf die Krachmacher will das keiner mehr. Ganz unabhängig von Obama, dahin will keiner zurück. Die Reibungen, die es jetzt noch gibt, erzeugen Energie, die das Land nach vorn bringt.

Edward, Demokrat, der schwule Friseur aus Los Angeles, der Düsseldorfer für Nazis hält und Franzosen für Rüpel und in zwanghafter Liberalität zu Recht einen Widerspruch entdeckt hat, der war sehr sympathisch. Die Frau, die er begleitet hatte, um ihr die Haare zu machen, war das übrigens auch. Vivien aus Santa Monica, Republikanerin, die sich aber sehr liberal für Frauen aus einer schwedischen Enklave in der Nähe von Sacramento einsetzt, weil sie daher ursprünglich auch kommt und das wohl wirklich furchtbar war, allerdings auch so speziell, dass ich das Interview mit ihr nicht ins Buch genommen habe. Und Ron, noch ein anderer Ron, nicht Ron der Bartender, Ron Kaplan heißt dieser, den traf ich auch in Dallas, auch ein Original. 60 Jahre, Gewichtheberkörper, so ein Michelin-Männchen, Goldkettchen am rechten Arm, Golduhr am linken, Goldkette um den Stiernacken, so ein Redneck, ein ganz schlimmer Republikaner. Denkste! Ein herzlicher jüdischer Mitbürger, der Obama gewählt hat, von Kellogg's in den vorzeitigen Ruhestand geschickt wurde, von Florida nach San Diego flog, sich da ein Auto lieh und jetzt mit seiner Frau, die er seit 43 Jahren liebt, quer durchs Land zurück nach Hause fährt und fröhlich wie Tony The Tiger sagt: »Dies ist ein großartiges Land, und wir werden ein großartiges Leben haben.« Ansonsten hofft er noch, dass Obama Israel beschützen wird. Ron konnte ich auch nicht mehr reinnehmen ins Buch, wie so viele andere. Gute Reise, Ron.

Tom allerdings, Tom Pabst, ist drin, der hoffentlich zusammen mit Roger dann irgendwann in Babelsberg den Film über den italienischen Rennfahrer dreht. Und wehe, Tom wird nicht als Drehbuchautor genannt! Und wenn Roger dann in Berlin einen afrikanischen Kunsthändler besuchen will, dann fahr ich ihn da hin, wenn auch ohne Spoiler. Und wenn die in dem Film noch einen japanischen Militärhund brauchen, dann ruf ich Charles, den Concierge, an, der besorgt den schnell. Und Ponce, James Ponce, der könnte eigentlich auch noch mitspielen. Nicht als Driver, aber als Walker. Es war mir wirklich eine Freude, euch alle kennenzulernen, zumal es in den meisten Fällen ganz spontan und überraschend war und deshalb sehr ehrlich, da bin ich mir sicher.

Ich würde lügen, wenn ich behaupten würde, dass ich in diesem sentimentalen Moment in der Bar auch noch an die Worte Obamas bei seiner Amtseinführung dachte. Als es so kalt war vor dem Capitol und die Sonne schien und Michelle kurz zuvor noch ihre Hand mit dem grünen Handschuh auf seine Schulter gelegt hatte, um ihm Mut zu machen. Wie Sasha und Melia mit unsicherem Blick die Augen ihres Vaters suchen, während sie auf der Tribüne sitzen, die Augen der Welt auf sie gerichtet. Nur ihr Vater ist er in diesem Moment. Nicht dass er die Welt rettet, erwarten sie von ihm wie Abermillionen Menschen an den Fernsehern, nur dass er sie beschützt. 47 Jahre alt ist Barack Obama erst, als er zum ersten Mal als Präsident der Vereinigten Staaten spricht:

An diesem Tag verkünden wir das Ende der kleinmütigen Klagen und falschen Versprechungen, der Schuldzuweisungen und der ausgedienten Dogmen, die unserer Politik viel zu lange die Luft abgedrückt haben. Von heute an müssen wir uns aufrichten, den Staub abschütteln und wieder damit beginnen, Amerika zu erneuern. Die Zyniker verstehen nicht, dass der Boden unter ihnen schwankt – dass die abgestandenen politischen Argumente, die uns so lange aufgezehrt haben, nicht mehr greifen. Unsere Sicherheit ruht auf der Gerechtigkeit unserer Ziele, auf der Kraft unseres Vorbilds, auf Bescheidenheit und Zurückhaltung. Wir sind eine Nation von Christen und Muslimen, Juden und Hindus und von Atheisten. Wir wurden geformt durch zahllose Sprachen und Kulturen, die von allen Teilen dieser Erde stammen. Unsere Herausforderungen mögen neue sein. Doch die Werte, von denen unser Erfolg abhängt – harte Arbeit und Aufrichtigkeit, Mut und Fairness, Toleranz und Neugierde, Loyalität und Patriotismus – sie sind alt. Sie sind die stille Kraft des Fortschritts in unserer Geschichte. Wir brauchen eine Rückkehr zu diesen Werten. Was von uns verlangt wird, ist eine neue Ära der Verantwortung.

Inzwischen ist es richtig schummrig in der Seafood Bar im *Breakers*. Die blaue Stunde ist endgültig vorbei. Solomon fällt mir noch ein, der Taxifahrer in Washington – keiner von den Merkwürdigen, ein Netter: »Wir können beruhigt sein, Thomas«, hatte er gesagt. »Wir können beruhigt sein.« Ja, ich glaube, er hat recht. Ein guter Zeitpunkt, um nach Hause zu gehen. Schön, dass wir euch wiederhaben.

Ach, einen Drink nehm ich noch.

Thank you so much

Merci Philippe, der die Themenabende bei Arte macht und mir vorschlug, doch mal so einen Blog zur US-Wahl auf arte.tv zu machen, et voilà, und damit der Taufpate des Buches ist.

Danke Andreas, der mein kritischer Freund ist und mir deshalb und trotzdem entschlossen und mutig die Tür in die große, weite Welt der Bücher aufstieß.

Danke Kiki und Pauline, die mich immer wieder auf neue Ideen gebracht haben, während ich mich aus jeder Verantwortung für das praktische Familienleben ausklinken musste, weil ich ja ein Buch schreiben musste und deshalb nichts anderes mehr tun konnte, natürlich, normale Dinge, so was.

Wenn meine Mutter aus diesem Buch Kraft schöpfen kann, dann ist alles gut und richtig.